半湯商學院

NONGCUN DIA
100 WEN

农村电商100问

林广毅　王昕天　李　敏
陈民利　张才明　编著

中国人民大学出版社
·北京·

“半汤商学院丛书”编委会

前言

农村电子商务逐渐成为我国电商产业和农村供给侧改革发展的重要热点和难点，如何帮助广大基层干部群众和电商从业者快速掌握农村电商知识和技能，快速普及应用和推广农村电商，成为迫在眉睫的任务。《农村电商100问》是以问答的方式阐述农村电商的有关理论、政策和实践技能的简明读本。

本书主要从理论、政策和实践三个层面，以简单易懂的问答方式阐述农村电商相关理论知识、政策法规和实践操作技能，可读性强。本书定位为农村电商入门普及读物，既有一定理论高度，又结合农村电商实践，问答形式通俗易懂、接地气，非常适合基层政府部门领导、农村干部、电商从业人员尤其是农村电商从业人员、扶贫从业人员等参考阅读，也适合从事农村电商学术研究和教学的专业人士研读。

本书由多位作者合作完成，其中：

王昕天承担了第1～3、12、21、60问的编写；

张才明承担了第4、5、18、22、32、38、40～42、44～47、49、

55、61、62、64问的编写；

林广毅承担了第6、8、10、11、13、14、16、19、20、24～27、29、39、48、50、57问的编写；

王盛承担了第7、59、63、97问的编写；

李敏承担了第28、30、54、56、58、65、67、72、74、75问的编写；

康春鹏承担了第33～37问的编写；

陈民利承担了第51～53、77～84问的编写；

陈火全承担了第68～71、76、85～87、89～91问的编写；

薛倩承担了第88、92～96问的编写；

祝升锋承担了第98～100问的编写；

第9问和第43问由林广毅和张才明共同编写，第15问、第17问和第23问由王昕天和林广毅共同编写，第31问由张才明和王昕天共同编写，第66问由林广毅和李敏共同编写，第73问由陈火全和王盛共同编写。

本书由汪向东担任总顾问，张才明负责策划和全文统稿，陈民利负责出版协调工作。

本书覆盖面较广，由于作者水平有限，编写时间较短，难免有不当之处，敬请读者谅解并能批评指正。

作者

目录

第一篇　理论篇

1. 什么是电子商务？/ 3
2. 电子商务的价值是什么？/ 5
3. 什么是农村电子商务？/ 8
4. 发展农村电子商务的指导思想是什么？/ 9
5. 发展农村电子商务的基本原则是什么？/ 10
6. 农村电子商务的五大发展理念是什么？/ 11
7. 农村电子商务的国家利益是什么？/ 14
8. 农村电子商务的环境由哪些要素构成？/ 15
9. 我国农村电子商务的总体发展思路是什么？/ 18
10. 我国农村电子商务的发展动力与障碍是什么？/ 20
11. 我国农村地区发展电子商务有哪些优势？/ 22
12. 我国农村电子商务经过哪些发展历程？/ 25
13. 我国农村电子商务的发展现状如何？/ 29
14. 我国农村电子商务发展的主要模式有哪些？/ 34
15. 我国农村电子商务的发展趋势如何？/ 39
16. 推动我国农村电商发展的策略有哪些？/ 43
17. 农村电子商务能给农民带来什么？/ 46

18. 农村电子商务涉及哪些主体？如何激活这些主体？/ 49
19. 农村电商带来的“新农人”的概念与内涵是什么？/ 52
20. 为什么说农村电子商务是促使“新农人”群体发展的关键推手？/ 54
21. 农村电子商务对农业产业的发展有什么作用？/ 56
22. 农村电子商务在县域经济社会发展中的作用是什么？/ 58
23. 农村电子商务对农村发展有什么意义？/ 62
24. 农村电子商务对农村脱贫减贫有什么作用？/ 67
25. 电商扶贫的内涵和外延是什么？/ 69
26. 农村电子商务为什么有助于精准扶贫？/ 71
27. 为什么说电商扶贫有助于破解传统扶贫方式的市场难题？/ 73
28. 当前我国开展电商扶贫的机遇与挑战有哪些？/ 76
29. 目前我国在电商扶贫方面有哪些实践和成效？/ 81
30. 如何通过发展农村电子商务带动精准扶贫？/ 85

第二篇　政策篇

31. 中共中央、国务院对农村电子商务的定位如何？/ 89
32. 农村电子商务对农村供给侧改革有什么意义？/ 90
33. 中共中央、国务院对发展农村电子商务出台了哪些政策和措施？/ 91
34. 国家其他有关部委出台了哪些农村电子商务的政策和措施？/ 94
35. 什么是国家级电子商务进农村综合示范县工程？/ 98
36. 国家级电子商务进农村综合示范县工程的选择标准与条件是什么？/ 98
37. 国家级电子商务进农村综合示范县工程申报的主要内容是什么？/ 100
38. 国家级电子商务进农村综合示范县工程带给示范县的好处有哪些？/ 101
39. 政府资助农村电子商务主体时应当坚持哪些原则？/ 101
40. 县级政府在农村电子商务建设中需要提供哪些保障措施？/ 103
41. 发展农村电子商务需要县级政府配套怎样的财政政策和土地政策？/ 105
42. 发展农村电子商务需要县级工商行政配套怎样的管理措施？/ 106
43. 选择哪些人作为发展农村电子商务的领头人才能有示范带动效果？/ 106

44. 县级政府应如何对待第三方涉农电子商务平台？/ 109
45. 如何改善农村电子商务金融服务及税务环境？/ 109
46. 如何规范农村电子商务发展秩序？/ 110
47. 如何通过农村电子商务发展促使一、二、三产业的深度融合？/ 112
48. 为促进农村电商的发展，地方政府应当在产业方面提供哪些重点服务？/ 113
49. 地方政府应当为企业提供哪些服务以促进农村电商发展？/ 115
50. 地方政府应当如何解决发展农村电商面临的人才短缺问题？/ 116

第三篇　实践篇

51. 什么是农村电子商务发展的顶层设计？/ 121
52. 做好县域农村电子商务发展顶层设计需要开展哪些调研工作？/ 122
53. 县域农村电子商务发展的顶层设计包括哪些内容？/ 126
54. 我国农村电子商务发展的三个阶段是什么？/ 127
55. 农村电商产品下行与上行是什么意思？/ 129
56. 我国农村电子商务在产品下行方面存在哪些主要问题？/ 130
57. 电子商务如何影响农村产品销售市场？/ 131
58. 我国农村电子商务在产品上行方面存在哪些主要问题？/ 132
59. 传统商贸企业如何通过农村电子商务升级转型？/ 135
60. 我国农村电子商务的支撑体系有哪些内容？/ 139
61. 什么是农村电子商务公共服务平台？/ 139
62. 县域电子商务公共服务平台的建设内容有哪些？/ 141
63. 农村电子商务公共服务平台的功能有哪些？/ 143
64. 农村电子商务基层服务平台的建设内容有哪些？/ 146
65. 我国农村地区应当怎样建设电子商务的信息通道？/ 147
66. 什么是农村电子商务的“最后一公里”问题？/ 148
67. 如何解决电子商务中的“最后一公里”问题？/ 149
68. 什么是农村电子商务物流？/ 150
69. 农村地区应当怎样建设物流体系？/ 151

70. 我国农村电子商务存在哪些物流问题？/ 152
71. 如何解决农村电子商务物流瓶颈问题？/ 154
72. 如何搭建农村电子商务物流服务体系？/ 155
73. 如何建设农村电子商务物流配送服务中心？/ 157
74. 政府应当从哪些方面推动农村电子商务的发展？/ 159
75. 搭建县、乡、村三级电子商务物流体系有什么作用？/ 161
76. 如何破解农村电子商务农产品供应链难的问题？/ 163
77. 当前农村电子商务发展中面临哪些人才瓶颈？/ 164
78. 发展农村电子商务需要什么样的人才？/ 168
79. 高校如何为地方农村电子商务的人才培养服务？/ 171
80. 农村电子商务人才培养需要什么样的支撑系统？/ 173
81. 农村电子商务人才应该谁来培养？/ 175
82. 当前农村电子商务培训中遇到哪些问题？/ 179
83. 农村电子商务培训的对象与内容有哪些？/ 183
84. 如何提高农村电子商务人才培训和培养的效果？/ 184
85. 如何完善农村电子商务产品质量保障体系？/ 188
86. 如何解决农村电子商务的农产品标准问题？/ 191
87. 如何建立农村电子商务产品跟踪体系？/ 193
88. 在电商背景下，农村地区开展农产品品牌建设的基本思路是什么？/ 194
89. 如何解决农村电子商务产品包装问题？/ 197
90. 如何解决农村电子商务发展中农产品保鲜的问题？/ 199
91. 如何保护农产品品牌？/ 201
92. 为什么说发展农村电子商务需要打造品牌农业？/ 205
93. 如何正确认识农村电子商务中的农业品牌建设？/ 207
94. 企业在农村电子商务中是如何打造农产品品牌的？/ 209
95. 农村电子商务农产品品牌营销存在的问题及对应的实际操作策略有哪些？/ 211
96. 如何策划和运作农产品电商事件营销？/ 216
97. 农产品电商运营的实质和核心是什么？/ 218
98. 如何通过大数据分析为农产品电商运营服务？219
99. 如何通过微营销销售农产品？/ 227
100. 如何通过线上线下开展农产品电子商务活动？/ 230

第一篇　理论篇

1 什么是电子商务？

答： 电子商务是信息技术发展与经济全球化应用于贸易等领域而形成的具有革命性的新兴交易形式，不同机构和学者对电子商务给出了不同解释。如世界贸易组织（WTO）认为电子商务是“通过电子通信网络进行商品和服务的生产、市场营销、销售和分配”；经济合作与发展组织（OECD）则认为电子商务是“发生在开放网络上的包含企业之间、企业和消费者之间的商业交易”“它包括组织与个人在基于文本、声音、可视化图像等在内的数字化数据传输与处理方面的商业活动”；美国学者瑞维·卡拉可塔和安德鲁·惠斯顿则认为电子商务是“一种现代商业方法，这种方法通过提高产品和服务质量、服务传递速度来满足政府、企业和消费者的降低成本的需求。”这两位学者认为：电子商务是通过计算机网络将买方和卖方的信息、产品和服务联系起来的商业方法。

通常说，电子商务是指借助互联网等信息通信工具（ICT）实现的商务活动。从商务角度来看，电子商务在广义上可以泛指所有基于信息通信技术所实现的商务活动；在狭义上，电子商务专指利用信息通信技术实现的商品和服务的商业交易活动。从技术角度来看，电子商务在广义上可以泛指基于各种 ICT 实现的商务活动，这里的 ICT 包括在互联网商用前已出现的 EDI/EFT/信用卡支付等；在狭义上，电子商务专指基于互联网而实现的交易活动。

随着互联网的普及，电子商务已经成为一种覆盖全球，兼容不同网络和终端的主流商业形式。完整的电子商务交易包括信息流、物流和资金流。信息流是指与交易相关的信息传递活动，包括交易金额、交易数量、产品或服务价格、产品或服务规格等；物流是指由电子商务所产生的实体货物的运输活动；资金流是指电子商务所涉及的产品和服务的货币流动。一次完整的电子商务交易需要一系列支持要素，主要包括担保证书、支付体系、安全保密、物流配送、法律政策、标准等。电子商务交易主要过程包括交易前准备阶段、合同签订阶段、履约阶段和交易后处理阶段，如图1-1所示。

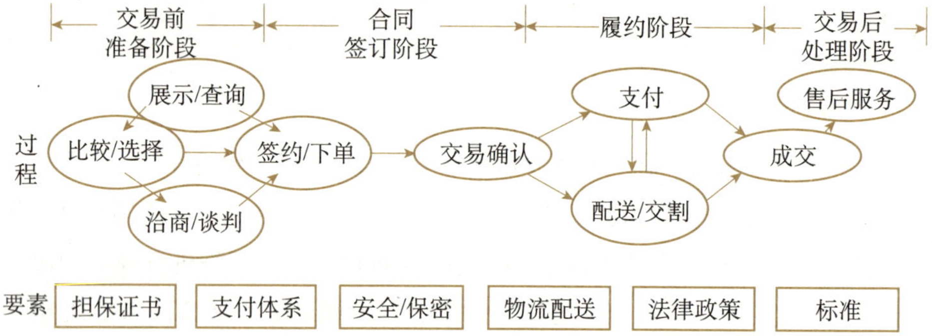

图1-1 电子商务交易的过程和要素

资料链接1—1 河北清河——农村电子商务助力产业发展

河北省清河县东高庄村，全村只有1 800人，400多户人家，却有300多户在网上开店卖羊绒制品，是远近闻名的“淘宝村”。

清河县是全国最大的羊绒深加工集散地，全县羊绒产量占到了全球的40%、全国的70%，而东高庄村又是全县最大的羊绒生产加工专业村。2007年，各地陆续兴起在网上开店，刘玉国等几位年轻人靠着一台电脑上网卖羊绒线，尝试着开始了自己的电子商务之旅。在线销售让刘玉国一炮打响，生意越做越大，也引来周围乡亲们纷纷效仿。两年间，东高庄村羊绒产品的注册品牌发展到400余个，80%的农户开了网店，在互联网上直接将产品销往全国各地。当年，东高庄村在线销售羊绒线达到300多吨，销售额达到2 000多万元。

资料来源：汪向东，梁春晓．“新三农”与电子商务［M］．北京：中国农业科学技术出版社，2014：115-116.

2 电子商务的价值是什么？

答：对县域经济来讲，电子商务的价值体现在两个方面：一方面是连接。电子商务可以突破交易的时间和空间限制，把分散的社会资源、要素和需求有效整合。在传统市场运作中由于时间、空间和信息分割而无法得到充分利用的资源和要素，县域经济可以借助电子商务加以利用。因此，电子商务的作用是将城市和县域充分连接，提高城市和县域之间的市场流通效率。另一方面是指引。对县域来说，电子商务平台上汇聚着海量的外部市场供求信息，县域经济可以利用电子商务平台上的资源供给信息，整合域外生产经营资源，突破区域市场的资源限制。更重要的是，县域经济借助电子商务平台可以充分捕获外部市场需求信息，即远端订单，有效布局规划县域产业，将县域内传统的一、二、三产业的转型升级建立在有效的市场需求基础上。这在“十三五”期间经济新常态、产能过剩的背景下至关重要。

资料链接1—2　福建建宁——遗弃的蜜橘

福建省建宁县地处闽西北，与江西省交界，面积为1 705平方千米，人口约14万。当地盛产从江西引进的南方蜜橘，往年的收购价约为4元/千克，但2016年由于各种原因导致蜜橘收购价大跌。春节后，天气转暖，果农只能把卖不出去的蜜橘扔到公路两旁，如图1-2所示。

事实上，春节前后正是城市水果销售市场的旺季，如北京、上海等地的市场上南方蜜橘可以达到10元/千克。说明这些水果在很多城

图 1-2　2016 年春节后被果农遗弃在马路旁边的蜜橘

市是有市场需求的，但因为没有连接打通，所以建宁县的果农一分钱也赚不到。在产能过剩的情况下，电子商务连接的作用非常重要。

资料链接 1—3　山东临沂——电商影响下的老太太

与资料链接 1—2 中的情形相反，电子商务在山东省临沂市的某个小村庄里正在发挥它的作用。图 1-3 中的老太太已 70 多岁，被该村的网商以每天 50 元的价格雇来为网店上销售的草编制品安装纽扣。

对这位 70 多岁的老太太来说，客观条件使她没办法进城打工，无法参与到市场分工中，其人力资源无法在传统劳动力市场中得到体现。而电子商务突破时空限制的连接能力为她创造出了这样一个机会：每天在自己家门口晒着太阳，和几个老太太聊着天，带着孙子孙女，还能挣到钱。正是电子商务把这些碎片化的资源连接起来，让它们发挥作用。

图 1-3 临沂某村庄里的老太太正在草编筐上安装纽扣

资料链接 1—4 浙江缙云吕振鸿——从烧饼郎到“北山狼”

浙江省缙云县是全国著名的烧饼之乡，从 2006 年开始，缙云县北山村涌现出一大批在互联网上从事户外用品销售的网商，在当地几乎不存在户外用品产业基础的情况下，电子商务让北山村人均纯收入从 2006 年的 3 311 元增长到 2014 年的 13 926 元。

吕振鸿是北山村电子商务发展的带头人。他在外地从事了 10 余年的烧饼生意，经过一次偶然的机会开始回乡从事电子商务。在挖到第一桶金之后，吕振鸿开始带动周边村民开网店，并于 2008 年创立了当地第一个户外产品品牌“北山狼”。吕振鸿采取的是一种加工基地、产品分销两头在外的“自主品牌＋生产外包＋网上分销”模式：在全国各地对接了十几家户外用品的生产工厂，用于产品生产；在缙云县本地培育网商，用于网上订单获取，北山狼公司进行“渠道管理，品牌运作”，专门运营北山村的户外产品品牌。

对此，社科院信息化研究中心汪向东研究员把北山模式概括为以

"北山狼户外用品有限公司为龙头，以个人、家庭及小团队开设的分销店为支点，以户外用品为主打产品，以北山狼为依托"的农村电子商务发展模式。可见，电子商务在整合外部资源和需求方面发挥着至关重要的作用。

资料来源：朱映归，刘斌．从"烧饼郎"到"北山狼"——探寻缙云"北山模式"发展之路［N］．丽水日报，2015-10-18（A01）．

3 什么是农村电子商务？

答： 农村电子商务是指在农村场景下开展的电子商务业务，主要包括对接外部电商平台、建立电商基础设施、进行电商知识培训、搭建电商服务体系和出台电商支撑政策。农村电子商务更多地强调在农村推进和应用电子商务。与农村电子商务类似的概念还有农业电子商务、农产品电子商务和涉农电子商务。

与农村电子商务相比，农业电子商务强调利用电子商务经营与农业相关的产品、服务和生产资料。2016年1月农业部发布的《农业电子商务试点方案》指出："北京、河北、吉林、湖南、广东、重庆、宁夏7省（区、市）重点在鲜活农产品电子商务方面开展试点，吉林、黑龙江、江苏、湖南4省重点在农业生产资料电子商务方面开展试点，北京、海南在休闲农业电子商务方面开展试点。通过试点，逐步探索出农产品、农业生产资料、休闲农业等不同类别农业电子商务的发展路径，初步形成农产品电商标准体系、全程冷链物流配送体系、农产品和农资质量安全追溯及监管体系、休闲观光农业旅游产品质量监督体系、'基地＋城市社区'鲜活农产品直配模式、农资线上销售模式等一系列运营模式和制度规范，在推动创业创新、发展分享经济、促进农民增收、带动贫困地区脱贫、实现多方共赢等方面取得积极进展，为推进农业电子商务快速健康发展提供可推广、可复制的做法和经验。"可见，农业电子商务更偏重于生鲜农产品、农业生产资料、休闲农业等方面的应用。

与农村电子商务相比，农产品电子商务的概念仅涵盖以农产品为主要产品而进行的电子商务活动，主要应我国农产品滞销问题而产生。农产品电子商务特指以农产品为主要产品的网上商务行为，包括生鲜农产品、干货、农产品工业加工品等。

与农村电子商务相比，涉农电子商务概念的涵盖范围更大，只要与农村、农业和农民相关联的电子商务都可以称为涉农电子商务。几种与农村相关的电子商务概念的对比如图 1－4 所示。

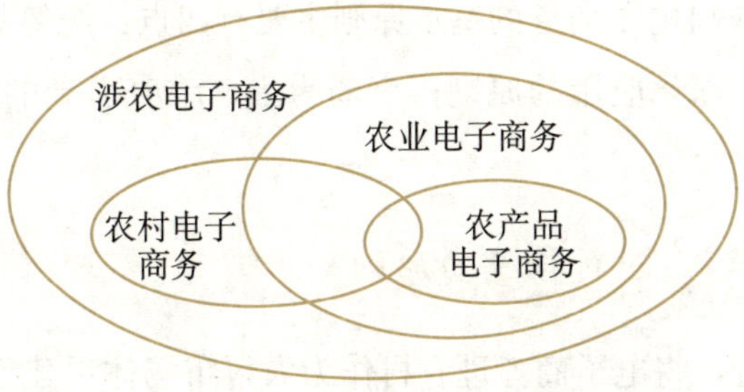

图 1－4　几种与农村相关的电子商务概念对比

4　发展农村电子商务的指导思想是什么？

答： 发展农村电子商务的指导思想是全面贯彻党的十八大和十八届三中、四中、五中全会精神，坚持“创新、协调、绿色、开放、共享”的发展理念，按照全面建成小康社会目标和新型工业化、信息化、城镇化、农业现代化同步发展的要求，结合本地发展要求和经济社会特点，以建设农村电子商务支撑和服务体系为着力点，探索建立促进农村电子商务发展体制机制，发展建设有实效的农村电子商务。

发展建设有实效的农村电子商务，要积极对接电子商务平台，深化县、乡、村三级流通体制改革，依托“万村千乡”市场工程、供销、邮政以及大型龙头流通企业、电商企业，重点促进农村消费品、农业生产资料、农产品流通交易、电商进农村体系建设，创新培育和壮大农村电子商务市场主体，加快发展线上线下融合、覆盖全程、综合配套、安全高效、便捷实惠的农村电子商务配送及综合服务网络，不断完善农村电子商务的产业链、服务链，挖掘发展潜力，打造农村经济新增长点，助力县域经济社会的跨越式发展。

5 发展农村电子商务的基本原则是什么？

答：发展农村电子商务的基本原则主要有四点：统筹规划、创新推进的原则；突出特色、深化应用的原则；市场为主、政府引导的原则；以点带面、重点突破的原则。

一、统筹规划、创新推进的原则

坚持规划先行，将电子商务进农村作为农村市场体系建设的重要引擎和城镇化建设的重要产业支撑，将农村电子商务作为提升农村经济的突破口，与农村工业和服务业有机结合和融合，统筹协调发展，相互促进，推动电子商务在农业、农村中的广泛应用。同时，探索和建立与本地农村经济社会相适应的发展新模式，推动农村经济转型升级、促进农民致富增收。

二、突出特色、深化应用的原则

坚持因地制宜，因县因地而异，优先选择公众急需、受益面广、信息密集的流通行业产品，以及容易树立或培育品牌的农特产品、农业生产资料、农村工业用品等开展示范，取得重点突破，不断深化应用，立足本地，面向全省，辐射全国，探索具有本地农村特色、可复制及辐射带动作用强的农村电子商务发展的路径和模式。

三、市场为主、政府引导的原则

充分发挥市场的决定性作用和企业主体作用，重点扶持已有一定电子商务发展软硬件基础的大型流通企业、农特产品品牌企业和电商企业，下大力气创新和集中力量解决农村电子商务发展中的突出问题。同时，充分调动和发挥流通、电商、物流、金融、通信等行业、企业广泛参与电子商务进农村的积极性和创造性，共同营造和推动农村电子商务大发展的新局面。

四、以点带面、重点突破的原则

立足需求导向，坚持以点带面，重点突破，优先发展比较优势突出、带动作用明显的重点行业；引导各龙头企业依托自身比较优势，构建特色鲜明、资源共享、联动发展的农村电子商务产业体系，带动农村电子商务产业全面发展。各区域可以重点选择有自身区域或历史文化含义特点的农特产品、农资产品或工业消费品等进行电子商务示范，构建工业品下行和农产品上行共同并行发展的良好农村电子商务模式。

6 农村电子商务的五大发展理念是什么？①

答：国家“十三五”规划提出了“创新、协调、绿色、开放、共享”五大发展理念，而在国家已经出台的“十三五”电子商务发展规划中，这五大发展理念同样是其指导原则。对于农村电子商务来说，这五大发展理念具有指导意义。

一、创新发展

我国的农村电商从农产品信息服务到农民网上购销、从农民自发开设网店到政府及平台等多方驱动、从单打独斗到组织化运作、从人才培训到多级服务体系的构建、从电商大平台到社交微平台等诸多方面的变化，无不体现出创新

① 汪向东．“五大发展理念”之下的“十三五”电商——“十三五”，中国电商长啥样？（2）[EB/OL]．(2016-06-15) [2017-02-05]．http://blog.sina.com.cn/s/blog_593adc6c0102wijm.html.

发展的理念。以“云、物、移、大、智”为代表的技术创新方兴未艾，让电子商务领域的业务创新不断涌现，正呼唤着相应的理念创新和治理创新。农村电商同样如此，尤其是随着农村电商的不断发展，其现阶段面临的物流、人才、产品上下行、产品质量等核心问题要求政府和企业必须要创新，也唯有不断创新的企业才有可能不被淘汰。“十三五”时期，我国农村电商将进入快速“成长期”，将会有越来越多的市场主体加入农村电商的竞争当中，业务模式创新将会不断加快，利益博弈也将会更加显性化。这不仅需要企业不断尝试不断创新，也需要政府实行各种制度创新。也就是说，对农村电商而言，唯有“创新”是不变的。

二、协调发展

在电子商务领域，自“十二五”末开始并将延续至“十三五”的重大趋势之一，就是伴随县域电商的全面引爆，农村日益成为电商发展的热土。有数据表明，2015年年底，我国农村电商点已经增加到25万个。“十三五”期间，随着覆盖范围的快速扩大，农村电商很快将从“早盘布局”进入“中盘绞杀”，不同电商平台和商业模式之间的竞争与合作将进一步凸显。客观而言，不同电商模式对地方经济存在不同的影响，而以电商推动各地经济转型升级，也会呈现不同的政策选择和路径选择。协调发展的理念，除了大力鼓励发展农村电商，进一步缩小城乡差距外，还要在地方电商政策的选择上，尤其在电商与店商、外来与本地、增量与存量的博弈上，强调各主体之间的利益平衡与协调发展。

三、绿色发展

对农村电商而言，绿色发展主要涉及以下几个方面：快件包装材料、物流配送和绿色生产等。随着农村网购量和网销量的快速增加，快件包装材料的回收利用将成为一个重要的课题。在网购方面，相对于城镇较为完善的垃圾收集处理系统，农村地区的垃圾收集处理能力较差。而随着农村网购数量的不断增加，环卫部门必须加强农村地区的垃圾收集处理能力，否则不仅会造成巨大的资源浪费，同时也会造成严重的环境污染。在网销方面，生鲜农产品的包装要求很高，往往需要使用更多的包装材料，若不加强此类包装材料的回收利用，必然造成巨大的资源浪费。

在物流配送方面，农村地区目前存在着配送集中的优势，为物流配送企业的相互协作提供了很好的机会，因而物流配送企业之间若能构建起有效的合作机制，将会大大减少货物运输上的能耗和成本。

在绿色生产方面，农村地区的生产存在着用地、人力等成本优势，因而在初始阶段，能耗可能不会成为其考虑的主要因素。但农村电商很多都是小作坊运作，监管难度更大，这意味着环保等相关部门需要逐渐加大工作力度，促进农村生产逐步转向对能耗更低、环境更友好的绿色生产。

四、开放发展

农村电商的开放发展，一方面，要求本地网商不断拓宽眼界，不断向更大的市场进军，逐步发展跨县、跨市到跨省电商，甚至是跨境电商。“十三五”期间，跨境电商仍将作为我国经济进一步深度融入世界经济的助推器，继续受到关注，成为整个电商发展的又一大热点。农村电商企业不仅应当着眼于全国市场，甚至应当着眼于国际市场，尤其是与“一带一路”战略直接相关的地区。另一方面，各地政府也应当充分秉承开放包容的发展理念，构建公平开放的电商环境和服务体系，欢迎各类外来企业到当地发展农村电商，认真听取和了解各方的意见和需求，只有这样才有可能实现更快更好的发展。“十三五”期间，各地政府应始终贯彻开放发展的理念，制定更完善的农村电商政策体系，构建更健全的农村电商服务体系。各类农村电商主体也应当持更开放的心态和更广阔的视野，推动本地产品销往更广阔的市场。

五、共享发展

在电子商务日益主流化的同时，如何让更多社会成员获益，特别是让弱势群体成为电商发展的受益者，是今后电商贯彻共享发展理念的重要任务。其中，电商扶贫自然是重中之重。2016 年，国务院扶贫办已经开始作为主管部门之一，与财政部、商务部一起，共同组织实施第三批全国电子商务进农村综合示范县工作。“十三五”期间，在共享发展的理念指导下，电商扶贫的政策体系、工作部署和推进机制将会进一步完善，贫困县、贫困村和贫困人口也将获得政府资源和社会资源的更多帮助，电子商务将为精准扶贫提供更大助力。

7 农村电子商务的国家利益是什么?①

答：国家利益是指满足或能够满足国家以生存发展为基础的各方面需要并且对国家在整体上有好处的事。

李克强总理不止一次在公开场合提到目前我国面临的经济下行压力很大，但同时我们也应看到目前有很多市场化的平台，如阿里巴巴村淘、丽水遂昌的赶街、安徽的淮商e购、京东、山西的乐村淘等，设置在各地的农村服务网点每天都聚集着一批又一批网购群众，通过网络购物购买拖拉机、电动代步车、比赛用龙舟等。在安徽怀远，淮商集团的农村服务网点甚至设在淮河的船上，为来往穿梭的船家提供代购服务，这些都充分表明农村市场有非常大的市场增量。群众通过网购可以享受便捷化、多样化的服务，网购解决了很多问题。信息对称了，市场激活了，成本降低了，流通加快了。所以电子商务进农村激发了农村消费市场，缓冲了经济下行的压力。

在上行中，以资源优势为导向的网络销售和以市场需求为导向的网络销售都可能成为农村电子商务发展的重要因素。例如以资源为导向的丽水生态精品农产品销售。丽水市目前是农村电子商务建设中的第一梯队成员，2014年，全市农村电子商务的销售总额达38.18亿元，其中农特产品网络销售额达16.15亿元，占总销售额的42.3%。农村电子商务的网店数（企业数）达到8 841家，全市电商从业青年数达22 946人。数据表明农产品销售在农村电子商务销

---

① 王盛．关于电子商务进农村的思考——国家利益与核心价值［OL］．（2015-06-05）［2017-02-05］．http：//news.sdnews.com.cn/gn/201506/t20150605_1914477.html.

售总额上占相当大的比例，除此之外还有手工艺品和工业品的销售。在丽水市的 9 个县（市、区）中，农产品销售比重较大的是遂昌、景宁两个县，也正因为以销售农产品为主，客单价和农产品销售的不稳定性让这两个县没有列入阿里巴巴 2014 年电子商务百佳县。但是遂昌县依然做到了 5.3 亿元的农村电子商务销售总额。通过发展农产品电子商务引导旅游消费，全县农家乐接待游客 262.95 万人次，经营收入 2.66 亿元。这都是发展农村电子商务带来的红利。

另外，以市场为导向的沙集模式也产生了很好的经济效益和社会效益。沙集模式就是农户自发地使用市场化的电子商务交易平台变身为网商，直接对接市场；网销细胞裂变式复制扩张，带动制造及其他配套产业发展，各种市场元素不断跟进，塑造出以公司为主体、多物种并存共生的新商业生态。这个新生态又促进农户网商的进一步创新乃至农民自身的全面发展。“农户＋网络＋公司”相互作用、滚动发展，形成信息网络时代农民的创业致富新路。例如，江苏睢宁县沙集镇以销售木质家具为主，2014 年农村电子商务总交易额约 26 亿元。农村电子商务真正给当地农村带来了大众创业、万众创新的景象，更多的年轻才俊回到了农村，从事电子商务网络销售、先进数控设备的操作、电子商务上下游配套产业链的服务，广大农村妇女和老人也参与到电子商务新业态带来的细化分工中。

无论是丽水市以资源优势为导向的精品农产品电子商务销售，还是沙集县以市场需求为导向的农村电子商务发展业态，都体现了存量、增量这两个关键词。存量是原有的经济基础和结构，增量是在原有的经济基础和结构上新增的部分。所以对上行不能简单理解为卖东西，它是有一定客观原因和外部环境因素的，引导存量的出现，实行资源导向与市场导向并行，共同发力。增量实现需要战略的眼光和智慧的办法，不拘一格显真章。

8 农村电子商务的环境由哪些要素构成？

答：当前，电商大环境已经形成，电商平台、物流体系和网购群体都已经具备了较大的规模。因此，当前发展农村电商所需要做的工作更多的是如何将其与整个大环境对接。要实现对接，农村地区就必须具备电子商务发展所需的各种软硬件基础，包括网络设施、道路交通、平台系统、物流体系、培训体系等，具体可以划分为硬件基础、软件基础和服务支撑三大类，如图 1－5 所示。

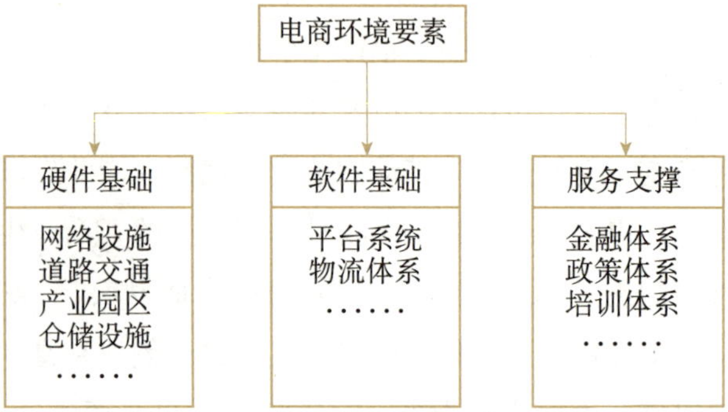

图 1－5　农村电商的环境要素构成

农村电商要发展，首先要解决的问题是改善农村的电商环境。这里所说的电商环境主要是指基础环境，包括网络设施和物流通道等。近年来，从中央到地方各级政府对农村地区网络通信和道路交通的投入力度不断加大，物流企业的业务不断向农村地区扩展，农村地区的网络设施、道路交通和物流都有了大幅改善，但总体而言与城镇还有较大差距。因此，当前大部分农村地区要发展电子商务，首先要解决的难题是网络、交通、物流三个方面。

具体来看，网络设施和道路交通的建设和完善主要依靠政府的投入，物流的发展则主要以市场驱动和企业推进为主，如图 1－6 所示。对地方政府来说，在网络设施方面，应当在原先的工作基础之上继续加大对网络通信基础建设企业的扶持和引导，逐步扩大网络覆盖范围，提升网络等级，尤其是要推广移动通信技术在农村地区的应用。在道路交通方面，应当在道路村村通的基础之上进一步完善道路网络，提升道路等级，扩大覆盖范围，逐步提高公共交通的通达率。在物流方面，应当大力支持物流企业、电商企业向农村地区覆盖，借助企业和市场的力量不断完善农村地区的物流条件。

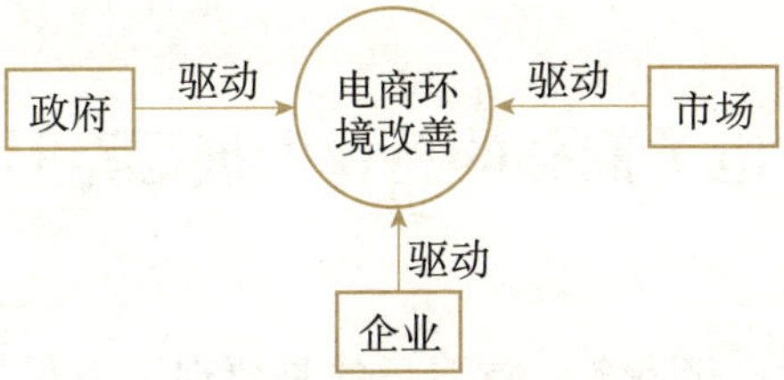

图 1-6 农村电商发展环境促进机制

在电商环境不断完善的基础上，政府仍需进一步引导和扶持外来企业和当地企业或个人积极开展电子商务活动，同时通过宣传、培训、扶持等措施支持个人参与其中，提升农村电商的发展动力。企业是农村电商发展的主要驱动力。从目前来看，一些大平台或者扎根于农村的电商综合运营服务商对农村电商发展的推动效果尤为突出。因此，地方政府在适当引导和扶持本地企业和个体生产经营者积极开展电商业务之外，可重点引入大平台或综合运营服务商，促进农村电商更快更好地发展，如图 1-7 所示。

图 1-7 农村电商发展促进机制

从农村电商环境、农村电商发展水平和企业/个人的关系来看，农村电商环境的改善会促使更多的企业和个人加入到农村电商的发展中，而农村电商的发展又会促使电商环境的不断改善，使该促进机制不断强化，如图 1-8 所示。因此，对政府而言，通过初期适当的引导和推动，能促使农村电商形成发展能力和水平不断提升的良性循环。

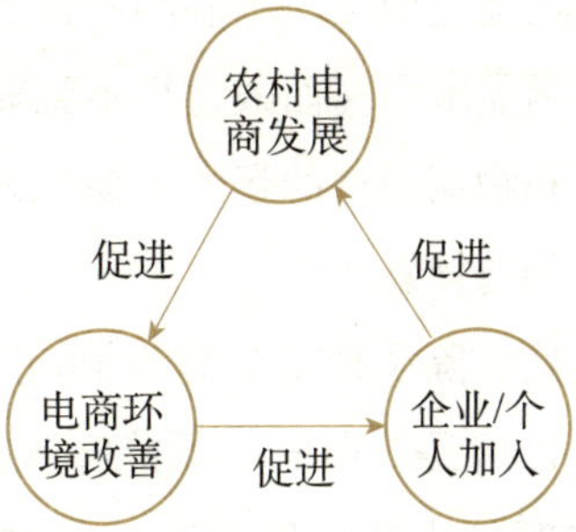

图 1-8 农村电商发展促进强化机制

9 我国农村电子商务的总体发展思路是什么？

答： 发展农村电子商务，首要目的是要促进农村地区产业和经济的发展，让农村居民因参与其中而获得更多的发展机会，实现收入增加。其次要通过发展农村电子商务，促进农村市场不管完善，让农村居民在生产资料和消费资料的购买上获得更多的选择、更大的实惠，实现生产生活成本的降低以及生产生活条件的改善。最后要让农村居民通过掌握和运用相关技能、积极参与市场化的生产经营活动，获得自我发展能力的提升，真正实现可持续的发展。

在此过程中，如何促进农村电商的发展，如何通过电子商务的发展带动当地产业和经济的发展，如何确实保障农村居民公平地获得参与其中的机会，实现增收和自我发展能力提升，是农村电商发展要解决的三大问题。

关于如何促进农村电商的发展，首先可以从农村电商的功能来考虑，即让生产者更好地将本地产品和服务销售出去，同时让本地消费者更便利地购买到称心如意的产品和服务。这需要两个通道，即信息通道和物流通道，使信息交流和货物往来更畅通。当然，人的往来通道也是重要的，尤其是对于旅游（包括旅游电商）等产业来说更是如此。但从很多农村地区来看，信息通道和物流通道对当地电商发展的制约显得更为突出，鉴于农村地区基本上已实现道路村村通但因需求不高而效益得不到充分发挥的事实，通过电子商务的发展以及信息通道和物流通道的畅通来促进人的往来，进而驱动人的通道完善，应当是更为可行的选择。

当然，除了通道的建设和完善之外，更重要的是要充分发挥它的效用。通道的作用是双向的，既能实现产品和服务的上行（主要是指本地到外地），也能实现产品和服务的下行（主要是指外地到本地）。一般来说，产品和服务的上行量与下行量的增加都会促进本地市场的繁荣和本地经济的发展，但上行对本地产业的驱动是主要的，而下行更重要的作用是丰富本地消费市场。当然，若考虑到电子商务对本地消费者购买本地的商品和服务（广义上看，这既是上行也是下行）的促进作用，以及本地生产经营者购买外地生产资料对本地产业的促进作用，上行对本地市场繁荣的促进和下行对本地产业的促进同样是不容忽视的。而且，上行与下行是相辅相成、相互促进、共同发展的，上行的发展会促进下行的发展，下行的发展同样会促进上行的发展。因此，不管是向农村地区扩张的平台企业还是地方政府，在发展农村电商时，都不应只看到上行或下行，即使对某个方面有所偏重，也不应当完全忽视甚至排斥另一方面。这不仅会限制农村电商的发展，也会对地方产业和经济形成掣肘。

那么应当如何促进产品和服务的上行与下行的发展呢？对政府来说，最根本的任务是要做好服务支撑，主要包括对产业的服务支撑、对企业的服务支撑和对人才的服务支撑，让产业的发展更符合电子商务发展的要求，让企业更积极、更容易地参与到农村电商的发展当中，同时让作为发展核心的人才更快成长，并在本地的电商及其他产业的发展中发挥更大的作用。做好了这三种服务支撑，不仅可以促进农村电商的发展，更重要的是能够发挥电商发展对本地产业发展的促进作用。当然，服务支撑不仅仅是服务，还包括管理和规范，这是整个行业可持续发展的必要条件。另外，除了完善的服务支撑体系之外，还需要适当措施的推动，尤其是在起步阶段，因为在缺少电商氛围的地区，即使有完善的通道和服务支撑体系，企业和居民也需要一个较长的时间来了解和利用，所以在起步阶段政府应当适当推动，以缩短起步期。

当然，要实施通道建设和服务支撑体系建设，并不是一项简单的工作，而是一项系统性工程，往往也不是工信或其他部门能独立完成的，它需要有顶层设计。而这样的顶层设计一般需要通过规划来指导和落实，因而需要有规划作保障。另外，由于涉及部门及其他社会组织和资源众多，工作复杂繁重，还需要有必要的组织机构来统筹领导，以便让规划可以具体落实，工作可以逐步开展，多方共同推进。最后，为了能确保工作推进的效果，让农村电商的发展真正让本地企业和居民获益，还需要有必要的绩效考核机制。

促进农村电商发展需要构建由通道、服务支撑和保障机制三方面组成的体系，如图1－9所示。

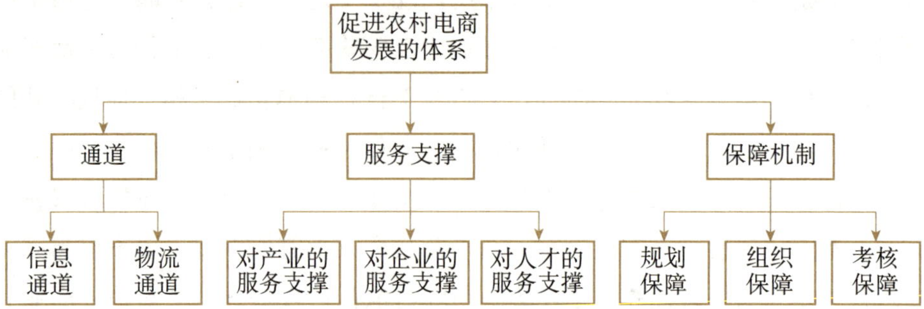

图1－9　促进农村电商发展的体系

10 我国农村电子商务的发展动力与障碍是什么？

答：我国农村地区要发展电子商务，阻力主要在于网络设施不完善、道路交通不畅通、物流成本高、人才短缺、电商氛围不浓，以及包括很多地方政府和地方企业在内的主体认识不到位等方面。

随着电子商务的不断发展，其对地区产业经济发展的促进作用日益为人们所认识，加上地方经济转型压力的加大，在中央政府的积极推动下，各级地方政府开始逐渐重视并开始推动。因此，中央政府及越来越多的地方政府逐渐开始成为农村电商发展的主要推动力之一，并希望借此契机推动农村电商的发展，推动产业发展以及加速完成扶贫任务。但是，由于电子商务对传统线下企业的冲击、部分税收的外流、经验认识普遍不足等原因，不少地方政府仍在处于观望态势，或者感觉到有心无力、无从下手。

此外，包括各类电商平台在内的电商企业、物流企业、金融企业等为了抢占农村市场，不断加快向农村地区布局，即使有不少企业的农村电商推广计划以失败告终，但还是有越来越多的企业和资本加入了农村市场的争夺中，而且不少企业已经完成了初期探索，开始展开快速扩张。这表明，上述各类外来企业仍将是农村电商发展的重要推动力，并且将会发挥越来越大的作用。虽然部分相对贫困的农村地区由于基础条件较差，可能还没有成为大部分企业的主攻地区，但随着农村电商的整体发展以及地方政府的积极推动，必然会有越来越多的企业参与到这些地区的市场争夺当中，并且最终会取代政府成为当地农村电商的主导力量。因此，农村地区，尤其是贫困的农村地区应当积极引入上述企业参与当地电商的发展，以加快农村电商的发展。

除了外来企业外，当地的企业和个体生产经营者同样希望开展网销业务，以扩大市场空间，实现新的发展。尤其是随着电子商务的整体发展水平和速度的不断提高，成功的案例越来越多，加上经济转型的压力，必然会有越来越多的地方企业和个体生产经营者通过电商来寻求新的发展机会。而往往一旦个别企业或个体生产经营者的“触电”成功，很可能会引起其他企业或个体生产经营者的效仿，从而推动整个地区的电子商务迅速发展，如同众多淘宝村那样。

总的来说，农村地区的政府、企业和个体生产经营者等都具有促进农村电商发展的动力，但由于电商发展的基础条件较差、对当地传统线下企业及税收的负面影响、经验和认识的不足、发展人才短缺等众多不利因素，农村电商发展可以说是困难重重，尤其是贫困农村地区。农村电商发展的动力与障碍如图 1-10 所示。因此，要促进农村电商的发展，必须充分协调各方力量，形成强大的合力，破解重重障碍。

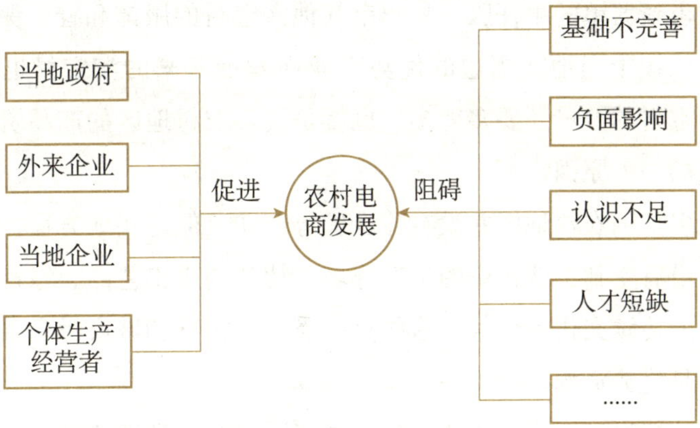

图 1-10　农村电商发展的动力与障碍

11 我国农村地区发展电子商务有哪些优势?

答: 农村电商本质上还是电子商务，只是在农村地区开展而已。农村电商的兴起有特有的原因，主要具有以下几方面的优势：产品资源优势、成本优势、消费市场优势和农村社会优势。这些优势可能并不是一般社会价值观下的优势，有的可能还是传统意义上的弊端，但却正是这些弊端促成了农村电商的兴起，因而对农村电商的发展（尤其是起步）而言，它们可认为是优势。

一、产品资源优势

从阿里研究院公布的资料来看，很多淘宝村的发展主要依赖于当地特有的手工艺品（福建尚卿乡的藤铁工艺、山东博兴县锦秋街道的草柳编制品、顾家村的手织粗布等）、传统产业（山东大集镇的演出戏服、河北清河县葛仙庄镇的毛衣毛线等），以及以当地农业资源加工而成的产品（福建龙岩小池镇培斜村的竹席、江苏阳澄湖镇消泾村的大闸蟹等）等。在 2014 年公布的 212 个淘宝村中，经粗略统计，这类淘宝村就有 41 个，约占 20%。实际上，如果将诸如广州增城市新塘镇的牛仔服、泉州市其他淘宝村的服饰和鞋、保定市白沟新城的箱包等依赖于当地或周边的优势产业而发展起来的淘宝村也计算在内的话，这类淘宝村的数量还要多得多。也就是说，农村地区的产品资源优势是农村电商兴起的一大原因。

当然很多贫困农村地区并没有什么优势产业，但这些地方往往拥有独特的自然风光、没有受到工业污染的生态环境、特色的手工艺品、绿色无公害的农产品和特色的传统文化习俗等，这些对饱受环境污染和城市噪音袭扰的城市居民来说，就是优势资源。

因此，若能通过电子商务让更多的城市居民购买到这些产品或者到当地旅游（或在线旅游），那就能提升这些产品资源的价值，使当地居民增收脱贫。

二、成本优势

虽然现在农村地区的很多青壮年劳动力都到城里务工，但从总量来看，还有超过6亿的农民居住于乡村，而截至2014年年底，我国还有超过7 000万的贫困人口。虽然这些人当中，青壮年劳动力占比不大，但总体而言，农村居民的机会成本较低，即可赚钱的工作机会不多，甚至是没有工作赚钱的机会，因此有的人甚至无需考虑机会成本。因此，很多时候，在农村地区，只要可以赚钱，不违法、不违反道德（尤其是当地风俗观念），一般都会去做。

而在生产加工场地方面，农村地区的用地成本很低，很多时候甚至不用考虑场地成本，因为可用于生产加工的用地很多，而且往往是居民自家的用地。这在很多淘宝村就可以看到，很多小作坊式的生产者就直接在自己家里进行生产加工，工人很多时候就是家里人。

因此，农村地区生产加工的产品（往往是技术和设备要求低，家庭小作坊就能生产的产品）具有成本优势，进而具有价格优势。例如，在城镇地区的工厂里生产出来的一件小家具，需要包含材料成本、用地成本、管理成本、劳动力成本、税费等，而在农村地区生产的同样一件小家具，往往只需考虑材料成本和物流成本，因此其定价可以很低，却还能盈利。

另外，从淘宝村的早期发展来看，由于农村居民的知识产权意识不强，加上农村的“熟人”社会特点，在产品设计甚至是图片设计上往往相互抄袭复制，因而对大部分生产者来说，产品设计费用几乎为零。虽然这种侵权行为不当，但也正是这种相互抄袭复制，使得同一产业在整个村子中发展很快，并迅速形成规模优势，进而能进一步降低物流和营销成本（地域品牌效应）。这也是近几年以淘宝村为代表的农村电商能够迅速兴起的主要原因之一。

因此，在农村地区，尤其是贫困村，如果能找到好的产品或好的项目，它往往可以依靠农村地区的成本优势实现快速发展，形成规模经济优势，进而带动整个村子或周边地区的经济发展，增加农民收入。

三、消费市场优势

当前包括阿里巴巴、京东、苏宁等大企业在内的众多电商企业正在不断向农村地区铺开，一个主要原因就是要对农村消费市场进行开发。众所周知，超过 6 亿人的乡村地区拥有着巨大的消费潜力，而农村地区的商贸物流比较落后，农村居民不仅可选择的商品不多，价格较高，而且购买往往需要耗费较长时间，甚至不少的路费。因此，将电商平台和物流配送直接对接到农村地区，将会极大地丰富农村居民的消费品市场，而且可以节约购买时间和费用。

另外，从当前发展模式看，电商企业向农村地区的推进不仅可以占据当地的消费市场，也能促进当地优势产品（包括农产品）或资源的开发，从长远来看，不管是对电商企业还是对当地产业和经济的发展都将会起到促进作用。这也是农村电商兴起的另一个主要原因。

当然，农村贫困地区的个人消费能力相对较弱，但从整体来看，对电商企业而言还是有巨大的潜力。例如，2014 年 832 个国家级贫困县在阿里零售平台上的消费额超过 1 千亿元。[①] 而从长远的角度来看，这些地方还会继续发展，购买力仍会进一步提高，当地产品和资源的价值也将会有更大的提升。因此，不管是对当地居民，还是对电商企业，在农村贫困地区发展电子商务都是有利的。

四、农村社会优势

农村社会与城镇社会不同，一般具有以下特点：首先，如前面多次提到的，农村社会是“熟人”社会，村民间大多比较熟络，相互之间有什么好事坏事很难瞒得住，有什么新鲜事很快就能在整个村子中传开。其次，农村居民除了农忙之外，空闲时间较多，也就是劳动机会成本很低，而且大多数村民都比较勤劳简朴，如果发现有可赚钱的机会，往往会很快抓住。最后，农村居民在知识产权意识等方面的相关法律意识普遍不强，加上“熟人”社会的特征，彼此间即使发生纠纷也往往不会诉诸法律。

由于上述主要特点，如果有一两家因开展网络营销而赚了钱，尤其是致富之后，其他人很快就能知道，并上门请教，而这样的请教往往也不会被拒绝。

---

① 张瑞东，蒋正伟．电商赋能 弱鸟高飞——电商消贫报告（2015）[M]．北京：社会科学文献出版社，2015.

这样，一传十，十传百，就会有越来越多的人效仿，并形成裂变式的快速复制（这种复制包括模式、产品、设计等方面的复制），而这种复制会让整个村子或地区在所依托的产业上形成很大的规模，并产生规模经济效应，进而促使整个产业和地区经济较快地发展。

我们不鼓励抄袭侵权，但是农村地区的人文社会自有其特点。从大部分淘宝村的发展过程来看，起步阶段的抄袭、低价竞争等往往是不可避免的，而这种抄袭、低价竞争其实也是整个产业快速发展、形成规模效应的主要原因之一。当然，当整个产业发展到一定阶段之后，这些可能会制约整个产业或地区经济的持续发展，这个时候往往会有生产者通过品牌打造、质量提升等措施来实现突围。从产业发展规律来看，一个产业的发展往往会经历从野蛮生长到有序成长等诸多过程，而农村社会的特点正好吻合了野蛮生长阶段的要求。

12 我国农村电子商务经过哪些发展历程？[①]

答：我国农村电子商务自 1995 年起步，已经历了 20 多年时间。从动力机制、核心业务和应用效果三个方面，大致可以把我国农村电子商务的发展分为三个阶段。中国农村电子商务发展的历程见表 1-1。

表 1-1　　中国农村电子商务发展的历程

阶段	信息服务（1995—2004 年）	在线交易（2005—2014 年）	服务体系（2015 年至今）
标志	集诚现货网	草根网商	三级服务体系
动力机制	政府主导、国家投入	两类并存、各自为战	多元发力、两类合流
核心业务	官办平台、信息服务	市场化平台在线交易	O2O 结合，上下行贯通
应用效果	能力闲置、应用初级	市场示范、野蛮生长	快速覆盖（其他待察）

第一个阶段（1995—2004 年）是“信息服务阶段”。该阶段的标志是集诚

① 汪向东．农村电商：20 年、新变局——写给即将远去的 2015［EB/OL］．（2015-12-31）［2017-02-05］．http：//blog．sina．com．cn/s/blog_593adc6c0102w4xy．html．

现货网的成立。动力机制是政府主导、国家投入；核心业务是依托官办平台，主要开展信息服务；应用效果差强人意，建成的能力大量闲置，应用程度为初级水平。1995年年底，在国家正式启动“金农工程”的基础上，郑州交易所成立了集诚现货网（即中华粮网的前身），以此为标志，我国农业农村电子商务的序幕就此拉开。

在随后的10年中，农村电子商务开始破冰，艰难前行。据2005年第八届中国国际电子商务大会提供的数据，当时，全国共有农村电子商务网站2 000多个，涉农网站6 000多个。

第二个阶段（2005—2014年）是“在线交易阶段”。该阶段的标志是在农村出现了草根网商。在动力机制方面，因市场主体兴起带来变化，在原有政府主导、自上而下的农村电子商务的基础上，开始出现并迅速发展了市场驱动、自下而上的农村电子商务。两类农村电子商务并存，却又各自为战，是这个阶段动力机制的基本特征。在核心业务上，农村草根网商可以不出家门直接在网上做交易、获得收入。在应用效果上，农村草根网商可以从开展电子商务的过程中赚钱，这吸引了越来越多的模仿者，形成市场示范效应。在很长的时间里，中国的农村电子商务经历了一段市场野蛮生长的过程，农村电子商务乃至市场体系建设的深层痛点很少被触及。

进入在线交易阶段的标志是农村开始出现农民自己开办的网店，这是我国农村电子商务发展史上的重大变革标志之一。2005年、2006年，在我国东部沿海一些农村里，一批草根农民率先尝试在电商平台上开网店，并实现增收。这些农村草根网商的成功，不仅让他们自己变身为专职的网商，而且形成示范效应，带动了周围乡亲们纷纷效仿。这种自下而上的农村电子商务，让我国古老的农村出现了“四个新”：（1）新的交易模式，即在线交易的电商模式；（2）新的交易主体，即农民网商或新农人，这是中国农村几千年来从来没有出现过的交易主体；（3）新的交易理念，即直接面向和对接广域大市场；（4）新的市场生态，随后在2010年前后开始出现的淘宝村是这种农村新的市场生态最典型的呈现。淘宝村是聚集网商、服务商、制造商等各类市场生态元素的载体。

在线交易阶段与信息服务阶段的具体区别体现在：一是动力机制，即从原来主要是政府主导转变为多元主体驱动。农村电子商务发展中出现了政府与市场两种动力机制并存的局面。二是核心业务，在第一个10年里，除了一些大宗交易，例如粮食、棉花可以实现在线交易之外，绝大多数农村交易、尤其以农民为主体的交易行为无法在线上完成。当时农村电子商务的业务主要是信息服务，而不是在线交易。自下而上型的农村电子商务出现后，农村电子商务的业务开始从信息服务拓展到在线交易。三是应用效果，国家在第一个阶段大量投入，进行农村信息化、电子商务的能力建设，但这些能力的应用效果差强人意。自下而上的农村电子商务出现后，正是靠它“可交易、可增收”的明显效果，让电商真正在农村落地生根、开花结果。

在线交易阶段也存在着一些问题。一是“各自为战”。前10年政府主导、自上而下的农村电子商务依然存在，并一直延续到后10年，并延续至今。后10年出现了市场驱动、自下而上的农村电子商务。两种农村电子商务并存，但中间鲜有交集，各自在自己的逻辑框架内、按自己的方式发展。二是“无为而治”。当然，这主要指的是对后10年自下而上的农村电子商务，政府和平台基本上是无为而治，靠其自发产生、野蛮成长。2015年以前，没有哪个淘宝村是靠政府规划、打造出来的，在很长时间内的电子商务平台，并没有对农村电子商务的发展有政策上的倾斜。三是“范围不广”。虽然近年来随着加入者的增多，农村电子商务进入了一个快速发展的轨道，但在后10年时间里，基层的农村电子商务所依托的平台和所覆盖的村落都为数不多。世纪之村最早从福建农村开始布点，到2014年也仅覆盖了几万个村点。若把这些放在中国如此广袤的农村版图中来看，农村电子商务覆盖的范围远远不够。四是“痛点犹存”。后10年中，虽然出现了淘宝村这样的亮点，但就农村整体来看，电商接入、物流、人才、资金等困难仍然严重制约其发展，农村电子商务，尤其是农产品上行的本地化服务体系仍然十分缺乏，符合农村电子商务发展所需的市场环境亟待改善。需要说明的是，这些问题都是阶段性的、发展中的问题，肯定会在发展中逐步完善和解决。两类农村电子商务的对比见表1-2。

表1-2　　两类农村电子商务的对比

	自上而下式	自下而上式
运作主体	常采取“政府投入，企业化运作”	农民网商，通常以家庭为单位起步
经营目标	解决农民“买难卖难”	农民为了增收
动力特征	政府主导作用明显 外力驱动/示范引导	农民以自身脱贫致富为动力 自发性/草根性/内生性
发展依靠	多依赖政府财政投入、政策支持	多依赖成本价格优势，靠走量
交易平台	常依托自建的平台	常依托社会化第三方平台
农民对接市场	经中介，在订单/定价上话语权较小	较直接，在订单/定价上话语权较大

第三个阶段（2015年至今）可以称为“服务体系阶段”。该阶段的标志是电商村、乡（镇）、县三级服务体系建设。动力机制上，除了多元主体共同发力外，该阶段更多地表现为两类农村电子商务开始合流。尽管培育电商主体仍是主要任务之一，但核心业务已不仅仅停留于线上交易，更重要的变化是开始瞄准农村电子商务乃至整个农村流通体系中的深层痛点，比如人的素质、物流配送，冷链、追溯、营销等。这个时期的农村电子商务开始围绕农村线上线下结合、上行下行贯通的本地化服务体系发力，从前端的交易沿着产业链向更深处延展。在应用效果上，目前我们已经看到农村电子商务在全国快速覆盖，然而国家更希望农村电子商务通过和农村一、二、三产业深度融合，能在供给侧改革方面取得更多的正面效果，在助力三农、包括脱贫攻坚等方面取得更令人满意的效果。能否实现这些应用效果，尚需用事实说话。

服务体系阶段主要有以下四个特征：

第一，三支力量同时发力。这三支力量分别是政府、电商平台和地方服务商。2015年，商务部主导的电商进农村示范县工作强力推进，农业部信息进村入户也树立了一批农业电子商务新标杆，电商扶贫正式启动并初见成效。越来越多的市场主体看好农村电子商务的蓝海市场，并与政府一道实实在在投入。越来越多的乡镇、尤其是在村一级，建起了线上与线下相结合的电商设施，让更多的农民享受到农村电子商务带来的实惠。阿里巴巴、京东等平台推出了专门面向农村的战略和平台政策。在农村电子商务运营者的行列中出现了更多的面孔，不仅有供销e家、邮乐农品，还有赶街、乐村淘、淘实惠、云农场等一批新秀。

第二，两类电商开始合流。政府主导自上而下式农村电子商务和市场驱动的自下而上式农村电子商务已经开始合为一体。阿里巴巴、京东、赶街等电商企业每到一地，一般都会首先与当地政府签订协议，以便有计划、有组织地推进农村电子商务。如果说此前政府与市场主体在农村电子商务中虽有共存，但缺乏合作，那么，2015 年农村电子商务发展动力上最明显的变化就是政府与市场主体间的合作机制开始形成。商务部已正式委托遂昌网店协会，根据他们在基层开展农村电子商务的实践经验，为全国农村电子商务制定《工作指引》和《服务规范》两项标准。

第三，覆盖范围明显扩大。2015 年县域电子商务全面引爆，农村电子商务开始全面采取“整县推进”的方式，从而大大加快了农村电子商务的覆盖速度。乐村淘是一家新建企业，2014 年 10 月底开通第一个农村电子商务站点，经过 2015 年集中发力，其农村电子商务业务到 2015 年年底已覆盖到 22 个省、516 县、6 万多个村。阿里的村淘业务覆盖的村也突破了 1 万个；京东已在农村招募了 12 万名电商推广员。其中有许多是在中西部农村。

第四，瞄准农村深层难点。农村电子商务场景不同，起点较低，加上各地条件各有不同，难度相当大。现在无论是第三方平台“村级站＋县级中心＋支线物流”的农村电子商务落地模式，还是服务商“园区＋平台＋培训＋体系”的合作模式，抑或是自营电商“渠道拓展＋聚合需求＋对接品牌＋集中促销”的交易模式，新变局下的农村电子商务实践都开始瞄准和真正触及农村电子商务的深层痛点。2015 年，不仅国家出台一系列重磅政策，地方政府也在结合自己的具体情况，针对农村电子商务的基础设施、发展环境和公共服务的需求提供帮助。

13 我国农村电子商务的发展现状如何？[①]

答： 按照产业生命周期理论，产业发展一般可分为四个阶段：初创期

① 汪向东．农村电商的新进展、新趋势［EB/OL］．（2016－07－18）［2017－02－05］．http：//blog.sina.com.cn/s/blog_593adc6c0102wlgq.html.

（或幼稚期）、成长期、成熟期和衰退期。识别一个产业处于哪个阶段，一般有以下指标：市场增长率、需求增长潜力、产品品种数量、竞争者数量、市场占有率、进入和退出壁垒、技术革新及用户购买行为等。

农村电子商务并不是一个传统意义上的产业，其主要功能是将电子商务应用于农村地区，一方面通过扩大农村地区的产品销售市场，促进农村地区的产业转型升级；另一方面刺激农村消费升级，带动城镇产业实现新增长。农村电商更多的是销售流通阶段的一种新方式，而不是直接生产的产品，因而不能严格依据一般的产业生命周期理论及指标来识别。因此，需要在传统的产业生命周期理论的基础上应用新的角度和指标来分析判断。

发展农村电商的目的是促进农村地区的经济和社会的发展，作为一项新事业，其动力来源有政府发展地方经济的诉求、农民增收的诉求以及企业获益的诉求。从我国农村电商的发展历程来看，最初目的是政府为了解决农产品生产与销售上的信息不对称问题，主要通过国家投入来建设各种农产品信息服务网站。在政府的推动下，此阶段涌现出了一大批这样的网站，而随着这些网站的上线，各类用户也曾积极利用其发布了大量的出售和求购信息，但由于缺少各种必要的配套机制，如方便的支付方式、信息真实性的保障机制、产品质量的保障机制等，其应用效果并不理想，也造成了大量的资源闲置。

但随着淘宝等市场化平台的逐渐发展壮大，并在城市获得成功，一些农村草根网商开始借助淘宝等平台实现了增收致富，并且他们的成功被其他村民迅速复制传播。此阶段最具代表性的是近些年涌现出的一批又一批的“电商村”。这些村庄的脱颖而出最初并不是由政府推动的，完全是电商市场催生的，可以说，它们的发展完全是自发性的。也正是由于“电商村”的出现和迅速发展，其不断扩大的影响力引起了政府、学界及各路社会资本的重视，各种调研、学习、试点逐渐增多和深入，物流、电商平台、金融及其他各种企业也纷纷将目标指向农村。可以说，此时农村电商成为人们眼中的一片新蓝海。

世纪之村、赶街等模式获得的初步成功，开始引爆了各类资本向农村进军的“下乡运动”，如“阿里村淘”、京东的“3F战略”、苏宁针对农村地区的“O2O”苏宁易购服务站、乐村淘、淘实惠等。可以说，此时的农村电商开始拉开了抢占市场的序幕。在商务部发布的数据中，在2015年，虽然农村网民增加不到10%，但是和农村电商相关联的指标中，农村网购增长了96%，将近翻了一番，农产品网销增长了70%，农村电商点，到2015年年底达到25万个。更重要的是，这25万个农村电商点当中大部分是一两年内出现的，其速度可谓惊人，而且其覆盖范围仍将不断扩大，业务和服务也会不断充实。

不过，随着农村电商网点的不断铺开，也逐渐暴露出了一些问题，例如：如何帮助农民增收；如何更好地服务于当地产业发展；如何完善电商服务体系；运营商如何盈利；政府与企业应当如何分工合作，等等。这些问题需要电商平台去思考和探索，也需要政府部门去积极应对。

就目前来看，农村电商正处于高速发展的阶段，其覆盖范围正不断扩大，主体也越来越多样，竞争正持续加剧，合作也越来越多，核心业务不断拓展且形式越来越多样，服务不断完善。

目前中国农村电子商务发展存在以下四个方面的特征：

（1）农村电子商务市场正在从“早盘布局”阶段进入“中盘绞杀”阶段。根据商务部发布的数据，2015年，虽然农村网民数量增加不到10%，但是和农村电子商务相关联的其他两个指标增长显著：农村网购从2014年的1 800亿元增长到2015年的3 530亿元，增长率为96%，2016年上半年农村网购达到3 100亿元，几乎达到2015年全年的总量；农产品网销从2014年的870亿元增加到2015年的1 500亿元，增长率达到70%。此外，农村电子商务点的数量从2014年几乎为零增加到2015年年底的25万个。如果把中国农村电子商务市场想象成一个方圆960万平方公里的大棋盘，盘面上有60万个村级节点，那么，到2015年年底其中的25万个已经被电商“点亮”，村民可以就地开展电子商务，这是农村电子商务的一个非常重要的新进展。而且这个数据还在快速增加：京东集团从2014年年底启动农村电子商务计划，2015年年底京东的电商点达到17万个，2016年5月达到20万个，7月达到27万个。其他电商企业的市场覆盖也有不同程度的进展，比如，乐村淘到2015年年底已经覆盖了6万个村。社会知名度更大的阿里村淘，一度因实行专职合伙人计划，客观上提高了自身农村业务进入的标准，从而放慢了农村覆盖的速度。据2016年5月披露的数据，当时阿里村淘覆盖了近2万个村，自启动“淘帮手”兼职计划后，阿里村淘的覆盖速度又重新有所加快。农村市场覆盖的新进展说明，农村电子商务正在快速地从“早盘布局”进到“中盘绞杀”阶段。当多个市场主体进入农村市场开展竞争，市场空间的限制和市场份额的争夺将会越来越激烈，这在一些地区已成事实，并且还将在更大的范围展开。

（2）不同模式之间博弈日益显性化。2015年农村电子商务的新进展是在政府、市场等多元主体联合推动之下实现的。2015年，除了国家出台了一系列加快电商发展的政策外，各地、各级政府也对农村电子商务给予强力推动，如河北、山东等省政府提出了实现农村电子商务全覆盖的任务。在市场方面，介入农村电子商务市场的主体明显增加，让农村电子商务的样式更加丰富。2014年7月，马云在浙江省遂昌县调研时评论赶街模式是他见过的最好的农村电子商务模式，而农村电子商务是让农民享受城镇生活和农产品卖出来的“the only way（唯一的路径或做法）”。随后，阿里启动的农村淘宝，其模式最初就是从赶街脱胎而来的。其实，不管是当时还是现在（特别是现在），更多的证据显示农村电子商务本身不是“the only way”，而是“many ways（许多路径或做法）”。即便是赶街和村淘，一年多来，各自在具体样式上都改变了许多，二者的差异也越来越大。在企业方面，不同主体正在涌入农村电子商务市场。这些企业大致可以分为四类：作为广域平台的阿里、京东、苏宁等，纷纷发力农村电子商务；作为专域平台的赶街、乐村淘、淘实惠等，早已突破了一市一省的局部市场，在全国农村市场上布局；作为转型商家的供销社、邮政和原来万村千乡的营办主体，基于过去在农村线下深耕多年的条件，开始从线下往线上转型；作为品牌商家的农商1号、云农场、农医生等，也在村、乡（镇）、县布点。农村电子商务这种多模式并存与竞争的局面前所未有，为各地政府、农村消费者、创业者、投资者、服务商和网商等提供了更多的选择。这些新进展还带来一个必然结果，那就是平台间的竞争，农村电子商务市场的利益博弈已经越来越明显。农村电子商务的市场格局不是“only way”，而是“many ways”的多元竞争，这是农村电子商务新进展带来的新局面。

（3）落地的服务体系成为关键。在农村电子商务发展的新阶段，最关键的任务是建立落在本地的、线上线下结合、上行下行贯通的农村电子商务服务体系。第一，它是实现国家农村电子商务发展目标的要求和保证。2015 年《国务院办公厅关于促进农村电子商务加快发展的指导意见》（国办发〔2015〕78 号）文件明确规定农村电子商务的发展目标："到 2020 年，初步建成统一开放、竞争有序、诚信守法、安全可靠、绿色环保的农村电子商务的市场体系，农村电子商务与农村一二三产业深度融合，在推动农民创业就业、开拓农村消费市场、带动农村扶贫开发等方面取得明显成效。"第二，它是电商进村入户后落地生根、开花结果的必要条件。电子商务进农村的成败在于电子商务是否能真正在农村落地生根、开花结果，造福三农。为避免过去多年农村信息化建设中出现的能力闲置现象，建立本地化的服务体系是重中之重。第三，它是农村"互联网＋流通"的重点所在。发展农村电子商务要以电商助力存量业态、包括农村服务体系的转型升级为目标。例如，商务部"万村千乡"工程已经持续了 10 年以上，虽然它一直在瞄准农村流通体系中的那些难点，但主要还是在完善线下流通体系。农村的"互联网＋流通"要求建立一个线上线下结合的新的农村流通体系。因此，就要用电商激活、转型、升级原来农村已有的流通体系。第四，它是支撑农产品上行的保障。好农品不等于好网货，好网货不等于有好销售，好销售也不一定有好结果。对农产品上行，"互联网＋""电商＋"存在一个放大效应，互联网会把农产品交易的优点和缺点放大，因此电子商务对农产品流通而言是一把双刃剑，这也说明了落地的服务体系的必要性和重要性。第五，它还是优化电商环境的重要内容。县域电商环境好不好，政策是一方面，但归根结底在于本地是否建立了一套完善的、强有力的市场服务体系。

（4）"机场模式"是刚需。当前在农村电子商务服务体系的构建中，重复建设非常严重。外来的平台各自建立独立的服务体系，这样会造成大量的社会资源浪费。农村电子商务应该有自己的"机场模式"，一个地方只需建立一套开放接入、资源共享、一网多用的农村电子商务"机场"。尽管这是企业行为，"法无禁止市场主体皆可为"，但是电商平台进入县域同样需要地方政府配置公共资源并提供公共服务，如果今后更多的市场主体进来，地方政府是否应该一视同仁，给予同样的支持。所以，各地在农村电子商务服务体系上有必要尽快建成自己的“机场”。

资料链接1—5　怀远模式

2016年国家商务部在安徽省蚌埠市召开电子商务进农村示范现场会，这个会议的主要议题就是推介安徽蚌埠的怀远经验。在蚌埠市怀远县有一家“万村千乡”工程的老示范企业——淮商集团。从2012年年底开始，该企业主动拥抱互联网，建立网上电子商务平台——淮商e购，推进传统商贸业务的信息化转型。与此同时，淮商集团在当地做了一个“五分钟淮商”的模式，让区域内居民能够在五分钟内找到一家淮商的网点，实现了非常高的覆盖密度。对消费者来说，如果淮商线下的服务点（超市）中的商品品类无法满足需求，他可以到淮商e购平台上购买。如果淮商e购平台的商品品类同样无法满足需求，则可以借助淮商e购平台去淘宝、京东或苏宁等平台上的购买产品，同时享受淮商集团的诸如物流、售后方面的服务。这就实现了某种意义上的“机场模式”，域外的不同电商平台可以开放接入淮商e购平台，共享淮商的线下基础设施和服务体系。

14 我国农村电子商务发展的主要模式有哪些？

答： 近年来，随着农村电子商务的发展，出现了众多模式，如“沙集模式”“遂昌模式”“通榆模式”“兰田模式”“成县模式”“娄底模式”“东高庄模式”“北山狼模式”等，尤其是2014年以来开始在农村地区迅速覆盖的阿里巴巴（农村淘宝）、京东（京东帮）、乐村淘、赶街、淘实惠等诸多企业也都有其自身的特点。面对诸多纷繁复杂的模式，还是应当回归到农村电商本身去分析和理解，即将电子商务作为产品（或服务）销售的一种手段来理解。

电子商务作为一种销售手段，一般涉及生产者、销售者、平台、物流及消费者等主体，其基本流程如图1－11所示。对于农村电商，往往会有若干主体涉及农村，例如，农村居民作为消费者（产品下行），或者农村居民作为生产者或销售者（产品上行）。下面将按照其主要驱动主体来划分农村电商的模式并分别予以分析。

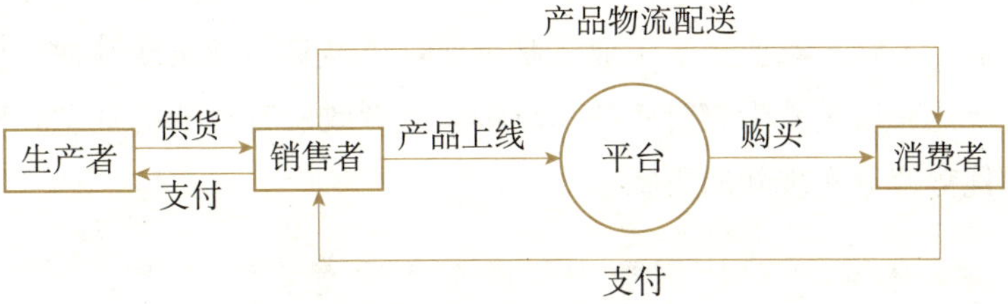

图 1-11 电子商务基本流程示意图

一、依托农村草根网商驱动

该模式一般具有以下发展路径：首先，若干村民利用淘宝等平台来销售自产或代销的产品并获利；随后，他们的成功在村里村外逐渐传开，并且被其他村民迅速复制；最后，随着村民网商群体逐渐发展壮大，带动物流及其他产业快速发展，并逐步形成产业集聚和较为完善的产业链（产业分工合作）。早期出现的“淘宝村”大多数属于此模式，如东风村、灶美村、丁楼村、军埔村等，此类“淘宝村”的成功主要在于以下三个方面：一是淘宝等平台的兴起，让农村草根创业者获得了直接对接大市场的机会；二是电子商务促进了整个市场的革新，扩大了市场空间，出现了很多有待发掘的市场空间；三是农村草根创业者的积极探索和创新。很显然，当前的形势与 10 多年前有了很大的不同，当前的卖家数量和竞争激烈程度是 10 多年前所无法比拟的，即市场真空地带越来越少，这也是近年来新出现的草根网商越来越少的主要原因。虽然，随着微商的迅速兴起，带来了很多新的机会，但是对农村创业者的要求也越来越高。因此，依托农村草根网商的成功创业来带动整村的电子商务发展虽然说并非没有机会，但相对而言，难度无疑是越来越大了。

二、依托传统产业转型驱动

该模式一般具有以下特征：一是当地具有某种优势产业；二是该产业中的

若干企业率先开展网销业务，并获得快速发展；三是其他企业陆续跟进，该产业逐渐由传统的线下销售为主转变为以网销为主，并获得新的发展。其中的典型案例包括湾头村（传统草柳编织手工业）、东高庄（羊绒纱线及制品业）、堰下村（花木）、光山县（羽绒服）等。应该说，该模式最主要因素是具有一定的优势产业，不管是农业、手工业、制造业，还是实体商贸或其他产业，只要具备优势产业，通过若干先行者的示范带动或者政府有目的的推动，就有可能使传统的优势产业实现新的飞跃。

三、依托当地个别致富带头人或企业的发展驱动

该模式最主要的特点是当地的电商业务主要围绕个别企业，通过该企业的发展带动当地产业的发展，例如，江西省宁都县孔明灯大王刘鹏飞、浙江省丽水市缙云县壶镇镇北山村的北山狼户外用品公司（吕振鸿创建）、遂昌网店协会、安徽淮商集团等。其中，以孔明灯生产和销售为主要业务的飞天灯艺厂因业务发展将其产品（孔明灯）的部分工序下放到农户家庭，帮助农民实现增收；北山狼户外用品公司则是通过开展网上分销体系，招募当地村民加入分销，促进了当地电子商务的发展；遂昌网店协会则是以网店协会为组织形式，通过集中提供包装、仓储、物流配送等服务，带动包括农村生产者在内的供应商向线上发展；而以传统商贸为主要业务的安徽淮商集团，则是依托其原有的超市网络，借助自建的地方性网上销售平台以及淘宝、京东、苏宁等大型平台开展线上业务，带动当地各种农产品通过网销实现新的销售增长。应该说，上述案例都有自己各自的特点，各自单独作为一种模式来展开进一步的研究分析也不为过，不过它们具有一个共同的特点，即个别致富带头人或个别企业在其中起到了至关重要的作用，没有这些“个体”的发展，很可能当地的农村电子商务也不会有今天的成就，因此可将它们归为同一种模式。此模式对于其他地方的主要启示在于，应当不断完善和优化当地的电商发展环境，也许当地的某个人或某个企业（包括小微企业和龙头企业）在某天会成为当地电商发展的主导力量。

四、依托垂直电商驱动

这种模式的主要特征是，该垂直电商的某一端位于农村地区，如生产端位

于农村的农产品类垂直电商、消费端位于农村的农资电商等。农产品类垂直电商依托专业的销售平台，为众多农产品提供专业的销售渠道，而且很容易帮助农产品产地形成地方品牌。这类平台包括顺丰优选、本来生活、沱沱工社等，其特点是专注于某类产品（其类别可大可小），并且更注重优质产品资源的寻找和筛选，也能为生产者提供更具针对性的专业指导和服务，虽然其核心的电商销售业务往往位于城镇，但对当地农业的发展具有积极的促进作用，因此，应当予以大力支持。农村电商由于其所销售产品的专用性，其消费者主要是从事农业生产的农民和企业，其也是农村电商的重要组成部分，这类电商可为农业生产者提供更专业更优质的产品和服务，进而促进农村农业的发展，因此，同样应当予以大力支持。

五、依托综合大平台驱动

这种模式典型的案例有阿里巴巴的“农村淘宝”、京东的农村电商“3F战略”、苏宁的农村电商“O2O”等。其特征是这些大型的综合性平台借助于分级服务体系的构建将其业务向农村拓展，通过平台向农村销售产品或帮助农村居民在网上销售产品。从目前来看，产品下行仍是这类平台的最主要目标和业务。此类平台向农村扩展，不仅有利于丰富和完善农村市场，也有助于促进当地电商服务体系的完善，进而促进产品上行的发展。

六、依托专注于农村的电商平台驱动

该模式的典型案例有赶街、乐村淘、淘实惠等，它们的共同特点是：专注于农村市场；具有村、县、市（或省）等多级物流及服务网点；自建平台等。此类电商平台可为农村消费者和生产者提供更专业的服务，虽然产品下行仍是它们的主要业务，但相对而言更注重产品的上行。就目前来看，这些平台的规模等不如淘宝、京东等综合性大平台，扎根于农村的它们如何攻占城市，让以农产品为主的农村产品获得更大市场空间仍将是它们要解决的主要问题之一。另外，这类平台要实现持续性的发展和盈利也还有待观察。不过，无论如何，其对农村电子商务的发展都具有积极的促进作用，应当予以欢迎和支持，尤其要鼓励当地的生产者积极利用此类平台从事网上销售，加快产业的转型升级。

资料链接 1—6 “遂昌模式”的本质

在阿里研究院发布的《遂昌模式研究报告》中，将遂昌模式定义为：以本地化电子商务综合服务商作为驱动，带动县域电子商务生态发展，促进地方传统产业，尤其是农业及农产品加工业实现电子商务化，“电子商务综合服务商＋网商＋传统产业”相互作用，在政策环境的催化下，形成信息时代的县域经济发展道路。遂昌网店协会是遂昌模式的核心，其成员主要包括网络销售商、产品供应商和服务商三大类，其中服务商包括物流、快递、银行、运营商、摄影、网页设计等。各类成员都有相应的分工，如网络销售商主要负责产品网上销售，产品供应商负责产品的生产，服务商负责产品的包装、摄影、仓储、配送等所有与网销相关的其他业务。遂昌网店协会搭建的麦特龙分销平台的业务流程如图 1-12 所示。

这其中最核心的问题是如何协调各方会员。遂昌网店协会的做法是将电子商务活动中最具共性的业务提取出来，形成新的专业部门，既保留了会员的核心业务，也为其提供了更专业的非核心业务服务，解决了会员的后顾之忧，让其能更专注于自身的核心专业。根据分工合作理论，这样的专业分工让整个团体的运作更有效率。遂昌电商产业的快速发展就说明了这点。如果将整个协会看作是一个企业的话，其各类会员就是这个企业中的不同部门。遂昌网店协会这样的“大企业”是由众多中小企业结合而成的，这种结合是不同行业（甚至产业）之间的结合，是不同产业链的融合，甚至有可能快速成长为地方经济的“巨无霸”。而这种结合的核心就是电子商务，正是电子商务让传统的生产商、供应商不再需要为市场和渠道担负巨大的成本，让传统的经销商更专注于市场销售，才促成了这样的结合。

遂昌模式的本质是：在由电子商务引爆的信息经济时代下，电子商务促使传统产业变革，进而形成新的产业分工合作。实际上，现在很多淘宝村都形成了较为完备的产业链，各行业之间的分工合作，使

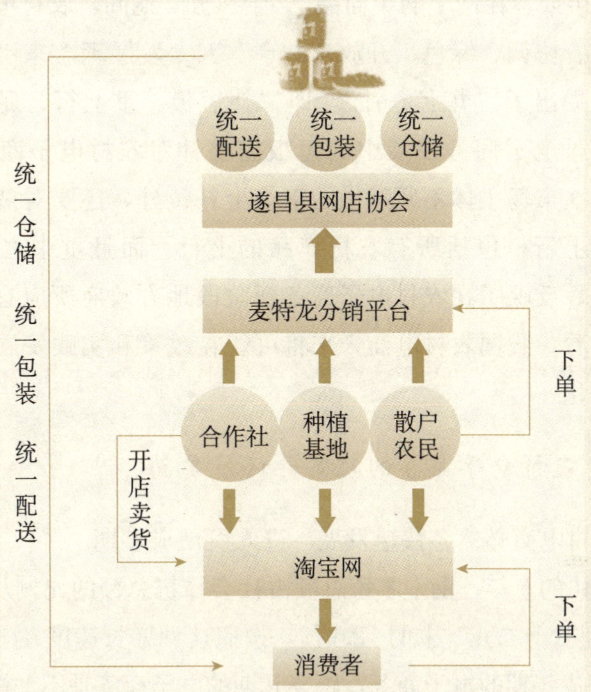

图 1－12　麦特龙分销平台的业务流程

图片来源：阿里研究院．阿里商业评论｜县域电子商务中的遂昌现象．(2014－07－24)［2017－02－05］. http://www.aliresearch.com/blog/article/detail/id/19460.html.

整个产业运行起来更有效率。这些淘宝村与遂昌的区别只是缺少遂昌网店协会这样更具效率的组织而已。相信随着电子商务的不断发展，将来还会出现更多的“遂昌网店协会”，甚至更新颖的组织形式，而这些新的形式将会促使农村经济更快地发展，让农村居民获得更高的收益。

15　我国农村电子商务的发展趋势如何？

答： 我国农村电商发展至今，其内涵已经得到了极大的丰富，已经不再只是开个网店或者在网上购买商品。“十三五”期间，农村电子商务的发展应该用“创新、协调、绿色、开放、共享”五大发展理念来引领。商务部对农村电子商务提出了“九字方针”，即“补短板、重上行、促竞争”。补短板，即政府补农村电子商务发展中的短板需要针对农村电子商务的深层痛点发力，除了要在市场主体不愿意做的事情上补位外，还要对贫困地区给予更多的支持；重上行，包括所有农村产品的上行，而且重中之重是农产品的上行；促竞争，反映了在农村电子商务新阶段地方政府所应有的政策取向。从当前形势来看，我国农村电商未来将可能在政策和实践发展两个层面上会有比较大的变化。

一、在农村电子商务的政策和环境层面

一是农村电商必然会快速发展，进入发展成年期。“十二五”是中国电子商务发展最快的5年，网上零售总额占社会零售总额的比例从“十二五”初的3.2%增加到“十二五”末的12.9%，按照这种增长速度在“十三五”末将会超过40%。成年期的电子商务，跟婴儿期的电子商务是不一样的，农村电子商务也是如此。经济基础决定上层建筑，包括农村电子商务在内的电商政策体系、监管体系都会因变而变。目前，我国的农产品电子商务尚处于起步阶段。根据农业部的统计，2014年我国农产品网络零售交易额超过1 000亿元[1]，与同期3.3万亿元的农产品物流总额相比，仅为3%。但从发展速度和整个农村电子商务发展大环境来看，农产品电商的发展势头十分强劲。仅从可以获得数据的阿里零售平台（淘宝+天猫）来看，在阿里零售平台上交易的农产品有效GMV[2]从2010年的37.35亿元迅速增长到2014年的448.63亿元，年均复合增长率达到86.17%（如图1-13所示）。另外，从经营农产品的电商企业以及电商平台上经营农产品的卖家数量来看，同样呈现高速增长的态势。仅在阿里

① 满朝旭．农业部：去年我国农产品网络零售交易额突破1 000亿元[EB/OL]．(2015-11-13)[2017-02-05]．http：//china.cnr.cn/news/20151113/t20151113_520491074.shtml.

② GMV（Gross Merchandise Volume，网站成交金额），指的是成交订单金额，包含因各种原因而最终取消交易的部分等。

零售平台上经营农产品的卖家，2014 年就达到了 74.98 万家，比上一年增长 60.57%。①

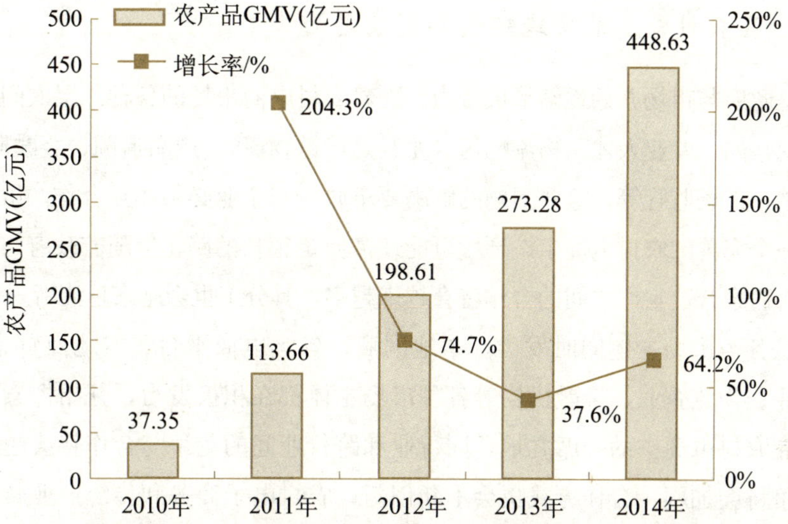

图 1-13　阿里零售平台农产品交易有效 GMV 的变化

二是“县域自生态”与“平台自生态”的融合发展，农村需要开放、融入和共享的电子商务新生态。“县域自生态”是指农村电子商务发展中以县域原有的市场生态为主，通过加盟和融入的方式带来变化，促进转型升级。“平台自生态”是指以平台的生态模式为基础，外来平台进入一个县域，不管原有的市场生态如何，以平台为主，更多地采取一种外力挤压、乃至强力颠覆的方式带动当地市场生态变化。“县域自生态”与“平台自生态”代表着两种不同的农村电子商务落地县域的方式，从而给县域带来不同的影响。“十三五”期间，按国家“五大发展理念”协调发展的要求，农村电子商务的发展需要处理好外来平台和本土市场的关系，经过权衡取舍，用较低的成本建立一个开放、融入、共享的农村电子商务的市场生态。

三是农产品上行将得到更多的政策关注和资源投入。跨平台、微平台、分享经济将在农村电子商务发展中发挥越来越大的作用；电子商务会更多地作用

① 数据来源于阿里研究院的《阿里农产品电子商务白皮书》中 2012 年、2013 年、2014 年的数据。

于供给侧，推动存量的转型；并且，在上述过程中，机制创新、制度创新变得越来越重要。

二、在农村电商的实践建设和发展层面

一是政府与市场开始逐渐形成合力。随着农村电商市场的各种深层次问题的逐渐显现，如，专业人才、物流配送（尤其是冷链物流）、产品追溯、金融服务、市场营销、市场监管等，这些问题的解决要求政府与企业必须相互合作。虽然要构建出一个完善的农村电商生态环境可能还需要走很长的路，但随着政府与企业的不断沟通磨合，它们之间的合作将会越来越多，其分工也会越来越清晰。

二是各类市场主体同时发力。本地网商、各类电商平台、本地商贸企业、生产企业、物流企业、金融机构等各种市场主体都在积极发力，开始探索和寻找自己在农村电商中的一席之地，同行业和跨行业间的竞争与合作将会越来越多，竞争将会加剧，合作方式也会不断创新，农村电子商务和传统产业转型升级是大趋势。

三是平台更加多样化。各平台将会展开激烈角逐，既有同类平台之间的竞争，也有不同类型的平台之间的竞争，如全国性与地方性平台的竞争、综合型与垂直型平台的竞争、大平台与微平台的竞争、专业性电商平台与社交平台的竞争等。各类平台向农村地区的覆盖，将会极大丰富农村网购和网销的多样选择。特别是农产品上行，农产品的细分产品千差万别，大宗产品与特色产品、生鲜与干货、生活资料与生产资料、奢侈品与大路货等，它们所对应的服务体系是不一样的。

四是产品上行将成为重点。农村电商并不只是农民的网上购物，更重要的是农村产品的上行。虽然当前众多农村电商网点的主要功能是向农民销售产品，但是对于政府和企业而言，农村地区产业的可持续发展是农民购买力的根本保障，因而促进农村产品的上行已成为越来越多的地方政府和企业的共识，这不仅是地方政府发展农村产业经济的根本要求，也是农村电商企业实现快速且可持续发展的主要诉求。

五是服务体系的完善将会成为关键。不管是当地政府还是电商企业，要发

展农村电商，都离不开物流配送、产品质量监管、人才培养等各种配套服务的完善，而农村电商服务体系的完善不仅有利于当地产业经济的发展，也有利于促进各种电商企业的竞争和发展。

从各大电商、物流等领域的巨头纷纷涌向农村，从各类资本纷纷加入农产品电商，尤其是生鲜类农产品电商中的争夺大战等现象可以清楚看出，我国农产品电商已进入快速发展的新阶段。而从发展势头来看，众多电商企业和卖家的纷纷加入，越来越多外出务工的农民返乡创业，越来越多投身于农业的新青年、新农人忙碌在田间地头等诸多新变化，都在表明农产品电商的发展已开始呈现出星星之火即将燎原之势。

16 推动我国农村电商发展的策略有哪些？

答：要切实有效地推动我国农村电子商务的发展，可以从逐步推进、借势借力、组织建设和能力建设四个方面入手。

一、逐步推进

发展农村电商是一项系统性工程，涉及方面广，不可能一步到位。尤其是当前还处于起步阶段，还需要更多的摸索实践。此时，如果政府过于急进，很可能会造成极其负面的效果，因此，其推进必须要循序渐进。

例如，在某些电子商务发展水平较低，甚至没有电子商务的农村地区，首先，应当做的是提升政府及社会的认识，避免盲目推进。其次，应当积极营造氛围，让更多的市场主体了解和认识到发展电子商务的必要性和可行性，充分调动其积极性，让其产生发展电子商务的强烈愿望和需求。最后，再根据具体需求不断完善各种基础设施和服务。

当然，以上只是一个示例，农村电商发展的推进并不限定于此。但不管从哪个方面推进，如何推进，都应当坚持逐步推进的策略，只有这样才能避免造成不必要的负面影响甚至破坏。

二、借势借力

不管是农村电商还是电商扶贫，都不只是政府的诉求，越来越多的企业及其他社会力量都对此产生了浓厚兴趣，尤其是其中的很多企业，不仅仅是兴趣，同时也是其业务发展的需要。因此，政府应当充分借助农村电商发展及社会各界的力量，积极引导，让社会各界获得充分发挥其作用的机会，从而促进农村电商快速发展，进而促进农村社会经济的良好发展。

在此要说明的一个问题是，很多人认为电商企业下乡更多的是对农村市场的工业品倾销，不仅不利于农村地区的产业经济发展，甚至削弱了农民的发展能力，因为这些地区网购量远远超过其网销量。但是，农村居民网购量的剧增说明当地居民的消费需求受当地落后的线下市场的很大抑制，网购恰恰是对其消费需求的满足，因为这样的购买更多的是理性购买，所购买的产品或服务有助其改善生产和生活条件，不能因此而认为网购对贫困地区的经济或居民造成了破坏。另外，产品的上行和下行是相辅相成、相互促进的，单方面地限制产品下行，支持产品上行，不仅不利于整个地区产业经济的良性发展，而且也是不现实的。当然，电商企业同样也不应当只发展下行或上行，一是消费者和生产者并不是严格分离的，消费者可以是生产者，生产者同样也是消费者，将更多的生产者和消费者都聚集在同一个平台上必然有助于整个平台的可持续发展；二是生产和销售同样是相辅相成、相互促进的，一个地区的购买力提升有赖于其消费者收入的增加，而收入增加的消费者同样需要提升消费水平。可以说，只有上行或下行，只有生产或消费，都是不完整的，是不可持续的。

另外，对于农村网络消费市场，由于农民的鉴别能力相对较差，这就为一些不法商贩提供了销售假冒伪劣产品的空间。因此，政府和平台企业都应当加强相关的监管，确保农民能够购买到真正优质的产品。

三、组织建设

这里所说的组织指的是协会、联盟、合作社等组织。组织建设对于整个产业的发展是非常关键的，尤其是随着电子商务的兴起，不仅对原先的行业协会、合作社等组织提出更高的要求，也为其发展创新提供了新的机遇。例如，遂昌网店协会，虽然名义是协会，但并不只是一般意义上的协会，而是一个具有新的属性和功能的新型组织。这样的协会组织已经不是传统意义上的行业协会，因为其会员不仅仅包括电商企业，还包括各行各业的生产商（或供应商）、网络销售商，以及为各行各业的会员提供服务的服务商（银行、物流、营销、摄影等），它不仅可以为某类产业的会员制定标准和规范，还围绕电商在整个组织内形成了新的分工合作，降低了交易成本，也提高了效率。遂昌网店协会虽名为协会，但更像是采用加盟形式组成的一个大集团，在这个大集团中，核心团队为其会员提供一些共性的服务（这些服务需要具体情况具体选择，例如，除了仓储物流外，包装可能是遂昌网店协会专门针对农产品而设定的）以获取相应的报酬，这样既保证了整个核心团队为整个组织提供服务（平台服务、整体营销服务等）所需的费用，也可以让其他会员更专注于其专有领域，各司其职。也就是，既有规模效应，也保留了会员独立运营的灵活性。

目前，越来越多的地方都在组建电商协会，但应当强调的是，各地在建立各种协会的同时，还应当充分发挥其应有的作用。因此，政府除了要积极引导成立行业协会，为了避免形式化，还应当预先进行一些工作，例如与广大会员共同制定规章制度，明确政府与协会的关系、协会（或会长）的职责（或任务，与会员商定）和权限（最好保留协会以后修改该权限的权力）、政府对协会的监管责任和义务。尤其是，为了激发会长和会员的积极性，最好能制定一些对会长或会员具有激励惩戒的措施，当然这些措施必须经会员同意。如果有必要，政府可以给予一定期限一定条件（要预先明确）的支持。

另外，随着农业转型升级，专业合作社应当发挥更大的作用。从当前的情况来看，这些合作社普遍没有起到应有的作用。虽然很多人认为合作社的问题在于组织结构过于松散，但关键还是缺少人才，缺少可以领导整个合作社成员朝着共同目标发展的领军人才。政府在这方面可以从物色人才、培养人才做起，并通过典型成功案例的示范推广，让更多的人认识到合作社等组织的可行性和效果。当然，这同样要以市场为主体，政府要做的是提供服务和帮助。

此外，政府还应当鼓励发展其他各种有助于地区产业发展的合法组织，通过适当的扶持促使其发展壮大，进而为地区产业和经济的发展注入新的动力，为农村电商的发展提供更强大的动力。

四、能力建设

能力建设主要体现在两方面：一是政府引领和服务能力的提升，二是包括电子商务在内的产业发展能力的提升。

地方政府作为一个地方的领导机构，对整个地区产业的发展具有举足轻重的引领作用，尤其是贫困地区。因此，对于发展农村电商，地方政府的认识水平和管理水平的提升是极其重要的。只有政府的认识到位、管理到位、服务到位，农村电商才有可能健康发展，才有可能取得更好的效果。

产业发展的根本是人，包括企业家、管理人员、技术人员及其他工作人员，尤其是作为产业发展核心的企业家。因此，一方面既要对各种人才进行培训，同时引进各个产业发展的关键技术和管理人才，尤其是农业方面的技术人才和食品加工方面的技术人才。另一方面应当通过企业家间的交流、组织去外地培训学习等方式帮助企业家扩宽眼界、提升能力，同时还要积极引进具有先进管理经验和国际视野的投资者和管理者，促进地方产业的发展，从而确保农村电商实现快速的发展。

17 农村电子商务能给农民带来什么？①

答：农村电子商务可以给从业农民带来以下三方面的改变：

一、电子商务能够增加从业农民的收入

在农村电子商务取得实质发展的地方，当地从业者的收入水平都得到了明显提高，电子商务让从业者和相关参与者的经济生活发生了巨大改变。例如在

---

① 汪向东，梁春晓．新三农与电子商务［M］．北京：中国农业科学技术出版社，2014.

江苏沙集，家具网销的平均利润率为18%，其快速发展和裂变式成长使当地出现招工难。招工难，进而又带动了当地工薪水平上升，使一个大工的月薪可以达到4 500～6 000元。不仅原来的贫困户通过网上创业、到网店或工厂工作就业脱贫，而且在农民网商中涌现出了一批先富起来的人。

二、电子商务改变了农民的从业方式和社会身份

通过在网上开店持续从事电子商务经营，越来越多的农民放弃了几千年来“面向黄土背朝天”的劳动方式，改变了他们原来“日出而作、日落而息”的生活方式。他们用鼠标、键盘代替了锄头，按用户网络购物的时间调整自己的作息表，足不出户地在互联网上做生意，以网上订单组织生产和销售活动。从而通过经营活动的变化，改变了他们传统的社会身份。例如在江苏沙集，农民过去多从事传统农业生产，由于人多地少，沙集镇的青壮年农民也多外出务工。家具电子商务发展起来以后，越来越多的农民开始从事家具网销和相关产业，如家具工人、物流、客服、文创等，一些做得比较好的农民网商更是直接变身为企业家，雇佣当地、甚至城里的工人，带动了区域就业。

三、电子商务提升了农民网商的素质和幸福感

农民开展电子商务，毕竟需要克服文化知识、劳动方式、思想方式上的限制。然而，越来越多的成功案例，纠正了人们关于农民文化水平低不适于从事电子商务的偏见，而且显示出农村电子商务包容性发展的特征，让越来越多的农民体会到实现人生价值的幸福感。

农产品电商首先可以让农产品脱离产地的限制，直接面对网上的大市场。首先，由于市场变大，自主定价权变大，销售量也会增加，从而使得收入增加。关于销量增加这点，需要说明的是，并不是将产品简单地摆到平台上就能实现销售，毕竟网络也有网络的规则和方法，必要的策划、宣传和营销是少不了的，并因此有可能产生销售费用，但总体而言，收益是增加的。其次，农产品电商可以减少流通环节，让生产者与消费者的沟通渠道更通畅[①]，使品牌建

---

① 汪向东，张才明．互联网时代我国农村减贫扶贫新思路——“沙集模式”的启示［J］．信息化建设，2011（2）：6-9.

立的成本降低，更容易形成自有品牌。而品牌的建立会提高消费者对产品的识别度，从而发挥品牌效应，使得生产者获得了更高的定价权。最后，由于信息传播更加便利，产品交易的成本会降低。因此，通过电子商务来销售农产品可以使农业生产经营者的收益提高。如图 1-14 所示。

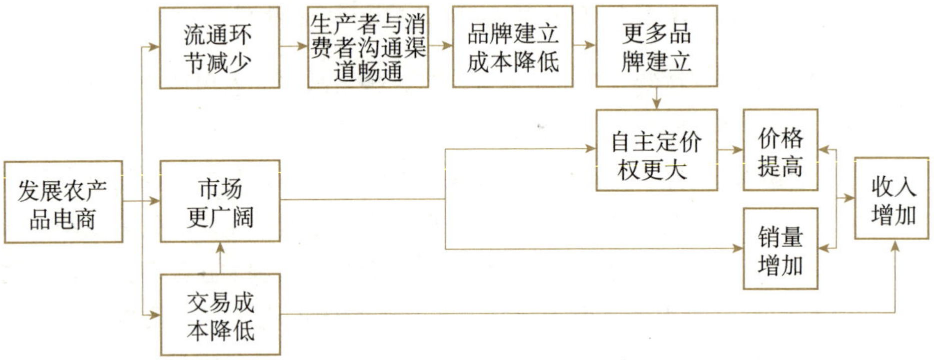

图 1-14　发展农产品电商对农民收入增加的促进

同时，农业生产经营通过自身努力生产出质量优良的好产品，并因此实现农业生产经营收入的增加，就必然会吸引更多的人从事农业，这部分具有先进技术和经营理念的“新农人”的加入，会促使整个行业生产经营水平的提高，进而形成更多的品牌，使得农产品质量进一步提升。随着物联网等电子信息技术的发展及其应用的不断扩大，更为先进、更为完善的质量安全追溯体系的建立也成了可能，使得农产品质量的监管更为便利，这必然促使农产品质量不断提高。而由于农产品质量的提高，就会获得越来越多消费者的认可，并使得产品的销售市场变得更为广阔，并进而使农业生产经营者的收入进一步增加，这就形成了良性的循环，促使农业进入不断改良的上升通道，从而加快农业的转型升级。如图 1-15 所示。

从上述分析可以看出，正是由于电子商务这种新型的销售方式加强了生产者与消费者之间的直接联系，提高了产品的识别度，打破了传统方式下信息不对称、产品识别度低、品牌建立成本高、品牌效应低等困境，因此有可能会破解当前我国农业发展所存在的困境。在此，我们特意用了“有可能”这个说法，是因为在当前要加快我国农产品电商的发展，使得当前少部分农民获益变

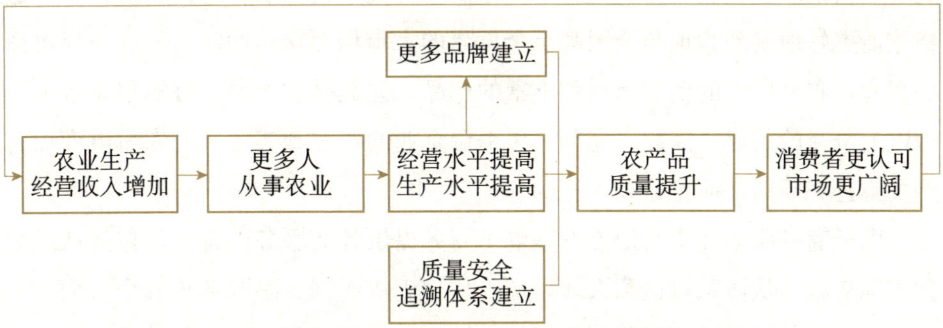

图1-15　发展农产品电商对农业转型升级的促进

为大部分农民获益，还有许多问题亟待解决，还需要比较长的一段时间。但从长远来看，对于我国农产品电子商务的发展壮大并促使我国农业转型升级这样的判断还是非常有信心的。

18 农村电子商务涉及哪些主体？如何激活这些主体？

答：农村电商首先需要的是网商，也就是通过互联网销售产品的企业或个人。网商来源主要包括当地的企业和居民，当然也包括外来的电子商务企业等。在整个农村电商生态系统当中，网商是最核心的主体，因为在电子商务活动当中，网销是最关键的一环。其次是当地政府。从目前来看，农村地区普遍缺少发展电子商务的软硬件条件，通过政府的适当引导和推动，不仅可以加快发展速度，也能确保电子商务健康发展，这在贫困地区尤其重要。当然，政府不是市场主体，不能代替市场来行事，政府更多的是完善发展环境和提供服务。

除了网商和政府之外，还有平台企业、电子商务服务商、生产企业等各类企业。

平台企业既包括阿里巴巴、京东、苏宁等大型综合性电商平台也包括各种中小型平台，既包括全国性的平台也包括地方性的小平台。农村电子商务的发展不仅仅依靠当地企业往线上转型，还需要各类平台向农村地区扩展，只有这样才能更好地实现当地与全国甚至全世界的大市场对接。同时，随着农村电商的兴起，农村广大的消费市场和丰富的产品（尤其是农产品）资源也是各大平台电商争夺的焦点。因此，充分利用平台企业的资源和实力，对农村电商而言是关键且必要的，而且也是可行的。

电子商务服务商指为地方发展电子商务提供各类服务的企业，包括从规划到落地实施，从体系打造到人才培训，从物流快递到金融服务等各个方面。一般来说，电子商务的开展需要物流等直接相关的配套服务，同时由于农村地区的电商发展水平低、资金短缺、人才短缺等问题还需要金融、咨询、培训等间接配套服务。随着农村电商的发展，因农村地区的特殊性，已逐渐成长起来一大批专业的综合运营服务商，这些服务商不仅提供基于农村地区的服务体系搭建服务，而且一般拥有自己的运营平台，并基于该平台提供产品销售和购买、电商人才培训等众多服务。目前，这样的综合运营服务商已经逐渐成长为农村电商的一股强大推动力量。也正是由于它们的成长，促使阿里巴巴、京东、苏宁等众多大型平台纷纷采取类似的措施将其渠道不断向农村地区铺设和下沉。

长远来看，农村地区经济的发展最终还是要依靠当地产业的发展，因此，不管电子商务如何发展，采取什么样的形式或者依靠哪些平台，最关键的还是要促进当地生产企业的成长。也就是说，农村地区电子商务的发展水平最终取决于当地产业的发展水平。不过电子商务通过交易成本的降低和交易效率的提高可极大地促进当地产业的发展。因此，在加快构建农村电商发展体系、培育电商环境的同时，还必须促进传统产业加快向线上转型。

当然，除了政府和企业之外，在农村电商的发展当中，尤其是在农村电商扶贫中还会存在其他许多推动力量，包括行业协会、专业合作社、高等院校、研究机构、慈善机构、扶贫机构等社会组织，以及各种专家学者、致富带头人等。充分发挥这些组织和个人的作用，有利于电商氛围的营造，确保农村电商快速健康地发展。

综上所述，农村电商的发展需要政府、企业、其他社会组织和个人等各方力量推动，而如何整合各方力量，形成强大的合力将是农村电商发展的关键。农村电商的构成主体如图 1 - 16 所示。

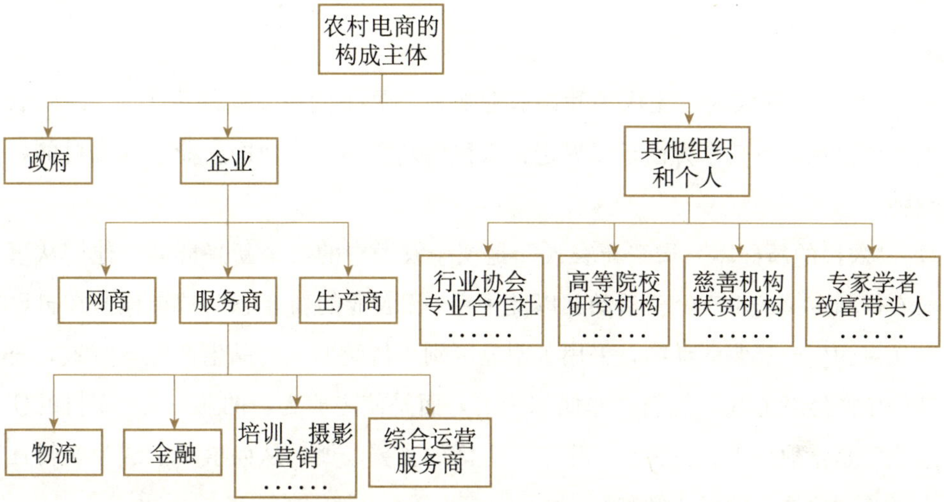

图 1 - 16 农村电商的构成主体

要激活这些农村电子商务主体，需要通过加大对农村各电商服务中心的设备投入，解决展示、推广、支付等关键问题，改善农村电子商务发展的软环境。切实提高农村电子商务业务管理部门和农村电子商务平台的运营管理和服务水平，建立有利于农村电子商务企业发展的财政、金融、土地、收费等政策体系，规范管理，减少行政干预，为农村电子商务企业的发展壮大提供更宽松的环境。积极引导农业生产基地、农产品加工企业、农资配送企业、龙头物流企业、农民专业合作社、家庭农场、专业大户、乡村旅馆、民间艺人工匠、农产品批发市场和农业经纪人等利用农村电子商务从事网上产品和服务营销，着力打造一批农村电子商务示范企业、示范网点。通过“外引内培”，支持一批优秀电子商务服务企业为农村电子商务发展提供代运营、网店建设、营销推广、仓储物流、资金结算等专业化服务。支持“万村千乡”农家店、供销合作社农资连锁店、农村邮政局所（站）等利用电子商务的组织，推动放心农货进城市，放心商品进农家，为农民提供优质、方便、实惠、可溯源的生产生活资料网销网购服务。

19 农村电商带来的“新农人”的概念与内涵是什么？①

答：“新农人”正成为我国农业农村发展中的一支新的生力军。“新农人”可以从以下三个方面予以界定：农民的新群体、农业的新业态、农村的新细胞。

“农民的新群体”指“新农人”是现今农民中的一个新兴群体，他们从事与农产品有关的生产经营活动并以此为业。“农业的新业态”是指他们在自己所从事的生产经营活动中，采用了明显区别于传统的农产品生产经营方式，对新的生产经营方式，他们并非偶尔为之，而是使之成为新的业态。“农村的新细胞”是指他们以农村为自己生产、生活的主要场所，从而事实上成为农村社会经济“肌体”的新“细胞”。

“新农人”作为当前“三农”发展条件下的一个新现象，虽然其概念的内涵外延还有待通过进一步研究以使其清晰化，但人们已经可以明显认识实践中“新农人”的客观存在。

一、“新农人”的构成是多样化的

“新农人”的构成中有本地农村人口，有外出一段时间的返乡者，也有大量的外来者，他们或来自外乡，或来自城市，其中较多的人具有其他职业背景，尤其包括一批新“知青”等。

二、“新农人”的组织载体

在当前条件下，“新农人”从事农产品生产经营活动，主要依托种养大户、家庭农场、专业合作社、企业、协会等为组织载体。反之，并非所有这些组织

① 汪向东．新农人与“新农人现象”[EB/OL]．(2013-09-15)[2017-02-05]. http://blog.sina.com.cn/s/blog_593adc6c0101hdqb.html.

形式都可以称为“新农人”，区分的标准在于他们从事农产品生产经营活动的方式。需要指出，在农村从事农产品电子商务经营的网商，就是“新农人”群体的一个组成部分。

三、“新农人”产生的背景

（1）自主择业：“新农人”选择返乡完全是自主的，而非军垦、知青下乡等政策安排的；（2）事业动机：往往是“新农人”事业上的一种选择、追求或规划，而非草率无奈之选；（3）知识文化：“新农人”拥有新知识、新理念，并具有转化为行动的新能力；（4）回归自然：“新农人”往往更崇尚亲近自然的生活；（5）蓝海市场：“新农人”希望在农业生产和经营中寻找到新的蓝海；（6）政策扶持：国家持续增大的长期性“三农”扶持政策也是选择以农为业的重要外部条件。

四、“新农人”的主要行为特点

一是重信息，“新农人”天然亲信息化，亲电子商务，尤其关注自己周围的环境；二是重资源，较之其他农人群体，“新农人”更加善用外部资源；三是重互利，“新农人”明白以分享得收获的道理，更愿意开放共享资源；四是重创新，“新农人”在今天传统依然强大的环境下，走一条与旧农人不同的道路，只能摸索前行。

目前，中国“新农人”群体的规模到底有多大，尚不清晰。例如，据 2013 年 6 月，农业部官方披露的数据，我国有家庭农场 87.7 万个，这个数据是仅统计了拥有农村户籍的人兴办的家庭农场，城镇居民通过各种方式到农村兴办的家庭农场未包括在内。再如，我国现有专业合作社 73 万户，其中有多少符合上述“新农人”的标准，人们也无从得知。2012 年在淘宝和天猫上注册地在农村（村及乡镇）的网店数为 59.57 万个，其中经营农产品类目的网店 26 万个①。至于其他平台上的情况如何，尚待进一步的数据披露。然而，通过这些

① 数据来源于阿里研究中心发布的《农产品电子商务白皮书（2012）》。

零散的数据、媒体的报道和对实际生活的大量观察，相关研究学者推测这个群体至少应该已达几十万、甚至上百万量级，更重要的是，人们可以确定无疑地感觉到，“新农人”正在越来越多地涌现。

20 为什么说农村电子商务是促使“新农人”群体发展的关键推手？

答：“新农人”尚未形成统一的定义，也尚未有相关的统计。但按一般的理解，“新农人”至少具有两大特征：（1）采用了明显区别于传统的农产品生产经营方式。（2）重信息。在电子商务兴起之前，也有不少怀揣着促进我国农业实现新型发展的有知识、有情怀的青年积极投身到农业的生产经营当中。但是，应该说，其中有不少人因为无力改变现状，其所生产的优质产品无法获得市场的认可，最后只能选择放弃。

但随着电子商务的兴起，电子商务作为一种全新的交易手段，极大地拉近了生产者与消费者的距离，让那些有知识、有情怀的“新农人”获得了更大的舞台，并且也涌现出了越来越多的成功案例，激励着越来越多的有识之士加入到了“新农人”这个新兴群体当中。

那么，电子商务促使农产品市场产生了什么变化，使得“新农人”拥有了展示抱负的机会呢？

众所周知，在不规范的市场中存在着“劣币驱逐良币”的情况，而在我国当前的农业及农产品市场环境下，同样存在着“劣品驱逐良品”的现象。曾有不少农业领域的生产经营者对看到的许多问题产品流入市场的现象非常担忧，同时在对消费者的调查研究中也发现许多消费者都具有购买优质产品的需求，于是他们决心投资生产优质的农产品。这本是一项双赢的事业，但很多这类先行者最后都选择了退出或从众，原因是因为消费者不愿意为此而花费高价，进而由于销量上不去，产品价格只能定得更高，导致购买者更少。消费者看似前后矛盾的两种态度并不是由于这部分消费市场不存在，从近几年不少消费者对国外进口农产品和食品的热衷能看出价格偏高的优质产品也是有市场的。因此，真正的问题出于消费者对我国农产品的不信任，尤其是随着食品质量问题事件的频频曝光，消费者甚至开始对相关监管部门、各种产品认证等都产生了怀疑。正是由于这样的不信任，消费者除非亲眼所见，否则很难再相信商家自身的宣传。这也就导致了不少优质产品的生产者只能选择降低成本，增加产量来满足市场“要求”，即所谓的“劣品驱逐良品”。

虽然，针对消费者的不信任，相关部门加强了检测监管，加大了处罚力度，促使生产经营者变得更为规范，但由于在实际操作中仍需要很长一段时期来不断完善，而且消费者恢复信心也需要一段时间。

农产品要实现其价值，就要进入流通，进入市场，转变为商品。在传统的流通渠道中，存在着流通环节多、信息不对称、无品牌或品牌效应低等诸多问题，这也是导致农产品市场“劣品驱逐良品”的主要因素。而随着我国电子商务的迅速发展，我国农产品电子商务也开始兴起。电子商务是基于信息网络开展交易的一种交易方式，它拉近了生产者与消费者的距离，同时扩大了产品的销售市场，让生产地在很大程度上脱离了消费地的束缚。正因如此，农产品电商的发展让农民拥有了更广阔的销售市场，并且相对传统的线下渠道极大地减少了流通环节，从而让农产品销售渠道变得更通畅，而这种变化，不仅有利于农民销售农产品的价格的提升，也有利于消费者购买到质量更优质的农产品（当然，这种效果可能并不是一蹴而就的，有可能需要一段时间的市场调整），而且还有利于消费者通过评价等方式驱使生产者改进生产工艺，提高产品质量，并最终促使“良品驱逐劣品”的良性机制形成。当然，这个过程也是需要一段时间的，但这种畅通的渠道具备了解决传统渠道因环节过多而造成的信息不对称问题的特性。一旦解决（或部分解决）了信息不对称的问题，就能够实现对不同质量的产品实行区别定价，从而加速农业生产由对数量的追求转变到对质量的追求，促使农业更良性地发展。农产品电商的信息反馈渠道如图 1－17 所示。

正是由于农产品电商的出现，让那些有理想的“新农人”获得了实现梦想的机会，并且有越来越多的人投身于农业，而事实上也有越来越多的“新农

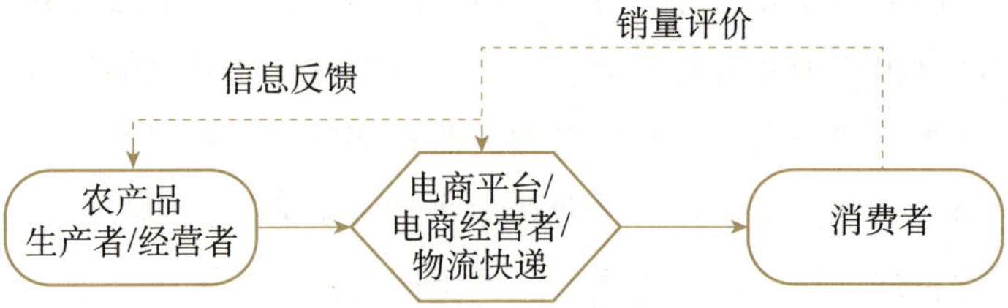

图1-17　农产品电商的信息反馈渠道

人”通过电子商务获得了成功。因此，可以说电子商务是促使“新农人”群体发展壮大的关键推手。相信，还将会有越来越多的“新农人”因电子商务的发展而投身于农业，并将为我国的农业发展做出更大的贡献。

21 农村电子商务对农业产业的发展有什么作用？

答： 农村电子商务对农业产业的发展有三个方面的作用：(1) 电子商务促进了农村传统产业的互联网化转型，带动了城镇化发展。在电子商务的带动下，逐渐发展为一个由多元素配套构成的新的市场生态。通过发展电子商务，农村传统产业得以完成其朝着互联网化、在线化转型，将传统的线下业务与新兴的线上业务相结合。在不少电子商务发展比较成熟的农村，当地经济结构已经去农村化和商业化，为县域农村城镇化提供了新的发展路径。(2) 电子商务引领了农业产业转变发展方式，为其提供了现实指引。电子商务对接远端大市场的特点使县域和农村能够通过电商平台以较低的成本获取域外市场的需求信息，根据这些需求信息，县域和农村的传统农业产业可以在外部广域大市场的指引下进行转型，为外部市场提供需要的产品和服务，带动自身发展方式的转变。(3) 电子商务的发展改善了农村产业结构。农村电子商务为县域和农村开辟了一个全新的网上销售市场，为传统产业的产品提供了新的销路，并在远端市场需求的指引和驱动下，逐步优化县域和农村的产业结构，为未来产业规划和布局提供了坚实的市场依托。

资料链接 1—7 宿迁市大众村——从“破烂村”到“电商村”

与睢宁县沙集镇东风村一河之隔的是宿迁市宿城区耿车镇的大众村。20 世纪 80 年代，耿车镇曾以“耿车模式”闻名于世。耿车模式的核心，是在人均耕地少、集体经济弱的情况下，鼓励农户自己兴办非农企业，而在大众村，农户兴办的非农企业则以废旧塑料回收加工而远近闻名。过去，沙集镇东风村的农民也学习耿车模式，许多人也以废旧塑料回收加工为业。虽然废旧塑料加工让农户挣了钱，但是塑料加工过程中排出的废水、废气也给周围环境带来了很大的污染，空气中整天弥漫着一股刺鼻的气味。如今的大众村，越来越多的农户放弃了以前让他们脱贫致富的废旧塑料回收加工生意，学习邻近的沙集人在网上开店，从事起家具网销和生产。到 2011 年年初，耿车镇的网商已发展到 300 多家，其中兼开家具厂的就有 100 多家。除了原来经营废旧塑料的农户改行外，还有一些大学生也投身到经营淘宝的行列。与大众村网商合作的快递物流公司已达十几家。大众村的产业结构正经历着快速转型，从传统工业化时代跨入信息化时代。几十年前，在传统工业化的背景下，沙集农民学习耿车模式，经营起废旧塑料生意；而在新型工业化的今天，耿车人学习沙集模式，转型从事电子商务。电子商务助力农村经济转型的作用由此可见。

资料链接 1—8 咕咕鲜——数据驱动下的新农业

咕咕鲜是浙江丽水的一家企业，主营业务是在网上销售脱水菜。如图 1 - 18 所示。这家企业通过做网上销售形成了自己的品牌。在对网上市场的开拓和经营过程中，咕咕鲜可以通过对买家行为的分析修改脱水蔬菜的生产标准，并把标准交给专业合作社，用这种模式带动供给侧。与咕咕鲜合作的合作社或者农户使用该标准进行生产和加工，通过咕咕鲜往往能够在网上卖出更好的价钱。咕咕鲜正是通过这种方式在浙江丽水构建了一个面向市场的生产链，形成了在远端市场数据驱动下的新型农业生产处理体系。

图 1-18　咕咕鲜品牌的干笋

22 农村电子商务在县域经济社会发展中的作用是什么？

答：随着互联网逐步渗透到广大城镇和农村，农村电子商务对于县域经济和社会的价值必将更加巨大和多元。农村电子商务在县域经济社会发展中具有十分重要的作用和价值，尤其是在推动县域经济增长、促进县域经济转型、增加县域企业和农民收入、促进县域创业就业和促进新型城镇化建设和新农村建设等方面。

第一，农村电子商务可以通过拉动县域居民消费，推动县域经济增长。电子商务经过多年的发展，在我国一线和二线城市基本发展成熟，但在三四线等区域中，电子商务还有很大的发展空间。在电子商务平台上，县域的消费者可以和一线和二线城市一样，享受产品众多、选择范围广、价格多样的“消费无差别的福利”，消费者通过农村电子商务消费，方便、实惠，已经成为县域消费的新增长点。根据阿里研究院的相关报告，县域电商网购在县域地区拉动的新增消费要远比一二线城市更多，它极大地释放了一二线城市以外广阔县域地区的消费潜力，拉动了内需增长。县域电商网购在一定程度上有效地弥补了三四线城市和乡镇实体零售相对落后的不足，显著提升了消费品流通效率，并最终惠及广大消费者。农村电子商务也是一样，能有效提升县域经济增长潜力，能够有力拉动县域居民消费增长和县域经济增长。农村居民通过农村电子商务网购价格优惠、性能先进的工业产品和生产资料设备，将大大促进农业生产潜力的发挥。通过网上购买消费品，也有利于促进县域和农村经济繁荣，促进城乡均衡发展，缩短城乡差距。

第二，农村电子商务有助于促进县域经济转型，有利于促进县域制造业升级、促进县域现代服务业发展和促进县域产业结构优化。目前，我国县域经济尤其是贫困县的经济发展状况不容乐观，环境压力和土地资源越来越紧张，一二三产业结构不合理，基础设施和第三产业发展滞后。发展农村电子商务不仅可以提升传统产业的销量，更能通过农村电子商务对传统产业的渗透作用，对传统产业的产出质量和偏好等产生影响，推动县域经济的一、二、三产业进一步融合。另外，农村电子商务的发展能“倒逼”农村生产方式的改变，甚至还可能会在农村产生新的产业或生产方式。比如传统的农村市场往往商品化程度较低，品牌和质量标准欠缺等，而农村电子商务的发展必然要求农产品具有一定的标准和品牌，“倒逼”农产品市场提高商品化，这对整个农村原有的分散家庭“无品牌、无标准”的生产方式会产生积极改进影响。农村电子商务还可以有效带动县域配套的电信、物流、包装、运输、仓库储存、金融支付和电商服务业等第三产业的快速发展和繁荣，促进县域经济转型，也有助于县域制造业在面对广大市场需求时生产适销对路的工农业产品，“倒逼”县域制造业转型，促进县域产业结构进一步优化，为县域经济带来更多新的动力。

第三，农村电子商务对县域企业和农民收入的增加都有很大的促进作用。

农村电子商务会给县域企业带来销售量的增加，带来销售收入和利润的增加，加快资金周转；同时农村电子商务的发展还会促使企业建立品牌，提升传统渠道销售。网销对电商企业来说，省去店面成本、库存成本和运营成本等，同时还能减少中间费用成本，超过传统经营模式的效益。发展农村电子商务能够大大增加农民收入。在广大农村地区，农村电子商务能让农民摆脱本区域市场需求的局限，能够直接对接外地乃至国际化的大市场，去掉了中间环节和成本，农民具有更多的获利空间，同时又能够掌握自己产品的定价权，这毫无疑问将大大提高农民增收的能力。事实上也确实如此，大量的农村电子商务致富者比比皆是。

第四，农村电子商务能在一定程度上促进县域创业就业，农村电子商务的兴起将不可避免地带来县域电商从业人员及相关配套服务的从业人员的增加，也会带来部分人员选择农村电子商务作为创业突破口。党中央国务院号召“大众创业、万众创新”，发展农村电子商务就是“大众创业、万众创新”很好的抓手之一。农村电子商务创业就业门槛低、条件少、风险小，只要产品适销对路，农民经过培训，即使没有一定的技术和方法也能参与进来。在广大农村，村官和农村大学生以及从外地打工回来的青年，是促进农村电子商务发展的重要人力因素，在这些带头人的示范作用下，农村出现了以农村电子商务产业为主体的“新农人”现象。

第五，农村电子商务对县域地区消费者尤其是广大农民来说，能够改变购物方式和购物观念，可以不受时间和地点制约，消费者坐在家里足不出户就可以网购。网上货物种类之多、价格与货物的层次之多远远超过城市最繁华商场超市和农村集贸市场等，通过网络索引，根据自己的喜好就能轻松购物。通过电商物流，所购货物很快就可以送到消费者手中，可货到付款或通过网络支付，资金安全又快捷，为农民消费者带来极大的便利和实惠，间接提高了农民自己的消费购买力。

第六，发展农村电子商务能够大大促进新型城镇化建设和新农村建设。新型城镇化建设的最大特征就是从以中心城市为核心的集中式城镇化转变为以小城镇为中心的分布式城镇化。发展农村电子商务将推动发展县域和本地农村人员在当地就业创业，通过农村电子商务产业的渗透作用，带动区域一、二、三产业融合发展，促进新型城镇化建设和新农村建设。

资料链接 1—9 沙集模式——农村电子商务溢出效应的典范

江苏省睢宁县沙集镇，曾经是苏北最凋敝落后的乡镇之一。这里曾经只留下老人孩子，大部分村民进城打工，如今却有大批年轻人返乡在家里创业致富；这里曾经没有任何产业，如今却“无中生有”地兴起网络销售、板材加工、物流、零配件等众多产业。2014 年，沙集镇获得“全国社会扶贫先进集体”称号。

以镇里的东风村为例。东风村原来的传统产业是做废旧塑料加工，也是“破烂村”之一。2006 年，村里在外打工的年轻人发现在网络上销售简易家具是个不错的商机，于是回到村里开起了网店，吸引了大量顾客，生意也越来越好。周围人受到影响，先是同学、再是亲戚、最后全村人都跟着开起了网店，生产和销售简易家具。2014 年，全村 1 180 户农户，超过六成“触网”，经营 2 000 多个网店，开了 250 多家家具厂，汇聚 42 家物流企业，网上交易额突破 10 亿元。① 沙集镇村民们离土不离乡，通过网店销售家具。据统计，2015 年销售额超过 60 亿元。在沙集镇东风村，曾经外出务工的年轻人基本已返乡创业就业，并带动了周边的农村电子商务的快速发展，推动了新型城镇化建设和新农村建设。沙集镇农村电子商务的发展，不仅为村民们提供了创业致富的新机会，还显著地带动了家具生产、营销、物流等关联产业的大发展。加上电商产业园区的建设，睢宁沙集镇东风村已经具有一个新型城镇化的规模。

家具网销的快速发展，不仅拉回了本村外出务工人员，解决了困扰已久的“三留守”② 的问题，也带动和推进了当地城镇化的进程，拓

① 孔祥武，王伟健．一个被互联网改变的村庄［N］．人民日报，2015-01-09（16）．

② “三留守”指留守儿童、留守老人、留守妇女。

宽了道路，升级了网络，兴建了产业园。与此同时，电商的发展改善了当地的社会治安状况，农民们在家创业致富忙得不亦乐乎。也让整个村庄的生态变美了，以前房前屋后堆得满满都是垃圾，环境污染严重，现在大家盖楼修路，污染没了，村庄也都整洁了。

一个普通的苏北小镇，一个当年的“破烂村”，因电子商务而变得不普通，因互联网而变得不平凡。由于其所代表的典型和巨大意义，被我国著名农村电子商务专家、中国社会科学院信息化研究中心主任汪向东教授总结为“沙集模式”。

23 农村电子商务对农村发展有什么意义？

答：党的十六届五中全会明确提出建设社会主义新农村的重大历史任务，并提出了“生产发展、生活宽裕、乡风文明、村容整洁、管理民主”的总体要求。

可以看出，新农村建设的关键在于“生产发展、生活宽裕”，即要促进农村产业经济的发展，增加农民收入。事实上，随着我国农村家庭在农业生产经营方面的收入增速越来越低，中央早在2004年的《中共中央国务院关于促进农民增加收入若干政策的意见》（中发〔2004〕1号）中就提出了实施九个方面的措施来促进农民增收，包括“发展农村二、三产业，拓宽农民增收渠道”以及“发挥市场机制作用，搞活农产品流通”等。并且在此后历年的“中央一号文件”中都重点提到了农民增收问题。这一方面说明中央对“农民增收”问题的重视，另一方面反映出农民增收的难度，城乡居民收入差距的增大。可见，新农村建设要解决首要问题还是农民增收的问题，但自2004年以来，农民增收问题一直未能得到很好地解决。

另外，从众多“电商村”的发展效果来看，村民利用电子商务极大促进了当地产业经济的发展，并且大部分村民实现了脱贫致富。而且，这些农村的电商发展几乎没有政府的直接政策扶持，完全是自下而上、自发性的。也正是鉴于这种让人欣喜、令人振奋的新变化，近两年从中央到地方各级政府纷纷出台促进农村电商发展的相关政策，并且划拨大量资金予以支持。

为什么农村电商在这些地方能够解决中央十多年来想要解决却一直解决不了的农民增收问题呢？原因主要在于：电子商务让村民有机会将本地产品直接对接到广域的大市场，从而有机会为产品找到更多的买家，并从中获得更高的收益，这就调动了村民的积极性，尤其是在部分先行者获得成功的情况下，其示范带动效果更为明显。因此，即使是“土得掉渣”的农民，也不可思议地掌握了看起来很高大上的计算机操作、网络浏览、网店建设、网货销售等。

目前真正发展起网销业务的农村所占比例还仍然很小，而且前些年发展起来的“淘宝村”可能由于现阶段的形势不同而很难被其他类似的村子复制，但是它们对我国今后的新农村建设无疑具有很好的启示意义。新形势下，农村电商的内涵和发展模式也在不断丰富，相信今后农村电商将会在我国的新农村建设中发挥出更重要的促进作用，直接或间接地解决村民的就业问题。

一、宏观上的意义

宏观上，电子商务对农村发展的意义主要体现在以下三个方面：

（一）改变了结构

电子商务助推农村经济社会转型的作用，不仅限于农村经济社会活动的表层，而且改变了农村的深层结构。自农村改革实行分田到户、家庭联产承包制以来，在农户分散的小生产如何对接大市场的关键问题上，一直存在着结构性缺陷。农户要么直接对接市场，要么在“统分结合、双层经营”的“公司＋农户”结构下，通过中介公司去对接市场。这两种方式都存在明显的信息不对称的缺陷，农户因信息劣势导致其经济和社会地位的弱势是明显的事实。在实践中，“公司＋农户”并没有真正解决农户对接市场的问题。一些公司利用自身的市场优势地位，牵着农户鼻子走，与农户争利。现在，“网络”这个要素的介入，打破了“公司＋农户”信息不对称的结构，为农户了解市场信息、把握市场变化、克服信息弱势地位提供了一种新的可能和现实的手段。农户借助网络，既可以不通过传统中介公司直接对接大市场，也可以因掌握更多的信息，在与中介公司打交道时拥有更多的话语权，这有利于纠正原来的结构性缺陷。

（二）赋能于“细胞”

电子商务对农村网商来说，已不再是一个外生的因素，不再是政府或IT公司推送给他们的可有可无的东西，相反已经成为他们根据内在需求主动选择的劳动方式和生活依靠。电子商务给农民带来的不仅仅是交易半径和交易规模上的量变，更是对接市场时在订单权和定价权上的质变。电子商务让越来越多的草根农村网商可以足不出户地与远端的生意伙伴交易，平等地讨价还价，形成订单，从而享受到另一种全新的交易自由。电子商务为农村网商这种农村经济社会“细胞”的赋能，正在改变着农户对接大市场时原有的那种不合理的权利对比格局。这种赋能的规模和程度，正随着农村网商的快速发展与日俱增。

（三）转变着“基因”

电子商务让农村网商以及他们身边越来越多的乡亲们，看到了网络带来的崭新天地和发展机会，收获到祖辈从未有过的、由信息化带来的全新感悟。他们坚信，即使市场发生变化，只要掌握了电子商务的能力，就可以灵活应对市场的风云变幻。他们的感悟和自信，代表着信息时代中国农民新的市场观、资源观、价值观和发展观。在中国“三农”发展中，电子商务给人带来了发展理念和素质的改变，堪称是农村经济社会的“转基因工程”，这对中国农村经济社会转型所起到的作用是长久而深刻的。具体来说，农村人口中越来越多的电子商务参与者以此改变了社会身份，从农民变身为网商、工人、客服、服务商、经纪人，促进了农民工返乡创业和农民就近就业，吸收了包括城镇居民、大学生在内的外地人到农村来为网商打工，为农村城镇化道路提供了新的启示。农村电子商务的发展推动了农民工返乡，明显改善了农民的家庭生活质量，让农村“空巢”带来的社会问题迎刃而解，令农村面貌重新焕发出生机，并激发了农民提升自身素质和能力，以及向善、向上的积极性，也能把老人、文化水平不高的农妇等包容进来，提升了农民的幸福感，推动农村网商更多地关心和参与地方公共事务管理和发展决策等。

二、微观上的意义

当前国务院正在积极推进“互联网+”行动计划，将电子商务应用到农村领域，这将更有利于加快推进农业农村经济结构调整和发展方式转变，加速推动信息化和农业现代化的深度融合，缩小城乡数字鸿沟，在人力、产业、市场、品牌、金融等方面带来深刻变化。所以从微观上分析，发展农村电商的具体意义主要体现为：

（一）提高农民素质

当前农村信息化基础设施建设滞后，互联网普及率不高，广大农民用不上、不会用、用不起信息技术的现象还比较普遍。将电子商务应用到农村领域，提升农民信息化能力，有利于实现产销的更加精准对接，有利于改进农业信息采集监测方式，有利于为农民提供更加精准的服务。特别是随着移动互联技术的迅速发展和手机上网的快速普及，使农民提高信息化水平的门槛进一步降低，从而提高农民综合素质，实现农业农村信息化“弯道超车”、城乡协同发展，使农民随时随地利用手机网络指导农业生产经营、便利日常生活成为可能。

（二）推动农业产业发展

发展农村电子商务，实施信息进村入户工程，推进农业信息化，有利于我国由传统农业向现代农业转变，有利于加快构建现代农业产业体系、生产体系、经营体系，促进农业资源利用率，推动农业发展由主要依靠物质要素投入转到依靠科技创新和提高劳动者素质上，走产出高效、产品安全、资源节约、环境友好的农业现代化道路。

（三）实现生产与市场对接

互联网可以打破局部地域市场的限制。作为“互联网+”的一种形式，电子商务这种新型的交易方式，将生产、流通以及消费带入了一个网络经济、数字化生存的新天地。它能够克服贫困地区区位瓶颈制约，能让生产特色农产品的贫困群众通过网络与全世界的客户无缝对接，破除本地狭小市场的束缚。

贫困地区错过了工业化的班车，不能再错过信息化的高速列车，这趟高速列车能够更加快捷高效地让贫困地区对接市场，让现实中的远隔千山万水，变成网络上的近在咫尺。

（四）助力农业品牌建设

产业发展的品牌建设非常重要，可以起到示范效应和引领带头的作用。通过“农户＋互联网＋公司”等模式，做大做强特色产业，通过品牌建设辐射带动特色产业发展。例如，四川仁寿县借助电商平台优势，打造仁寿枇杷之乡品牌建设。过去枇杷销售都是采用批发、集散、零售等传统线下销售模式。2015年仁寿县政府与京东公司合作，将枇杷与电商资源对接，举办了一场声势浩大的线上线下资源结合的枇杷节，将仁寿枇杷这一品牌推广到了全国乃至全世界。

资料链接1—10　云南元阳——农村电子商务创新发展新模式

云南省元阳县是一个集边疆、民族、山区、贫困四位一体的国家级扶贫开发工作重点县。地处哀牢山脉南段，境内层峦叠嶂，无一平川。2014年全县人口45万人，以世居哈尼族、彝族等少数民族为主，农业人口占到95%，其中贫困人口16万人，是非常典型的贫困县。

随着国家倡导的“互联网＋”战略的确立和逐步推进，以农村电子商务助力扶贫的条件逐步成熟。元阳县根据本地的实际情况，积极牵线知名电商公司到县里实地考察，会同县里有关部门探索线上与线下互动的电商模式推广梯田农产品，通过产业发展，为扶贫探索新的模式。一是梳理资源，开发电商扶贫产业。围绕梯田红米、云雾茶、中药材等农产品资源，探索适合网上销售的产品形态。二是培训人才。利用与阿里巴巴等企业合作的机会，邀请知名专家到元阳县进行农业电商讲座，共有600余人次受训。三是尝试旅游电商。由旅游业带动相关产业和整个经济发展，让农民增收受益脱贫。四是探索梯田认养众筹新模式。在农村土地流转的政策基础上，以聚土地模式运营为枢纽，梯田认养为载体、打造城市人在农村的新型农业养生旅游社区营地。

经过一年多的实践，元阳人在网上开店数已达120个，仅梯田红木销售额就突破 3 000 万元，其他农副产品也均超过百万元。2014 年，全县共接待游客 125.26 万人次，其中海外游客 53 351 人次。实现旅游总收入 17.59 亿元，同比增长 33.75%。另外，通过梯田认养众筹模式流转土地 2 520 亩，保证了农民的利益，增强了认养者的体验。

资料来源：井哲然．电商扶贫的元阳实践［EB/OL］．(2015-07-01)［2017-02-05］．http：//www.aliresearch.com/blog/article/detail/id/20517.html.

24 农村电子商务对农村脱贫减贫有什么作用？

答：农村电子商务是与农村相关的电子商务，涉及农村地区产品或服务的下行和上行。农村地区产品或服务的下行，即通过电子商务向村民或农村地区的组织（如村委、合作社、企业等）销售包括农资在内的生产用产品、消费类产品或其他服务。农村地区产品或服务的上行，即农村地区的产品或服务通过电子商务进行销售，如农村地区生产的农产品或工业制品、农村旅游产品、农村劳动力提供的服务等。

农村减贫脱贫即让村民的财富增加，这种财富增加既包括收入的增加，也包括现有财产的增值，即相同的消费支出可购买到价值更高的产品或服务。

在产品或服务下行方面，由于电子商务的出现，为农村居民直接或间接提供了更丰富的产品和服务，让村民拥有更多的购买选择，让村民有机会以更低廉的价格购买相同的产品或服务，以同样的价格购买到更好的产品或服务，或者有机会获得原先买不到的产品或服务，这实际上是村民财富的增加，同样具有减贫脱贫的效果。据阿里研究院公布的数据，2014 年 832 个国家级贫困县在阿里零售平台上共完成消费 1 009.05 亿元，同比增长 59.84%[①]。或许有人会

① 张瑞东，蒋正伟．电商赋能 弱鸟高飞——电商消贫报告（2015）［M］．北京：社会科学文献出版社，2015.

说，这是对农村地区的“吸血”行为，但对于这个问题，我们应当更理性地看待。虽然其中可能存在虚假营销、冲动消费等问题，但毕竟这是市场行为，对于大多数村民而言，自愿选择通过电子商务的方式来购买产品，图的是更低的价格、更好的质量，或者其原来未能实现的消费需求得到了更好满足。因此，农村电商实际上是对农村线下市场的一种有效补充和提升，同样起到了脱贫减贫的效果。另外，在产品或服务下行方面，还有可能为村民提供新的工作机会，如京东的“用工扶贫”等。

在产品或服务的上行方面，电子商务让农村地区的产品或服务有机会对接更广阔的大市场，扩大销售范围，丰富销售手段，从而促进农村产业的发展，进而直接或间接地增加村民的收入。从实际操作上看，农村电商通过以下几种途径来促进农民增收：一是直接变身为网商，随着电子商务的发展，村民可以直接在电商平台上销售产品，从而增加收入；二是参与产业链，即村民参与从事农村网商或相关生产企业的生产、加工、销售等环节的工作；三是因农村电商的发展而获益，例如，农村电商的发展间接带动其他服务业（如餐饮、住宿等）的发展，而这些产业的发展一方面增加了从业者的收入，另一方面也增加了更多的工作机会，或者因农村电商的发展带动房产土地价格的提升，让村民有机会通过出租房产土地来增收。例如，在近年来涌现出来的越来越多的“电商村”中，因从事网销而脱贫致富的村民比比皆是，也有越来越多的村民加入农村电商及相关产业（如产品生产、产品网络销售、网店装修、产品摄影等）当中，获得了新的工作机会，甚至不少村民通过出租自家的房屋或土地而获得不菲的收入。

综上所述，农村电子商务可通过丰富农村市场，扩大农村产品的销售市场，促进农村地区的社会经济发展，从而增加农民收入，提升农民生活水平，对农村居民的减贫脱贫具有积极的促进作用。因而，应当积极发展农村电子商务，加快完善农村电商服务体系，优化农村电商发展环境，重点利用电子商务促进农村产品或服务的上行，让农民获益增收，让农村变得更美好。

25 电商扶贫的内涵和外延是什么？

答： 电商扶贫的理念首先由汪向东教授于 2011 年在《互联网时代我国农村减贫扶贫新思路——“沙集模式”的启示》（汪向东、张才明，《信息化建设》2011 年第 2 期）一文中提出。该文对沙集镇东风村的电商发展在当地经济发展及减贫脱贫方面的积极作用进行了具体分析，认为“对于我国农村减贫扶贫来说，‘沙集模式’理论上立得住，实践上可行且效果明显”，并建议“国家在谋划‘十二五’农村减贫扶贫规划和编制农村扶贫新的‘十年纲要’时，对‘沙集模式’的研究推广给予应有的重视，并将电子商务纳入相应的政策与工作体系中去”。但在当时并没有引起足够的重视，随后经过汪向东教授在各地的继续深入调研以及在社会各界的积极推动，特别是在 2014 年 10 月 6 日于个人博客上发表了《电商扶贫：是什么，为什么，怎么看，怎么办?》之后，电商扶贫才开始受到广泛关注和热议，电商扶贫也于当年成为“精准扶贫十大工程”之一，被正式纳入国家扶贫政策体系。

汪向东教授在 2014 年的博客文章中对电商扶贫的概念进行了明确界定，他认为，“电商扶贫，即电子商务扶贫开发，就是将今天互联网时代日益主流化的电子商务纳入扶贫开发工作体系，作用于帮扶对象，创新扶贫开发方式，改进扶贫开发绩效的理念与实践。”[①] 其中最关键的手段是发展涉农电子商务，根本目标是提高农民的实际收入，本质属性是让农村经济对接大市场，通过大市场来驱动农村经济的转型升级，让农民获益，实现脱贫。也就是说，电商扶贫的实质是发展贫困地区的电子商务，使该地区的贫困户因此而获益。而由于电子商务是搭建生产者与消费者之间的一种沟通手段，涉及各行各业，因此其外延是形式多样的。

---

① 汪向东．电商扶贫：是什么，为什么，怎么看，怎么办？（上）[EB/OL]．(2014-10-06)[2017-02-05]. http://blog. sina. com. cn/s/blog_593adc6c0102v74t. html.

首先，从电商扶贫的范畴来看，其方式是多样的。电商扶贫并不局限于发展贫困地区的农产品电商，还可以包括农资等生产资料的网购。电商扶贫也不局限于通过电子商务的手段来发展贫困地区的农业，还可以是如同前面所提到的大多数“淘宝村”那样，利用贫困村低廉的劳动力成本及用地成本发展依托电子商务的手工制造业。电商扶贫的产业依托也并不局限于优势农业或现有的工业或实体商贸，还可以由具体项目带动发展起来的新生产业以及通过网络平台发展起来的乡村旅游。电商扶贫也不局限于贫困村的生产，还涉及贫困户的消费，即通过搭建贫困户网购的平台和渠道，丰富贫困户的消费市场，使其购买的生活用品更物美价廉。

其次，从扶贫主体来看，电商扶贫的主体是多元的，并不仅限于工信部、电信部门、电商企业等直接相关主体。它不仅涉及从中央到地方各级政府的各个部门，从全国性的电商大平台到村县级的电商企业，从全国性的物流企业到村县的物流快递代理，而且还涉及科技、教育、文化、社保、产业等各个部门，以及各个行业主管部门及协会，甚至可以是社会扶贫团体等各种社会组织。如果将电商扶贫与现有的专项扶贫、行业扶贫和社会扶贫三大体系进行比较，我们会发现电商扶贫更像是一个专项扶贫，但由于其所涉及的扶贫主体和产业领域众多，可能并不是单个或某几个部门能够独立推进的，它更多的是一项系统性的工程。

最后，从具体工作形式来看，电商扶贫的形式是多样的。例如，电商扶贫的具体形式可以包括道路交通网络通信等基础设施建设、电商人才培训、地方电商平台建设、物流快递体系构建、电商物流园区建设、电商企业协议购买销售优质产品等。从判定标准来看，只要是有利于促进贫困地区的涉农电商发展的扶贫实践，都可纳入电商扶贫工作的范畴。

正是由于电商扶贫的主体多元、形式多样，所以需要电商扶贫政策的制定者和具体工作的实施者必须牢牢把握电商扶贫的本质特征，即以市场为目标。正如前面反复强调过的，电子商务是搭建生产者与消费者之间的一座新桥梁，这座桥梁的优势是缩短了生产者与消费者之间的距离，其优势的发挥要求作为生产者的贫困户能根据市场消费者的需要做出快速调整。同样，电商扶贫工作者也应当牢牢围绕贫困地区电商市场发展的需求，以市场反馈作为最主要的考核标准，进行自我否定和快速调整，真正做到以实效为本。

26 农村电子商务为什么有助于精准扶贫？

答：精准扶贫的内涵包括扶贫对象的精准甄别、扶贫资源的精准监管、扶贫主体或扶贫资源的精准管理、扶贫开发项目的精准开发、扶贫措施的精准落实，并最终实现贫困地区贫困户真正有效的脱贫。前三项是扶贫方案实施的基础，而扶贫开发项目和措施落实是否精准，关键看减贫效果。对减贫效果的评价涉及三个方面：贫困户是否获益，贫困户是否获得更好的发展机会，贫困户的脱贫是否具有长效性。

通常，我们将贫困人口分为有劳动能力和无劳动能力两大类。其中无劳动能力的贫困者包括孤寡老人、残疾人、孤儿等特殊人群，由于缺少必要的劳动能力，且无家人供养，这类人群难以通过自身努力实现脱贫。在有劳动能力的贫困者当中，由于落后的传统观念及现行扶贫措施的漏洞，存在着少部分人乐于长期接受政府救济，不愿通过自身努力实现脱贫的现象。而其余更多的贫困者则是由于外部条件限制而无法实现脱贫。这部分贫困者当中有的是缺少有利的农业生产条件（无资源），有的是受困于交通闭塞等基础条件（无条件），有的是受限于周边落后的经济发展水平，缺少必要的技能、项目或产品销售途径等（无方法），有的则是由于病灾害等原因缺少必要的资金（无资金），如图 1－19 所示。[①]

一般而言，现行的扶贫政策主要针对的是有劳动能力且有脱贫意愿的这部分人群，基本上是没资源的实行转移或开发项目，基础条件差的完善基础条件，缺技术缺项目的给技术给项目，缺资金的直接转移支付或给予贴息贷款等。然而，扶贫工作是一项复杂的系统性工程，需要从多个方面综合推进。若回归到扶贫开发的最根本宗旨，我们会发现这其中缺少了对“市场”的强调。

① 吕书奇．中国农村扶贫政策及成效研究［D］．北京：中国农业科学院，2008.

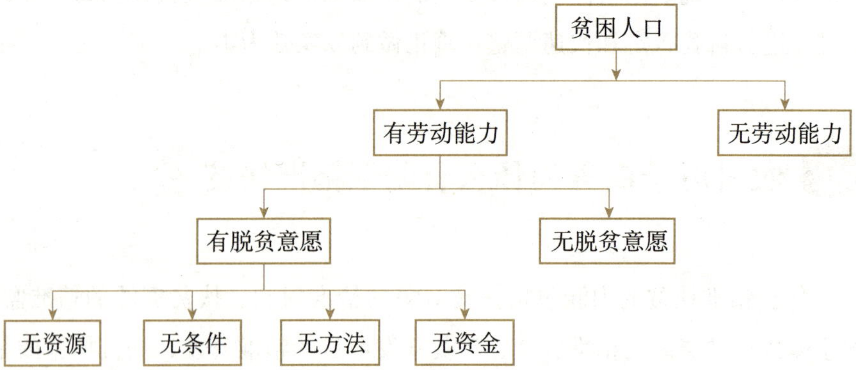

图 1-19　贫困人口分类

扶贫的根本目的是通过临时的帮扶，使贫困户获得自行发展的机会。就如同有人摔了一跤，一时起不来，我们去扶一把，帮他站起来，然后他自己再继续走路。这也是我国从 1986 年之前的救济式扶贫转变为现在的开发式扶贫的根本出发点。现在，我国扶贫工作的重点是产业开发，即通过扶持贫困地区的产业发展来帮助当地贫困户减贫脱贫。但从一些地方的实践经验来看，一些产业开发项目往往以失败告终，究其原因往往是由于扶贫主体的“一厢情愿”，由于没有获得真正的实惠，被帮扶对象的参与热情并不高，或者是未能获得市场的认可而中途夭折，造成了巨大的浪费。

从产业经济学的角度来看，要对一个地方在某个时段是否适合发展某个产业给出一个完全客观评价是非常困难的，因为影响因素众多，很难顾及周全，尤其是可使产品价值得以变现的市场的变幻莫测，让决策变得难上加难。因此，最终做出的决定往往是比较主观的，这就难免会出现某些产业扶贫开发项目以失败告终的情况。因此，完全由扶贫主体做决定，忽视市场规律的作用，很容易出现“好心办坏事”的情况，也就难以避免有部分扶贫开发项目以失败而告终。

既然市场是扶贫开发工作的最终检验地，那么扶贫主体就不可能代替扶贫对象去完成交易，直接跟市场打交道，否则就违背了扶贫开发的根本宗旨，而且也不可行，因为扶贫往往是少数主体应对众多对象。因此，对市场的判断、与市场打交道等工作还得交还给扶贫对象。但在电子商务没有兴起之前，本来就偏远闭塞的贫困农民往往只能局限于购买力有限的当地小市场，无法直接对接到更大的市场，因此很多产业扶贫开发项目的扶贫效果并不佳。而随着电子商务的迅速发展和普及，贫困村只需要一根网线就能对接巨大的市场，并可以获得及时的反馈，这就让以市场为导向的扶贫开发成为可能。

近年来兴起的“电商村”已经充分表明，农村电商的减贫效果是显著的，并且可以使贫困者获得更多通过自身努力实现发展的创业及就业机会，脱贫减贫效果具有长效性。即从扶贫效果来看，电商扶贫是精准的。此外，从扶贫开发项目的选择及实施来看，由于电商能够给扶贫对象及时提供市场反馈，使得扶贫对象在项目上做出迅速调整成为可能，因此电商扶贫在项目的选择及实施上具有快速反应和调整的能力，而且也能够直接交给扶贫对象自行选择经营项目。

另外，精准扶贫并没有将“扶贫资源直接作用于扶贫对象”作为根本要求，因为精准扶贫的根本是帮助贫困户实现可持续的发展，即看重的是效果而非方式。在这点上，电商扶贫同样如此。电商扶贫给扶贫对象赋予了通过自身努力摆脱贫困境况的能力和机会，更契合扶贫开发的根本出发点，符合精准扶贫的内在要求。因此，电商扶贫的实施更有利于精准扶贫战略的真正落实。

27 为什么说电商扶贫有助于破解传统扶贫方式的市场难题？

答：将电商扶贫纳入国家扶贫开发的政策体系，不仅是时代的要求，更重要的是有助于破解现有扶贫开发体系（如图 1－20 所示）中所遇到的市场问题。

产业的发展需要人才、资金、技术等，而这些一般也是贫困地区所缺少的。因此，在当前的扶贫开发体系中，一般是在这些方面对贫困地区给予支持，例如，科技下乡、人才下乡、各种专项资金支持等。但是，产业发展还有一个关键要素——市场。只有解决了市场问题，才能让当地产业可持续地发展。当前，贫困村贫困县主要分布于中西部，其中很多都地处偏远的山区，周边没有足够的市场容量来消化当地产业的产能。因此，市场往往成为限制贫困地区产业发展的关键一环，如图 1－21 所示。

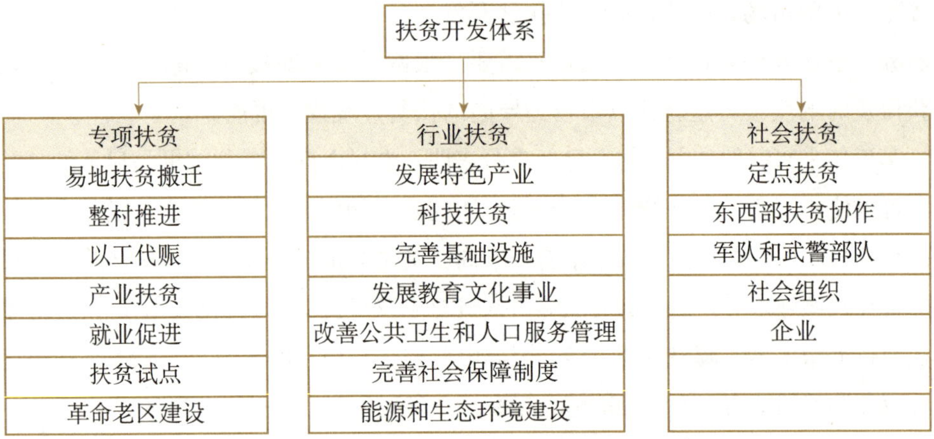

图 1－20　我国当前的扶贫开发体系

资料来源：国务院．国务院关于印发中国农村扶贫开发纲要（2001—2010 年）的通知．（2016－09－23）[2017－02－05]. http：//www.gov.cn/zhengce/content/2016－09/23/content_5111138.htm.

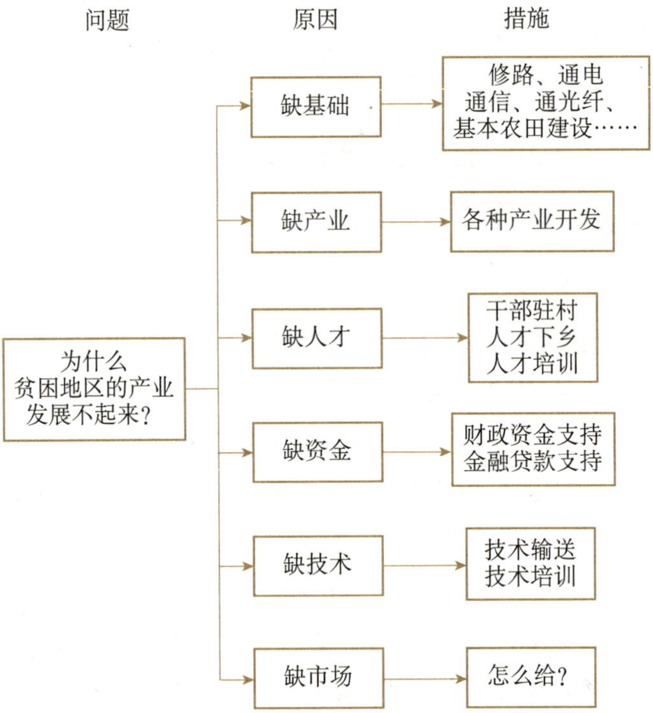

图 1－21　我国产业扶贫开发体系的市场难题

既然市场是限制贫困地区产业发展的关键因素，那么将其生产的产品运到大市场销售是否可行？如果说某个贫困地区的某种产品因为其独特性或稀缺性而具有绝对的垄断性和定价权，那么由于其高附加值，是完全可以承担长途运输所产生的运输成本的。冬虫夏草就是一个极端的例子，但这类的资源并不多，而且原产地往往也只是原料输出地，加上产量有限，因而对当地产业和经济的发展的带动力量很有限。

实际上，在产业扶贫开发的实践中，实施过很多在当时看来非常可行的项目。例如，给贫困家庭提供资源（如小羊羔、果树苗等），让其利用当地的好环境种养出好的产品。但不少这样的项目最后都没有取得预期的效果，原因就是因为没能解决市场销路的问题。我们知道，扶贫部门可以给钱、给物、给政策，甚至可以帮助解决生产问题，但是产品的销售和购买完全是市场行为，政府即使能让市场对贫困地区有所倾向，最多也只是引导鼓励部分人去购买贫困地区的产品而已。即便抛开公平公正等问题，这样的做法也只是暂时性的，是很难持续的。

说到这里，我们要提出用电商扶贫来解决产业扶贫开发中的市场难题。有人会问，贫困地区的产品之所以卖不出去，一是周边市场容量小，二是由于交通不便，运输成本高，那么电商扶贫能解决运输成本高的问题吗？确实，电子商务主要解决的是市场对接问题，运输成本高确实会削弱贫困地区的产品的竞争力。但是，电子商务在贫困地区的应用具有以下三个方面的好处：

第一，电子商务让贫困户更方便地寻找市场销路。在没有电子商务的情况下，贫困地区的人们要么亲自跑去各个市场去考察和销售自家的产品，要么卖给收购商（如果有的话）。但有了电子商务之后，贫困户既可以直接上网销售（如果掌握或者经过培训后能掌握），也可以通过其他人或其他机构（村级服务站是当前农村电商发展模式中常设的一类机构）进行销售，不仅快捷方便，而且也节省了销售成本。

第二，电子商务让贫困地区的产品获得更高的售价和销量。由于当地市场容量的限制，或者收购商的垄断（这些地方往往不会有太多的收购商光顾，因而往往会形成天然的垄断），贫困地区的人们很难有议价能力，销售也常常或好或坏，很难控制。但是，通过电子商务与范围更广、购买力更强的大市场对接，让这些产品有机会获得更多消费者的青睐，从而获得更高的售价，同时也有机会实现更好的经济效益。

第三，电子商务有利于调动贫困户的积极性。原来一些产业扶贫开发项目失败的关键原因是没有找到产品销路，打击了村民的积极性。但电子商务会让村民更直接地获得收益，从而提高了村民的积极性。有了积极性，村民就会想方设法去改进生产，提高产品质量，从而获得更好的收益。而这样的做法将会促进整个产业健康快速地发展，进而形成规模效应，进一步降低物流、营销等方面的费用，进一步提高产品的竞争力。

因此，电商扶贫有利于破解扶贫的市场难题，让其他产业扶贫开发措施更容易发挥作用，达到预期的效果。也正是基于这样的认识，电商扶贫才被纳入了精准扶贫十大工程①。

28 当前我国开展电商扶贫的机遇与挑战有哪些？

答：当前，我国工业化、信息化、城镇化、市场化、国际化不断深入，经济发展方式加快转变，国民经济保持平稳较快发展，综合国力明显增强，社会保障体系也逐步健全，这为发展农村电子商务带动精准扶贫创造了难得的机遇，但同时也存在一些挑战。

一、农村电商发展的机遇

（一）政策利好

过去的三十多年，我国的扶贫开发工作取得了巨大的成就，使6亿多人口

① 精准扶贫十大工程：干部驻村帮扶（人才）、职业教育培训（人才）、扶贫小额信贷（资金）、易地扶贫搬迁（自然条件）、电商扶贫（市场）、旅游扶贫（产业）、光伏扶贫（产业）、构树扶贫（产业）、致富带头人创业培训（人才）、龙头企业带动（产业+市场）。

摆脱了贫困。一个主要的成功经验是我国坚持以政府为主导，以政策为抓手的扶贫战略。在相继实施了《国家八七扶贫攻坚计划》《中国农村扶贫开发纲要（2001—2010年）》，并完成既定目标后，国家在2011年颁布新的扶贫政策《中国农村扶贫开发纲要（2011—2020年）》，提出对扶贫对象要做到“两个不愁，三个保障”①，并对其公共服务领域进行改善。近几年的“中央一号文件”也对农村扶贫工作提出了明确的要求。例如，2014年提出要着力创新扶贫开发工作机制，改进对国家扶贫开发工作重点县的考核办法等。2015年提出要增加农民收入，大力推进农村扶贫开发。2015年8月份，商务部等19部门发布了《关于加快发展农村电子商务的意见》，指出要推动电子商务扶贫，创新扶贫开发工作机制，把电子商务纳入扶贫开发工作体系。

从2014年起，国家将每年的10月17日设立为“扶贫日”，更好地引导社会各界关注贫困问题，关爱贫困人口，关心扶贫工作。国家主席习近平在出席2015年减贫与发展高层论坛时强调，工作40多年以来，花的精力最多的就是扶贫工作。并指出要以实施精准扶贫为战略，全面建成小康社会，实现中国梦，打赢这场脱贫攻坚战。

（二）“互联网＋三农”渐成“风口”

李克强总理在2015年的《政府工作报告》中表示，国家要制订“互联网＋”行动计划，并设立投资基金引导鼓励产业创新。此后，“互联网＋”与各个行业的融合呈现出风起云涌之势，尤其农村电子商务更是爆发式的增长。阿里研究院在其《农村电子商务消费报告（2014年）》中指出，2014年农村电子商务的市场规模达到1 800亿元，2016年有望突破4 600亿元。

阿里巴巴、京东等互联网公司相继宣布农村电子商务是其未来发展的战略目标之一，在基本完成对大、中等城市的布局后，这些互联网巨头纷纷将“渠道下沉”，投入资源，布局农村市场。例如，阿里巴巴推出“千县万村计划”，京东提出农村电商“3F战略”。在互联网行业风生水起的众筹模式也被应用到了农业领域，例如将农田划分多份，分别由客户承包的“私人订制”，找一批

① “两个不愁、三个保障”指不愁吃、不愁穿，保障义务教育、基本医疗和住房。

志同道合的朋友共同出钱“众筹茶园”等，将信息、资金、客户等资源有效整合，开创了“互联网+农业”的新模式。受“大众创业、万众创新”的政策推动，一大批知识青年也纷纷涌入农村，运用互联网技术打破信息不对称的桎梏，对传统农业生产系统进行升级改造，成为互联网时代的“新农人”。

（三）“两权”抵押放开盘活资产

由于我国农村长期以来采取了与城市经济不一样的运行模式，作为重要资产的土地、住房等不能随意流动，在一定程度上束缚了农户的手脚，削弱了农村市场主体的活力，制约了农村经济的发展。[①] 当前，我国正处于由传统农业向现代农业转变的关键时期，农村土地经营权流转明显加快，发展适度规模经营是现实选择，传统农户和家庭农场等新型农业经营主体对盘活“两权”存量资产存在现实需求。

为加快农村全面改革，国务院发布《关于开展农村承包土地的经营权和农民住房财产权抵押贷款试点的指导意见》（国发〔2015〕45号），提出要赋予“两权”抵押融资功能，稳妥有序开展“两权”抵押贷款业务。这既有效地盘活了农村资源、资金、资产，又增加了农业生产中长期和规模化经营的资金投入，为稳步推进农村土地制度改革提供了经验和模式，促进了农民增收致富和农业现代化加快发展。

（四）土地流转明显加快

伴随我国工业化、信息化、城镇化和农业现代化进程，农村劳动力大量转移，农业物质技术装备水平不断提高，农户承包土地的经营权流转明显加快，发展适度规模经营已成为必然趋势。

为适应当前形势、全面深化农村改革，中共中央办公厅、国务院办公厅发布《关于引导农村土地经营权有序流转发展农业适度规模经营的意见》（中办发〔2014〕61号），提出要在坚持农村土地集体所有的前提下，促使承包权和

---

① 如《中华人民共和国担保法》第三十七条第二项和《中华人民共和国物权法》第一百八十四条都明确规定，宅基地的土地使用权不得抵押；《中华人民共和国土地管理办法》中规定，宅基地属于农民集体所有，农户只有使用权而无处置权。

经营权分离，形成所有权、承包权、经营权三权分置，经营权流转的格局。这既有利于优化土地资源配置和提高劳动生产率，保障粮食安全和主要农产品供给，又有利于促进农业技术推广应用和农业增效、农民增收。

（五）三农金融有望得到改善

长期以来，因风险大、效益周期长等因素，"三农"融资难、融资贵成为一个老生常谈的问题。受此制约，农业规模难以扩大、装备技术难以更新，严重制约着我国农业现代化的进程。互联网金融在农村的渗透将有助于这一问题的改善。

世界银行在其研究报告《重新思考中国农村金融的战略模式》中指出，无论在拉丁美洲还是在亚洲，农户和微型企业的年均投资回报率可以达到117%～847%。中国也有无数的案例表明，那些资本稀缺的农户和微型企业，一旦获得资金，可以创造出比城市中的大企业高得多的边际投资回报率。这为互联网金融渗透农村市场保证了商业上的可持续性。

"三农"金融涵盖了农村、农业和农民。好的金融体系应该能促进农村发展，同时改善农民的福利水平。相较传统金融，互联网金融更加强调生态系统的概念，能更好地将农村、农业和农民作为一个整体提供服务，从而更充分地发挥出金融服务的大协同作用，促进农村新经济实现跨越式发展。

二、农村电商发展的挑战

我国的国情决定了国家仍处于并将长期处于社会主义初级阶段，经济社会发展的总体水平还不高，制约贫困地区和贫困人口发展的深层次矛盾依然存在，电商扶贫依然存在很多挑战。主要体现在以下几个方面：

（一）基础设施滞后

作为近10年我国扶贫开发的纲领性文件，《中国农村扶贫开发纲要（2011—2020年）》中明确将六盘山区等11个区域的连片特困地区[①]，与中央

① 11个区域的连片特困地区：六盘山区、秦巴山区、武陵山区、乌蒙山区、滇桂黔石漠化区、滇西边境山区、大兴安岭南麓山区、燕山-太行山区、吕梁山区、大别山区、罗霄山区。

已经明确实施特殊扶持政策的西藏、四省藏区和新疆南疆三地州共同确定为扶贫攻坚主战场。这些片区是全国扶贫对象最多、贫困发生率最高、扶贫工作难度最大的地区。

这14个连片特困地区全部处于山区或偏远地区，普遍存在耕地质量低，水利灌溉工程匮乏，山洪地质灾害多，道路建设不足，水、电、气、通信、网络等系统落后等特征。从实际情况来看，这些连片特困地区生态环境脆弱、生存条件艰苦、经济社会发展和基础设施建设滞后，成为各大板块或大板块内各大区域协调发展的“短腿”与“瓶颈”，特别是连片特困地区的扶贫攻坚任务仍十分艰巨。

（二）容易返贫

在减贫取得显著成效的同时，目前我国在扶贫开发方面问题依然不少，突出表现为因灾、因病返贫现象时有发生。近些年，我国农村的经济虽然得到了较快发展，但是许多乡村的生态环境也在急剧恶化，各种地质灾害和疾病也时有发生。贫困人口一般都是分布在深山、水库或地质灾害多发等发展条件较差的地区，加上这些人口综合素质不高、增收技能不强等原因，一旦遇到大的疾病或者大的自然灾害，就容易产生返贫问题。

从发展差距看，全国农村居民内部收入差距由2002年的6.8：1扩大到2009年的8：1。减贫成就也不稳定，2008年的贫困人口中有66.2%在2009年脱贫，而2009年3 597万贫困人口中，则有62.3%是返贫人口，这也反映了贫困人口的脆弱性和致贫因素的复杂性。

（三）人才匮乏

在扶贫工作走向以人为本、精准扶贫的今天，人才已成为决定性因素。长期以来，贫困地区不是不出人才，问题是贫困地区的本土人才“反哺”不足，外部人才参与扶贫的共赢机制还不健全。无论是担负村集体经济发展重任的村干部，还是带动身边村民的产业致富带头人，或是农业技术性人才都存在数量紧缺、能力水平较弱等问题。人才匮乏已经成为限制贫困地区发展的主要瓶颈之一。

（四）动力不足

贫困地区脱贫艰难，除了表现在能带领发展的人才匮乏外，还表现在贫困地区群众的动力不足，脱贫致富“一个巴掌拍不响”。在很多贫困农村，外出就学的人基本没有立志发展农业或回村务农的。接受新观念较快的中青年，绝大部分时间都在外打工。农村留守人员文化素质偏低，政策观念淡薄，他们更看重的是自家的、当下的利益，有“等、靠、要”的思想。

（五）缺乏产业

在市场经济不断发展的当下，只有发展村集体经济，才能将群众的利益和集体的利益捆绑到一起，才能把整个村子拧成一股绳，一心一意谋发展。各级政府虽然多措并举，给予各种扶持，但农民习惯于单打独斗的自然属性、村干部文化水平普遍较低的瓶颈、劳动力大量外流打工的现状，导致资源难以整合，优势产业难以形成，大量空壳村的存在难以避免。

29 目前我国在电商扶贫方面有哪些实践和成效？

答：随着电商扶贫被正式纳入扶贫政策体系，从中央到地方、从政府到企业都在积极开展电商扶贫的探索实践。

一、政府层面

随着电子商务，尤其是农村电子商务的快速发展，中央从政策到资金都开始对农村电商倾斜。

在政策上，国务院及中央各部委集中出台了一大批涉及农村电商的政策文件，其中包括《国务院关于大力发展电子商务加快培育经济新动力的意见》《国务院关于积极推进“互联网＋”行动的指导意见》《关于加快发展农村电子商务的意见》《关于开展 2015 年电子商务进农村综合示范工作的通知》《中共中央国务院关于深化供销合作社综合改革的决定》《国务院扶贫办关于促进电商精准扶贫的指导意见》等。同时，甘肃、贵州、江西等众多省市县各级政府也纷纷出台了促进农村电子商务发展或电子商务扶贫的实施方案等文件。其中，在《关于加快发展农村电子商务的意见》中明确提出：到2020年，对有条件的建档立卡贫困村实现电商扶贫全覆盖。

在资金上，中央及地方也纷纷安排专项财政资金，用于支持农村电商发展和电商扶贫。从2014年到2015年年底，商务部会同财政部，共安排中央资金48亿元，用于支持256个示范县发展农村电子商务。[①] 2015年10月的一次国务院常务会议预计在未来5年内投入1 400多亿元用于支持农村电商发展，让98%的行政村实现宽带覆盖，用信息技术促进农村偏远困难地区群众脱贫致富。[②]

在行动上，从中央部委到村县干部都在通过参加学习班、高峰论坛、座谈研讨、实地考察等各种方式学习了解电商扶贫，由国务院扶贫办组织专家赴甘肃陇南、贵州铜仁、重庆武隆、江西赣州、江苏徐州、浙江遂昌、吉林通榆等地开展电商扶贫调研，并于2015年1月，确定在甘肃省陇南市先行开展电商扶贫试点。财政部、商务部在确定电子商务进农村综合示范县中，对贫困县给予重点倾斜，截至2015年年底，全国256个电子商务进农村综合示范县中，贫困县达到103个。在过去两年内，中央财政用于支持103个贫困县发展农村电子商务的资金达19.3亿元。[③] 另外，中华全国供销合作总社也开始主导建设全国性的供销平台，努力打造“网上供销社”。

同时，许多地方也开始了电商扶贫的积极探索，并取得了初步成效。其中，先行开展电商扶贫试点的甘肃省陇南市，探索出台并落实了众多措施，包括建设“县乡村三级电商扶贫综合服务中心”，开展多层次的电商培训，在450个贫困村开展“一村一店”建设，探索推行“一店带一户”“一店带多户”等

---

① 中国政府网．商务部：48亿中央资金支持256个示范县发展农村电商［EB/OL］．(2015-11-16)．http：//www.chinanews.com/cj/2015/11-16/7625377.shtml.

② 张梦洁．国务院力推农村电商，5年投入1400亿打通农村宽带［N/OL］．(2015-10-15)．http：//epaper.21jingji.com/html/2015-10/15/content_21728.htm.

③ 数据来源于商务部市场建设司前副司长孔令羽在“2015减贫与发展高层论坛·电商扶贫论坛”上的发言。

电商扶贫模式。截至2015年9月底，已累计培训8万余人次，其中接受培训的2 000名贫困家庭“两后生”有1 100余人开办了网店；扶持200余家物流企业在贫困乡村设立了快递代办点500多个；全市网店数量达到6 300多家，网销总额达11.7亿元，带动就业2.63万人；450个试点村开办网店584多个，网店销售总额超过1.8亿元；全市64万贫困人口因电子商务人均增收306元。[①]

江西省赣州市作为全国著名的革命老区和较大的集中连片特困地区，在农村电商及电商扶贫方面也进行了积极的探索。赣州市通过加大农村公路建设、推进信息网络进村入户、构建覆盖农村的物流配送体系等措施为农村电商发展夯实了基础。同时，安排财政专项扶持资金，实施了为贫困群体免费提供电商技能培训，为扶贫对象到电商孵化园或产业园落户创业给予补助，优先提供“财园信贷通”“再就业小额担保贷款”等金融信贷支持，鼓励电商龙头企业安排适当产品、适当岗位帮助扶贫对象就业等众多电商扶贫措施，并积极探索以电商孵化园、电商企业、专业合作社等为载体对贫困户开展创业就业帮扶。截至2015年10月，全市100%行政村和90%的自然村实现通宽带，100%的行政村和45%的自然村通光纤。全市电子商务交易额连续三年增长200%以上，其中2015年上半年达136.8亿元，增长269%，带动以贫困群众为主的20多万人实现就业。[②]

另外，还有贵州、广东、吉林、河南等众多省区市都先后开展了包括电商培训、信息网络建设、物流体系建设等在内的电商扶贫探索实践。相关研究学者认为，随着电商扶贫理念越来越多地进入各级政府部门和官员的视野，将会有越来越多的地方加大对贫困地区的电商扶贫支持。

二、企业层面

电商扶贫与市场紧密结合，不仅具有扶贫的功能，同时也蕴藏着巨大的商机。因此，电商扶贫在企业层面也得到了积极响应。包括阿里巴巴、京东、苏

---

① 数据来源于陇南市市委书记孙雪涛在“2015减贫与发展高层论坛·电商扶贫论坛”上的发言。

② 数据来源于江西省赣州市前市长冷新生在“2015减贫与发展高层论坛·电商扶贫论坛”上的发言。

宁等大集团在内的许多大大小小与电商直接或间接相关的企业都纷纷展开了电商扶贫的积极探索。

阿里巴巴集团将作为其三大战略之一的农村淘宝业务直接复制到了部分贫困村，在贫困村设置专职人员，帮助村民代卖代买。截至2015年9月底，农村淘宝业务已经在22个省147个县落地，包括31个国家级贫困县和42个省级贫困县，贫困县覆盖率达到50%。同时，淘宝大学的电商培训、菜鸟网络、蚂蚁金服等业务也开始有意识地向贫困地区覆盖。其中，据阿里巴巴集团统计，蚂蚁金服2014年已为来自832个国家级贫困县的约2.02万名经营者发放了29.73亿元贷款。①

京东集团利用其物流配送体系的优势，实施“产业扶贫、创业扶贫、用工扶贫”三大模式，通过鼓励贫困地区发展品牌与京东供应链对接，为贫困地区开办地方特产馆，在贫困县推动县级物流配送中心的建设，对贫困户进行电商知识培训，以及面向贫困家庭定向招收劳动力等措施，实施电商精准扶贫战略。截至2015年10月，已在234个贫困县开通了京东帮服务店，在78个贫困县开通了县级服务中心。②

苏宁云商集团计划在贫困县实施电商扶贫“双百示范行动”，即建立100家苏宁易购直营店或服务站和100家苏宁易购地方特色馆，并选择104个贫困县建设“O2O”特色馆，加强农村电商人才培养，以期带动234万贫困户通过电商实现增收。③

另外，还有一大批活跃于农村一线的中小电商企业（如赶街、乐村淘等）、忙碌于村间地头的物流快递、奔走于各村各县的电子商务服务商、致富不忘本的一大批电商致富带头人，以及一大批电商领域外的企业（如中石油、中石化等）都在利用自己的资源和优势为贫困地区的电商产业发展出钱出力。

---

① 张瑞东，蒋正伟．电商赋能 弱鸟高飞——电商消贫报告（2015）[M]．北京：社会科学文献出版社，2015.

② 数据来源于京东集团投资总监禚连春在“2015减贫与发展高层论坛·电商扶贫论坛”上的发言。

③ 中国新闻网．互联网下乡 土特产上线：电商扶贫开启精准扶贫新模式 [EB/OL]．(2015-11-30). http://www.chinanews.com/it/2015/11-30/7648611.shtml.

电商扶贫让一些企业有机会将业务发展与扶贫实现精准对接，这是一件多赢的事。因此，有理由相信，作为市场主体的企业将会在电商扶贫中发挥越来越大的作用，这对电商扶贫，甚至是整个扶贫事业而言是至关重要的。

三、其他层面

除了政府和企业外，还有一些非政府扶贫机构、行业协会、专家学者、社会媒体、大学生村官等都在积极推动电商扶贫事业。这其中包括开发“MOOC＋贫困地区电商能力建设课程”，并在贫困地区积极推广培训的友成企业家扶贫基金会，广泛深入研究农村电商和电商扶贫或者为村民提供培训的众多专家学者，以及像张璇一样在农村一线为村民提供服务的众多大学生村官等。正是这些力量的积极推动，为电商扶贫的推广落实发挥了重要的作用，为贫困地区的农民带来了更多的希望。

从上述各方面的实践来看，电商扶贫的效果明显，并且已经获得了社会各界的广泛认可。可以预期，随着越来越多的地方和企业深入开展电商扶贫实践，越来越多的力量积极推动，电商扶贫将会使更多的贫困家庭脱贫减贫，甚至从此走上致富之路。

30 如何通过发展农村电子商务带动精准扶贫？

答：大力发展农村电子商务带动精准扶贫，推动扶贫由“线下”向“线上”转变。“互联网＋”不会嫌贫爱富，电商也不是大城市的专利，电子商务完全可以在精准扶贫上大显身手。贫困地区要主动对接互联网，运用“互联网＋”开展电商扶贫，让农民搭上“互联网＋”这班“时代快车”，变“面朝黄土”的农民为“面向互联网”的新农民。

一是通过电商平台为贫困农民精准对接外部大市场。互联网大大促进了信息的传播和对接，为农产品产销带来了前所未有的广阔市场，将给农民打开另一扇致富之门。要强化信息基础设施建设，结合本地特色产品，通过互联网销售平台，如淘宝、京东、微店等，推动农民电商创业，变“网吧”为“网店”、变“网民”为“网商”，实现“线下”与“线上”相结合。要开展电子商务扶贫试点，探索资助贫困农户开网店，通过电子商务等平台，让农产品在互联网上和用户见面，再通过现代物流直接送到用户手中，减少中间环节，降低交易成本，有效解决贫困地区特色农产品“养在深闺人未识”的问题。例如，湘西土家族苗族自治州花垣县十八洞村是习近平总书记到过的偏远苗族村寨，目前已成为一个借力电子商务实施精准扶贫的示范村。该村通过建立微信公众号、淘宝网店等平台，争取到近10家省直单位和企业职工食堂定点采购订单，拓展了农产品销售渠道，走出了一条脱贫致富的新路子。

二是为贫困农民精准开发电商产品。要结合贫困地区实际，针对市场同类产品消费情况进行大数据分析，找到市场的“痛点”，挖掘当地农产品卖点，开发特色产品，探索发展“一村一品一店”模式，建立“地方特色馆”，推进农副产品、民族手工艺品、旅游产品等上网、进城、“崭露头角”。发展基础夯实后，可以成立公司，对产品进行深度开发，提高产品的附加值，形成规模化生产，提高整体效益，以“农户＋企业＋基地＋电商”探索O2O双线扶贫模式。

三是为贫困农民精准提升脱贫能力。要结合各地贫困农民实际情况，尤其是每位贫困农民自身素质，有针对性地对贫困农民进行电商技能培训，提高其电商水平和能力，帮助贫困农民获得在大市场中谋生致富的手段和能力，从根本上支持贫困农民脱贫。

四是通过农村电商带来的外部性为贫困农民精准提升收入。发展农村电子商务，除了农村电子商务企业能够增加就业外，同时还能通过带动产业链的发展，带来相应的行业从业人员的增加和收入的增加，也能通过农村电商收益的外部性，带来相关区域农民的增收。农村电子商务带动上下游产业的发展，带动电商服务业的发展，都能为贫困农民增收提供途径。

第二篇　政策篇

31 中共中央、国务院对农村电子商务的定位如何？

答：当前，我国经济发展进入新常态，正从高速增长转向中高速增长，如何在经济增速放缓的背景下继续强化农业基础地位、促进农民持续增收，是必须破解的一个重大课题。国内农业生产成本快速攀升，大宗农产品价格普遍高于国际市场，如何在“双重挤压”下创新农业支持保护政策、提高农业竞争力，是必须面对的一个重大考验。我国农业资源短缺，工业开发过度、环境污染加重，如何在资源环境硬约束下保障农产品有效供给和质量安全，提升农业可持续发展能力，实现工业、农业和服务业在农村市场的相互促进、和谐发展是必须应对的一个重大挑战。同时，我国多年的城市化建设和新农村建设的实践，使得城乡资源要素流动不断加速，城乡互动联系增强，如何在城镇化深入发展背景下加快新农村建设步伐，实现城乡共同繁荣，是必须解决好的一个重大问题。破解这些难题，是今后一个时期“三农”工作的重大任务。中共中央、国务院将农业供给侧结构性改革作为破解“三农”问题的关键，而农村电子商务则是其中的重要抓手和切入点。

因此，中共中央、国务院从国家发展战略级的定位高度，十分重视农村电子商务的建设和发展。国务院办公厅 2015 年第 78 号文件《国务院办公厅关于促进农村电子商务加快发展的指导意见》（下简称 78 号文）中指出：农村电子商务的发展目标是“到 2020 年，初步建成统一开放、竞争有序、诚信守法、安全可靠、绿色环保的农村电子商务市场体系，农村电子商务与农村一二三产业深度融合，在推动农民创业就业、开拓农村消费市场、带动农村扶贫开发等方面取得明显成效。”在这个目标的指引下，该文件提出三项重点任务：积极培育农村电子商务市场主体、扩大电子商务在农业农村的应用、改善农村电子商务发展环境。

“农村电子商务与农村一二三产业深度融合，在推动农民创业就业、开拓农村消费市场、带动农村扶贫开发等方面取得明显成效”是对农村电子商务市场的具体要求和目标。“农村电子商务与农村一二三产业深度融合”表明政府最高层希望利用农村地区长期沉淀的存量资源，借助电子商务所带动的增量资源，用增量撬动存量，充分挖掘和激活农村地区原有的一二三产业；“在推动农民创业就业、开拓农村消费市场、带动农村扶贫开发等方面取得明显成效”表明政府最高层在电子商务促双创、开拓农村消费市场和电商扶贫方面的目标。

从 78 号文中还可以看出，国家最高层对农村电子商务的定位是统一开放、竞争有序、诚信守法、安全可靠和绿色环保。统一开放，未来的农村电子商务市场应是以全国为整体的大市场，各地方、各区域不应为农村电子商务市场设置行业、区域壁垒，全国市场对包括企业在内的所有主体开放，地方保护主义不应成为限制农村电子商务发展的阻力；竞争有序，各参与主体之间应平等参与竞争，地方政府应提供平等竞争的政策环境，尤其不能为某一家或者某几家公司的业绩动用行政力量进行推广。诚信守法、安全可靠和绿色环保是对未来农村电子商务市场环境和秩序的进一步要求。

32 农村电子商务对农村供给侧改革有什么意义？

答：实行供给侧改革是我国新时期新常态下的国家级发展战略，在县域甚至农村中，供给侧结构性改革更加迫切和重要，也更加艰难。农村电子商务尤其是农产品上行，将会使县域和农村市场要素得到更优配置，提升县域和农村经济增长的质量和数量，真正实现县域和农村经济的供给侧结构性改革。

供给侧结构性改革的核心就是“调结构、去产能”。对于县域经济甚至广大农村来说，“调结构”关键是要农村农产品适销对路，“去产能”关键是具备对接大市场的能力。我国广大农村的现实情况是很多农产品卖不出去或卖不上好价钱，反过来又促使农民不愿意从事农业生产，撂荒现象普遍存在。其因素是多方面的，但其中的核心因素就是农村的农民不具备直接对接社会大市场的机会和能力，不能按需生产。

通过农村电子商务的发展，尤其是农产品上行，能提高分散生产的广大农民即农业生产者对接全国（与全球对应）甚至全球的大消费市场的能力，提高他们对社会市场需求变化的适应性和灵活性，更好地满足广大消费者的需要。借助于农村电子商务网销，农户可以获得不同地域、不同类型消费者对各项农产品的需求信息，并根据大市场供求信息，结合自身实际，自发地调整自己的农业生产结构，制订科学合理的农业生产计划，包括对农产品的类型、产量、面积等的调整，以满足大市场需求。而对于不能满足的市场需求则自动减少或不生产。这将从宏观上进一步优化农业供给结构，大大提高县域和农村的农产品供给质量，“倒逼”县域和农村的产业结构调整，达到农业的“调结构、去产能”的供给侧改革目标，从供需两方面促进农村经济社会持续健康发展。

33 中共中央、国务院对发展农村电子商务出台了哪些政策和措施？

答：中共中央、国务院对发展农村电子商务高度重视，2015 年以来，相继印发了系列文件。

2015 年“中央一号文件”《中共中央 国务院关于加大改革创新力度加快农业现代化建设的若干意见》（中发〔2015〕1 号）提出了支持电商、物流、商贸、金融等企业参与涉农电子商务平台建设，开展电子商务进农村综合示范。

2016 年“中央一号文件”《中共中央 国务院关于落实发展新理念加快农业

现代化实现全面小康目标的若干意见》（中发〔2016〕1号）提出：“促进农村电子商务加快发展，形成线上线下融合、农产品进城与农资和消费品下乡双向流通格局。……加强商贸流通、供销、邮政等系统物流服务网络和设施建设与衔接，加快完善县乡村物流体系。实施‘快递下乡’工程。鼓励大型电商平台企业开展农村电子商务服务，支持地方和行业健全农村电子商务服务体系。建立健全适应农村电子商务发展的农产品质量分级、采后处理、包装配送等标准体系。深入开展电子商务进农村综合示范。”

《中共中央　国务院关于打赢脱贫攻坚战的决定》（2015年11月29日）提出了实施电商扶贫工程。加快贫困地区物流配送体系建设，支持邮政、供销合作等系统在贫困乡村建立服务网点。支持电商企业拓展农村业务，加强贫困地区农产品网上销售平台建设。加强贫困地区农村电子商务人才培训。对贫困家庭开设网店给予网络资费补助、小额信贷等支持。

《国务院关于大力发展电子商务加快培育经济新动力的意见》（国发〔2015〕24号）提出：“积极发展农村电子商务。加强互联网与农业农村融合发展，引入产业链、价值链、供应链等现代管理理念和方式，研究制定促进农村电子商务发展的意见，出台支持政策措施。加强鲜活农产品标准体系、动植物检疫体系、安全追溯体系、质量保障与安全监管体系建设，大力发展农产品冷链基础设施。开展电子商务进农村综合示范，推动信息进村入户，利用‘万村千乡’市场网络改善农村地区电子商务服务环境。建设地理标志产品技术标准体系和产品质量保证体系，支持利用电子商务平台宣传和销售地理标志产品，鼓励电子商务平台服务‘一村一品’，促进品牌农产品走出去。鼓励农业生产资料企业发展电子商务。支持林业电子商务发展，逐步建立林产品交易诚信体系、林产品和林权交易服务体系。”

《国务院关于积极推进“互联网＋”行动的指导意见》（国发〔2015〕40号）提出：“积极发展农村电子商务。开展电子商务进农村综合示范，支持新型农业经营主体和农产品、农资批发市场对接电商平台，积极发展以销定产模式。完善农村电子商务配送及综合服务网络，着力解决农副产品标准化、物流标准化、冷链仓储建设等关键问题，发展农产品个性化定制服务。开展生鲜农产品和农业生产资料电子商务试点，促进农业大宗商品电子商务发展。”

《国务院办公厅关于加快转变农业发展方式的意见》（国办发〔2015〕59号）提出：“培育新型流通业态，大力发展农业电子商务，制订实施农业电子商务应用技术培训计划，引导各类农业经营主体与电商企业对接，促进物流配送、冷链设施设备等发展。加快发展供销合作社电子商务。”

《国务院办公厅关于推进线上线下互动加快商贸流通创新发展转型升级的意见》（国办发〔2015〕72号）提出：“支持新型农业经营主体对接电子商务平台，有效衔接产需信息，推动农产品线上营销与线下流通融合发展。鼓励农业生产资料经销企业发展电子商务，促进农业生产资料网络营销。”“开展电子商务进农村综合示范，推动电子商务企业开拓农村市场，构建农产品进城、工业品下乡的双向流通体系。引导电子商务企业与农村邮政、快递、供销、‘万村千乡’市场工程、交通运输等既有网络和优势资源对接合作，对农村传统商业网点升级改造，健全县、乡、村三级农村物流服务网络。加快全国农产品商务信息服务公共平台建设。大力发展农产品电子商务，引导特色农产品主产区县市在第三方电子商务平台开设地方特色馆。推进农产品‘生产基地＋社区直配’示范，带动订单农业发展，提高农产品标准化水平。加快信息进村入户步伐，加强村级信息服务站建设，强化线下体验功能，提高新型农业经营主体电子商务应用能力。”

《国务院办公厅关于促进农村电子商务加快发展的指导意见》（国办发〔2015〕78号）提出了要积极培育农村电子商务市场主体，扩大电子商务在农业农村的应用，改善农村电子商务发展环境，力争到2020年，初步建成统一开放、竞争有序、诚信守法、安全可靠、绿色环保的农村电子商务市场体系，农村电子商务与农村一、二、三产业深度融合，在推动农民创业就业、开拓农村消费市场、带动农村扶贫开发等方面取得明显成效。

《国务院办公厅关于深入实施“互联网＋流通”行动计划的意见》（国办发〔2016〕24号）提出：“坚持市场运作，充分发挥各类市场主体参与农村电子商务发展的动力和创造力。促进农产品网络销售，以市场需求为导向，鼓励供销合作社等各类市场主体拓展适合网络销售的农产品、农业生产资料、休闲农业等产品和服务，引导电子商务企业与新型农业经营主体、农产品批发市场、连锁超市等建立多种形式的联营协作关系，拓宽农产品进城渠道，突破农产品冷链运输瓶颈，促进农民增收，丰富城市供应。畅通农产品流通，切实降低农产品网上销售的平台使用、市场推广等费用，提高农村互联网和信息化技术应用能力。鼓励电子商务企业拓展农村消费市场，针对农村消费习惯、消费能力、消费需求特点，从供给端提高商品和服务的结构化匹配能力，带动工业品下乡，方便农民消费。鼓励邮政企业等各类市场主体整合农村物流资源，建设改造农村物流公共服务中心和村级网点，切实解决好农产品进城‘最初一公里’和工业品下乡‘最后一公里’问题。”

34 国家其他有关部委出台了哪些农村电子商务的政策和措施？

答：《农业部关于扎实做好2016年农业农村经济工作的意见》（农发〔2016〕1号）提出：“加强储运加工布局和市场流通体系的衔接，推进实物流通和电子商务相结合的物流体系建设，促进物流配送、冷链设施设备等发展。鼓励农村经纪人和新农民搞活农产品流通。”

农业部、国家发改委、商务部联合印发的《推进农业电子商务发展行动计划》（农市发〔2015〕3号）提出了发展农业电子商务的指导思想、基本原则、总体目标，并明确了5个方面的重点任务和20项行动计划。

农业部办公厅印发的《农业电子商务试点方案的通知》（农办市〔2016〕1号）提出了2016年在北京、河北、吉林、黑龙江、江苏、湖南、广东、海南、重庆、宁夏10省（区、市）开展开展鲜活农产品、农业生产资料和休闲农业电子商务试点工作。

农业部等8部门联合印发的《“互联网＋”现代农业三年行动实施方案》（农市发〔2016〕2号）提出：“大力发展农业电子商务，带动农业市场化，倒逼农业标准化，促进农业规模化，提升农业品牌化，推动农业转型升级、农村经济发展、农民创业增收。提升新型农业经营主体电子商务应用能力，推动农产品、农业生产资料和休闲农业相关优质产品和服务上网销售，大力培育农业电子商务市场主体，形成一批具有重要影响力的农业电子商务龙头企业和品牌。加强网络、加工、包装、物流、冷链、仓储、支付等基础设施建设，推动农产品分等分级、产品包装、物流配送、业务规范等标准体系建设，完善农业电子商务发展基础环境。开展农业电子商务试点示范，鼓励相关经营主体进行技术、机制、模式创新，探索农产品线上与线下相结合的发展模式，推动生鲜农产品直配和农业生产资料下乡率先取得突破。推进农产品批发市场信息技术应用，加强批发市场信息服务平台建设，提升信息服务能力，推动批发市场创新发展农产品电子商务。加快推进农产品跨境电子商务发展，促进农产品进出口贸易。推动农业电子商务相关数据信息共享开放，加强信息监测统计、发布服务工作。”

农业部印发的《“十三五”全国农业农村信息化发展规划》（农市发〔2016〕5号）提出：“加快发展农业农村电子商务，创新流通方式，打造新业态，培育新经济，重构农业农村经济产业链、供应链、价值链，促进农村一二三产业融合发展。”

商务部等19部门联合印发了《关于加快发展农村电子商务的意见》，（2015年8月21日）针对目前农村电子商务发展中存在的问题，从培育多元化电子商务市场主体、加强农村电子商务基础设施建设、营造农村电子商务发展环境等方面提出了10项举措：一是支持电商、物流、商贸、金融等各类资本发展农村电子商务；二是积极培育农村电子商务服务企业；三是鼓励农民依托电子商务进行创业；四是加强农村宽带、公路等基础设施建设；五是提高农村物流配送能力；六是搭建多层次发展平台；七是加大金融支持力度；八是加强农村电子商务人才的培养；九是规范农村电子商务市场秩序；十是开展示范宣传和推广。争取到2020年，在全国培育一批具有典型带动作用的农村电子商务示范县。电子商务在降低农村流通成本、提高农产品商品化率和农民收入、推进新型城镇化、增加农村就业、带动扶贫开发等方面取得明显成效，农村流通现代化水平显著提高，推动农村经济社会健康发展。农村电子商务重点是加强工业品下乡、农村产品进城、农资流通、农村综合服务及电商扶贫开发。

商务部等10部门印发的《全国农产品市场体系发展规划》（2015年8月）提出："推动农产品流通信息化建设。加快移动互联网、物联网、二维码、无线射频识别等信息技术在农产品流通领域应用，发展'互联网+农产品流通'，促进农产品商流、物流、信息流、资金流四流融合。鼓励传统农产品流通企业树立互联网思维，推动智慧型农产品批发市场发展，鼓励各类农产品流通主体完善信息化管理系统，整合各类涉农信息服务资源，构建覆盖生产、流通、消费的农产品流通大数据平台，建设互联互通的全国农产品流通信息服务体系。发展农产品电子商务，支持农产品批发市场和流通企业开展线上线下相结合的一体化经营，逐步扩大网上交易的品种和配送范围，完善网上交易技术标准、统计监测和信用体系，促进农产品产销与物联网、互联网协同发展。积极培育各类农产品电子商务平台，鼓励各类电商、物流、商贸流通、金融等企业，参与平台建设和运营。完善市场监测、预警和信息发布机制，重点对关系居民日常生活、容易出现'卖难买贵'问题的农产品的供求、质量、价格等信息进行实时监测。鼓励有条件的地区和农产品流通企业建立区域性农产品信息数据库和企业网上信息平台。"

商务部等6部门印发的《全国电子商务物流发展专项规划（2016—2020年）》（商流通发〔2016〕85号）提出："加快中小城市和农村电子商务物流发展。积极推进电商物流渠道下沉，支持电商物流企业向中小城市和农村延伸服务网络。结合农村产业特点，推动物流企业深化与各类涉农机构和企业合作，培育新型农村电子商务物流主体。充分利用'万村千乡'、邮政等现有物流渠道资源，结合电子商务进农村、信息进村入户、快递'向西向下'服务拓展工程、农村扶贫等工作，构建质优价廉产品流入、特色农产品流出的快捷渠道，形成'布局合理、双向高效、种类丰富、服务便利'的农村电子商务物流服务体系。""结合新型城镇化建设，依托'电子商务进农村'等工程，整合县、乡镇现有流通网络资源，发展农村电子商务物流配送体系。鼓励电子商务企业、大型连锁企业和物流企业完善农村服务网点，发挥电商物流在工业品下乡和农产品进城的双向流通网络构建中的支撑作用。支持建立具备运营服务中心和仓储配送中心（商品中转集散中心）功能的县域农村电子商务服务中心，发展与电子交易、网上购物、在线支付协同发展的农村物流配送服务。”

财政部印发的《农业综合开发推进农业适度规模经营的指导意见》（财发〔2015〕12号）提出：“加大对农产品流通环节扶持力度，支持农业产业化龙头企业发展仓储及冷链物流设施，向乡镇和农村延伸生产营销网络。探索对农产品电子商务的支持政策，支持企业建立电子商务平台及信息化建设。”

《中华全国供销合作总社关于加快推进电子商务发展的意见》（供销经字〔2015〕1号）提出了几个主要任务，一是着力发展农产品电子商务。将电子商务作为促进农产品流通的重要手段，组织农产品经营企业、行业协会、农民合作社等市场主体，整合当地农产品资源，通过自建平台、借助第三方电子商务平台等形式开展网上销售，注重打造地方特色，塑造地方品牌，使供销合作社成为各地推广名优土特产的重要抓手。联合农民合作社、商品基地、农产品批发市场，依托连锁经营服务网点，重点发展面向本地区的鲜活农产品电子商务平台，促进农产品产销对接，保障农产品有效供给。有条件的地方供销合作社，要建立健全农产品质量检验检测和追溯体系，发展农产品冷链物流，开拓农产品电子商务市场。二是努力拓展农村电子商务。发挥县级供销合作社在农村电子商务中的主体作用，大力培育和发展电子商务企业，牵头成立电子商务协会，努力使供销合作社成为推进农村电子商务的组织者和引领者。以提高农村信息化水平为重点，加快村级综合服务中心（社）等基层网点的信息化改造，整合当地农村商业资源，培养农村用户的信息化消费习惯，为农民群众提供网上代购代销、电子支付、票务代理、农业科技和信息技术培训等多种服务，着力打造网上便民综合服务中心。从农村互联网应用的现实条件出发，将供销合作社基层网点作为打通农村电子商务“最后一公里”的关键节点，通过与知名电商合作等形式，合作共用基层网点、终端设备等，引导农村商业电子商务化，实现“农产品进城”和“工业品下乡”双向流通。

《交通运输部　农业部　供销合作总社　国家邮政局关于协同推进农村物流健康发展　加快服务农业现代化的若干意见》（交运发〔2015〕25号）提出：“积极推广农村电子商务。支持电商、物流、商贸、金融等企业参与涉农电子商务平台建设。引导农村物流经营主体依托第三方电子商务服务平台开展业务，鼓励乡村站点与电商企业对接，推进农村地区公共取送点建设，积极培育农产品电子商务，鼓励网上购销对接等交易方式，提高电子商务在农村的普及推广应用水平，降低流通成本。”“鼓励农村物流企业积极对接电子商务，创新O2O服务模式。”

35 什么是国家级电子商务进农村综合示范县工程？

答： 2014—2015年，商务部、财政部推进了“电子商务进农村综合示范县”工作，2016年，国务院扶贫办和商务部、财政部共同推进这项工作。三年来，累计安排中央财政资金84亿元，在全国确定了496个示范县，重点支持中西部地区，其中，国家扶贫开发重点县和集中连片贫困县达到261个，占比52.6%。国家级电子商务进农村综合示范县工程是通过资金支持电子商务的发展和推广应用，促进农村，尤其是国家扶贫开发工作重点县和集中连片特殊困难县形成造血机制，推动电子商务和农民增收等形成良性循环的一个国家级的示范建设工程。示范县承担探索农村电子商务发展的重任，起到示范带动的作用。选择示范县要坚持实事求是的原则，以竞争性方式从经济条件、基础设施等条件相对较好、具备开展电子商务的县中选择。同时要照顾贫困地区，其中国家扶贫开发工作重点县或集中连片特殊困难县比例不低于该省示范县名额的50%。

36 国家级电子商务进农村综合示范县工程的选择标准与条件是什么？

答： 国家级电子商务进农村综合示范县工程的选择标准与条件有四项。

（1）机构健全，政策配套。县级人民政府对农村电子商务工作的认识深刻，发展积极性高，建立了以县政府主要领导为组长的工作协调机制，配备了精干专职人员，制定了本地电子商务进农村发展规划或实施方案，出台了相应的财政、金融、土地、收费等配套扶持政策。

（2）电子商务发展基础条件较好。县级人民政府已经组织开展了农村电子商务推动工作，并具备一定工作基础。交通、通信、物流配送等基础设施较完备，公路、有线宽带、无线网络基本实现“村村通”。农特产品、手工艺品、旅游产品等相对丰富或者优势产业明显。拥有一定数量的骨干流通企业、邮政、快递和电商服务企业。

（3）农村物流解决方案比较完善。“万村千乡”市场工程承办企业、交通、邮政、快递、供销等的农村物流配送基础较好，县级物流配送中心、乡镇商贸中心、直营店体系比较完善。县级人民政府能够有力推动万村千乡、交通、邮政、物流、快递、供销等企业进行市场化合作，合理规划、统筹安排农村物流快递的线路、时间、站点、价格等，形成比较完善的农村物流解决方案，有效破解农村“最后一公里”物流瓶颈问题。注重发挥邮政点多面广、普遍服务的优势。

承接农村物流配送体系建设的单位要基本实现示范县域内主要乡村“工业品下乡，农产品返城”双向覆盖，县到乡、乡到村每周应有较高频的配送班次。在县、乡两级具备充足的作业场地，用来作为电商包裹接收、分拣、存储的作业场所。具有开放的、支撑对接各个物流企业的信息系统，并通过信息系统实现对电商包裹接收登记、投递信息反馈、跟踪查询和质量管控等。

（4）有一批电子商务实施主体。拟实施项目目标明确具体，内容符合政策支持方向，项目建设符合县域实际；拟承办单位有从事农村电子商务的经验，有较强市场统筹和投融资能力。实施方案必须有具体的工作进度安排和时间表，如纳入综合示范范围，将以此进行绩效评价。选择承办单位的程序必须公开、公平、公正，决策信息必须公开。鼓励经示范县同意，由省级财政、商务主管部门统一公开招标确定综合示范承办单位。拟承办单位必须承诺按要求上报经营信息。

37 国家级电子商务进农村综合示范县工程申报的主要内容是什么？

答： 国家级电子商务进农村综合示范县工程申报的主要内容包括：

（1）主体由县级人民政府申请请示。

（2）电子商务进农村示范工作基础条件。即当地公路、邮路、通信、互联网使用情况、覆盖率及在本省的排名情况，从事电商的企业、人员、重点网销产品、交易额以及本地网购金额等；农村商贸流通网络建设情况，当地组建成立电子商务协会及其运作情况等。政府出台的支持电子商务发展相关政策措施和文件；领导机构和工作机构建立和职责情况。

（3）电子商务进农村实施方案包括实施目标、实施内容及投资规模、资金安排情况、时间进度安排、推进措施等内容。建立本县农村电子商务服务业和公共服务体系的思路、措施和时间表等。选择综合示范承办单位的工作程序和信息公开措施。

（4）农村物流解决方案。当地农村配送和物流快递业发展现状、入驻县城快递企业、全县物流快递收派货数量等情况，以及当前物流快递平均成本等基础情况。推动当地农村电子商务物流资源市场化合作的做法，物流配送路线、频率、价格等初步构想。

（5）农村产品网络销售方案。本地农村产品资源基本情况，产品网货化的措施，通过产品网络销售带动贫困人口脱贫。建立农村产品品牌促进、质量保障、安全追溯等体系的做法等。

（6）人员培训方案。针对政府、企业、农民合作社、农户等农村电子商务各类主体的培训计划。

（7）其他有必要、符合县域实际的工作方案。

（8）县级人民政府作为推进电子商务进农村综合示范责任主体的承诺书，包括按工作方案和时间表推进工作的承诺，按要求进行信息公开的承诺，公开选择承办单位，并组织承办单位及时上报交易信息的承诺等。

38 国家级电子商务进农村综合示范县工程带给示范县的好处有哪些？

答：国家级电子商务进农村综合示范县工程带给示范县的直接好处是首期第一年将获得中央财政 2 000 万元的资金支持，后期还可能继续得到资助，这为示范县农村电子商务发展注入了新的活力。同时可获得全国农村电子商务专家的指导和行业服务监督，间接的和持续的回报巨大，将大大有助于建设和完善示范县农村电子商务发展平台，培育、引进和壮大各个农村电子商务经营主体，扩大和加强工业品下乡的规模和效果，带动农特产品标准化、集约化、规模化、品牌化发展，有助于拓宽示范县农特产品网络销售渠道，促进示范县农业增效和农民增收。发展农村电子商务，有助于完善示范县农村物流配送体系。创建示范县电子商务公共服务中心，能快速提升和提高示范县的电子商务公共服务体系，强力促进乡镇和村级电子商务综合服务站的建设和改造。国家级电子商务进农村综合示范县工程还会给示范县带来完善的农村电子商务培训体系。国家级电子商务进农村综合示范县工程的实践落地还会大大促进示范县为了发展农村电子商务所开展的农产品和农村特色产品的品牌培育和质量保障体系建设，促进光纤宽带村村通。

总之，国家级电子商务进农村综合示范县工程不仅能大大促进工业品下乡，而且对于农产品上行也有很大的促进作用，非常有助于促进农村难买难卖问题的解决。这种促进作用不仅来源于政策福利和资金推动，更多的是通过示范县工程带来了农村电子商务体系和工程落地的实践建设，包括培训、物流、服务体系、资金、电商环境支持体系等诸多方面。

39 政府资助农村电子商务主体时应当坚持哪些原则？

答：在资助农村电子商务主体时，地方政府应当至少坚持以下三个原则：

一、市场主体原则

电子商务本身就是市场交易手段，因此农村电商的发展也是市场经济的发展，最终的推动力必须是市场主体。只有企业和个体生产经营者最清楚市场的需求，才能根据市场需求及时做出调整，不管最初是否由政府来推动，真正决定生产什么、卖什么、怎么卖、卖给谁都应当是市场主体，不能是政府。

政府主要的工作是服务，应当根据市场主体的需求不断完善服务。对于农村电商来说，主要是改善电商发展环境、完善服务支撑体系。政府即使要进行引导，也应当以提高认识为原则，即为市场主体提供客观的信息，让市场主体能够做出更合理的决策，而不应当过多地通过财政补贴、税收优惠来影响市场主体的选择。

二、需求遵循原则

很多地方虽然觉得农村电商很好，应当发展，但是往往不知道应当如何开展，或者是一上来就是顶层设计，规划得很完美，但实施效果并不好。其原因是：发展农村电商作为一个新事物，不仅对很多地方政府官员来说是新的，甚至对于专家学者来说也是新的，它需要在实践中不断摸索前进；农村电商是直接基于市场的，市场的变化是很难预测的，某个地方的成功做法或模式由于各种因素的不同，很可能不适用于别的地方。

因此，农村电商应当基于需求来推进。这里所讲的需求并非是指市场需求（市场需求的变化应当交由市场主体来响应），而是整个农村电商发展的需求。这就需要政府部门与市场主体形成良好的沟通氛围，充分了解市场主体的需求，并在此基础上判断当前制约当地农村电商发展的瓶颈是什么，然后根据可用资源按照缺什么补什么的原则来解决瓶颈问题。通过解决一个个瓶颈问题有效地推动农村电商发展。简言之，发展农村电商并不是一成不变的，它是动态的，需要不断调整，而这种调整应当紧紧围绕着促进市场主体与大市场的对接。

三、实效为本原则

应当如何判断农村电商促进措施的实施效果呢？对于农村电商的整体发展

效果，同样应当有一个判断标准，这个标准不是建了多少园区、培训了多少人、开设了多少家网店，重要的是对当地产业产生了多大的促进作用，以及帮助村民，尤其是贫困家庭增加了多少收入，有多少人因此脱贫致富。

当然，发展农村电商是一项系统性工程，前期很多的投入未必会有直接的收益，如网络设施和道路交通建设等。但是，最终的评价标准仍然要看产业经济的发展效果和农村家庭的增收效果。即使是网络设施和道路交通等基础设施的建设，也不应当盲目推进，而要逐步分阶段的实施，尤其是在资金有限的情况下，应当基于前期客观科学的研判，开展充分论证其必要性和可行性之后再具体实施，从而提高资金等资源的利用效率。

40 县级政府在农村电子商务建设中需要提供哪些保障措施？

答：县级政府在农村电子商务建设中需要提供以下四个方面的保障措施：加强组织领导；建立目标考核体系；加强统计监测；扩大宣传推广等。

一、加强组织领导

在本地县级政府的电子商务专项小组的领导下，加强与农村电子商务推进工作部门间的相互协同，落实和强化政府对农村电子商务发展的宏观指导，着力加强各相关部门协调配合，形成农村电子商务发展支持合力。完善农村电子商务工作领导小组管理体系和工作制度，定期召开农村电子商务工作联络会议，乡、村人民政府和有关部门要把农村电子商务工作纳入重要议事日程，把农村电子商务发展情况列为责任制考核的重要内容。抓好政策措施落实，各乡（镇）研究出台支持农村电子商务发展的相关细化措施、实施方案及工作重点，全面落实农村电子商务村村全覆盖等发展目标责任制，确保目标分解到位、责任落实到位、措施保障到位。

二、建立目标考核体系

建立农村电子商务评价指标体系，主要内容包括组织与实施情况、发展基础提升情况、发展环境改善情况及示范效果。健全推动农村电子商务发展工作的监督机制和信息反馈机制，将农村电子商务发展纳入县、乡（镇）政府的考核体系。定期考核评价农村电子商务建设和应用情况，及时报送工程进展情况和年度工作总结，确保工作取得实效，促进农村电子商务健康发展。

三、加强统计监测

建立健全县农村电子商务行业统计制度，加强农村电子商务行业统计工作，规范统计口径，建立农村电子商务数据库以及典型企业库等，并加强农村电子商务市场监测、统计和分析，为农村电子商务企业经营和政府决策提供依据。做好农村电子商务政策等信息收集、发布与统计工作，加强农村电子商务发展监管，实现农村电子商务资源充分共享。开展农村电子商务发展战略和政策研究，提升农村电子商务统计监测、分析的科学化水平。研究制定农村电子商务产业统计指标体系，加强农村电子商务企业信息统计和采集，建立农村电子商务运行检测系统，将农村网络零售额纳入社会消费品零售总额，将农村电子商务发展纳入农业产业发展战略的支撑手段之一。

四、扩大宣传推广

加强农村电子商务宣传推广体系建设，以农村电子商务示范基地和示范企业为重点加强宣传，通过典型示范带动其他农村电子商务企业发展。通过电视、报纸、网络等渠道高强度宣传农村电子商务，积极举办农村电子商务宣传动员会、专家沙龙、交流会、农村电子商务发展论坛等活动，形成有利于农村电子商务发展的氛围。建立与国内外农村电子商务企业、研究机构的交流与合作机制。根据本地农村电子商务发展实际情况，将农村电子商务网络营销和线下推广结合，将本地农村电子商务打造成一个受欢迎的品牌。充分结合线上线下推广，以网页推广和电视广告、传单发放、用户体验中心等为宣传渠道提高农村电子商务平台的知名度，推广建立更加便捷的支付方式，甚至可以通过农村电子商品捆绑农村电子商务应用软件、播放电子商务宣传片等方式切实帮助客户和农村电子商务商家学会如何支付和如何使用网络交易平台。同时，积极利用当地信息技术厂商和农村电子商务产业孵化园的技术优势，优化网络引擎搜索。创造条件积极组织一系列针对农村传统经济的农村电子商务领域论坛、主题演讲和专题培训，举办农村网货和农村网商交易展会等。

41 发展农村电子商务需要县级政府配套怎样的财政政策和土地政策？

答：发展农村电子商务需要当地政府加大财政支持力度。各县级政府及其各部门应积极争取上级财政支持，探索建立合法、合规、合理的农村电子商务发展资金管理制度，县财政预算每年安排农村电子商务发展专项持资金，用于支持农村电子商务发展，重点支持农村电子商务示范工程、农村电子商务人才培养、普及农村电子商务应用。强化农村电子商务招商引资，建立健全适应农村电子商务发展的多元化、多渠道的投融资机制。对积极开展农村电子商务的企业给予一定的资金支持和政策优惠，用于支持农村电子商务园区和平台建设、农村电子商务技术研发、农村电子商务应用推广、农村电子商务专业人才培养与引进、重点农村电子商务企业推介宣传、农村电子商务基础设施建设等方面。鼓励民间资本投资农村电子商务，激活调动民间资本向农村电子商务产业流动，促进农村电子商务产业健康发展。

对于土地政策，虽然电子商务产业（包括农村电子商务）是轻资产产业模式，所消耗的土地、能源和环境资源很少，只需要一根网线、一台电脑就可以做生意，甚至不需要什么土地。但是实际上，发展农村电子商务到了一定的阶段或需要做大做强农村电子商务的时候，也需要政府在土地上给予支持。如依法优先支持农村电子商务产业园、农村仓储物流等建设项目用地，优先支持工业企业开展电子商务和配套的仓储物流等建设项目用地。对于年销售额较大，且以销售本地产品为主的农村电子商务企业，在土地等资源要素保障方面给予适度倾斜。对农村电子商务产业发展具有重大带动影响的建设项目应该实行专项协调制度，确保项目用地条件。

42 发展农村电子商务需要县级工商行政配套怎样的管理措施？

答：发展农村电子商务需要县级工商行政管理部门尽可能地放宽经营范围核准，探索建立适应本地农村电子商务发展的市场准入制度。各类农村电子商务企业登记注册时，县级工商行政管理各部门一律不应自行设置农村电子商务企业登记注册前置性审批事项。创新农村电子商务企业住所登记制度，允许“一址多照”和“一照多址”，鼓励自然人和企业开办网店，从事网上经营在不违反现行法律法规的前提下，放宽名称登记限制，可使用“××网店”“电子商务”等字样作为名称中的相应字段；放宽住所（经营场所）限制，可依法使用自有或租用的住宅办理工商登记；放宽经营范围限制，可使用“网上经营××”或“网上提供××服务”等用语为农村电子商务企业的经营范围。

43 选择哪些人作为发展农村电子商务的领头人才能有示范带动效果？

答：俗话说：“火车跑得快，全靠火车头带。”发展农村电子商务，尤其是在经济落后的农村地区发展电子商务，更要依靠领头人的带领和示范作用，因此，在我国农村发展农村电子商务，选择适当的领头人非常重要。根据实地调研和我国农村社会发展状况，建议尽量发挥村党组织第一书记、驻村蹲点干部的作用，以大学生村官、返乡青年、大学毕业生和部分个体经营户等有潜力、能成长的创业群体为重点，积极培育一批农村电子商务创业带头人，带动农村居民从事电子商务创业和就业，同时加大加强农村电子商务政策引导和职业技能培训，培育一批农村电子商务的后备力量。

从较早那批“淘宝村”的发展来看，一般都有若干致富带头人在发挥着至关重要的示范带动作用。这种示范带动的效应之所以能够在农村地区，尤其是较为贫困的农村地区发挥奇效。因为其表现形式一般为，当若干村民通过直接开设网店进行网销或者参与某个工作获得了可观的收益时，其他村民会纷纷效仿，进而很快形成产业规模效应，如图 2-1 所示。

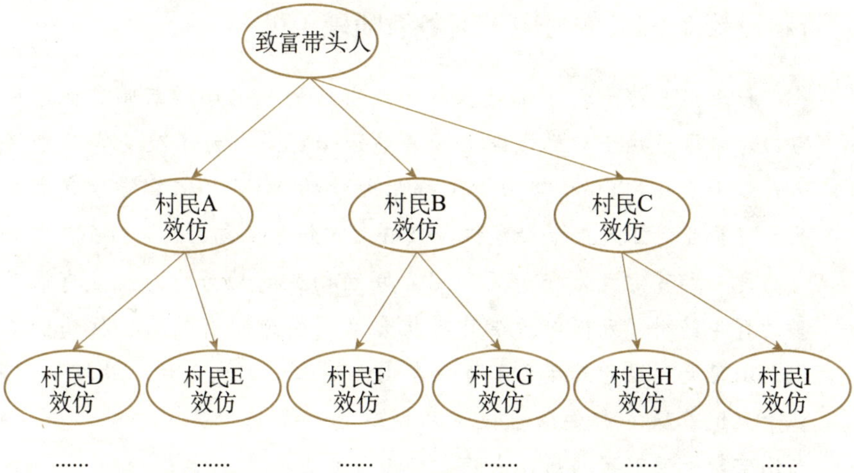

图 2-1　农村电商的示范——裂变效应

正如很多学者认为的那样，农村是个“熟人”社会，相互间的沟通学习比较容易，村民除了农业生产外大多也没有固定工作，因此，领头人的带动示范效应很容易发挥作用，甚至都无需考虑版权侵权等问题。在很多淘宝村的初期一般都存在着如图 2-1 所示的裂变式扩张。正如汪向东教授在关于“沙集模式”的总结中所提到的，“网销细胞裂变式复制扩张，带动制造及其他配套产业发展，各种市场元素不断跟进，塑造出以公司为主体、多物种并存共生的新商业生态”[①]。

这样的机制在农村贫困地区显得尤为重要，因为很多贫困村的村民都经历过

① 汪向东．“沙集模式”及其意义［J］. 互联网周刊，2010（23）：107-110.

不少扶贫项目，但是至今没有真正脱贫，更不用说致富了。因而不管扶贫工作者如何讲解某项扶贫开发措施的好处，村民难免会将信将疑，尤其在遇到困难或者达不到预期时很容易放弃努力。当然，在农村电商扶贫的推广中难免也会遇到类似的难题。但是，大多数情况下，同为一村的、甚至也曾经是贫困户的致富带头人的成功会让村民深信不疑，并纷纷开始效仿。有效利用这种效应，并加以适当的扶持和引导，将会使农村电商扶贫起到事半功倍的效果。而农村地区的产品资源优势以及电子商务的市场优势也为这类致富带头人的产生创造了良好的条件。

资料链接 2—1　农村电子商务教师杜千里

杜千里是河南新乡辉县人，曾是当地的一名小学教师。他家庭贫穷，母亲得了癌症却无钱医治，弟弟妹妹也多。为了改变家庭经济状况，杜千里在2006年努力考上郑州大学的MBA，依靠贷款完成了学业。可毕业时正赶上金融危机，只好又回到养育自己的太行山。

爱心和贫穷成为杜千里利用互联网创业的动力。山区里有很多珍贵的野生药材、无任何污染的有机食品，因为没有销路、收购价格极低，山里大量绿色天然的山货烂在山里，山民们也无法以此增加收入。杜千里试着从不需要很多投资的网络销售开始，买了一台二手电脑，在淘宝网上注册了网店，专营太行山里的土特产。

杜千里所卖的土特产受到了人们的欢迎，网络销售第一年就突破了30万的销售额，2011年销售额达到了300万元。山货原来因为销路困难，价格非常低，现在打开了销路，价格也在不断提高，不仅大大提高了山民的收入，也激发起山民种植核桃树、山楂树等经济作物的积极性。

靠着辛勤和诚信经营网点，杜千里实现了自己的脱贫致富。自己脱贫，不忘乡亲。他跟山民们签订包销协议，只要产品能达到质量要求，他都会按协议价收购。杜千里还发展了很多山民做他的经纪人，帮他进山收购山货。互联网帮助杜千里实现了自己的梦想，也帮助山民们对接市场，走上了共同富裕的道路。

资料来源：汪向东，梁春晓．“新三农”与电子商务［M］．北京：中国农业科学技术出版社，2014：124－126.

44 县级政府应如何对待第三方涉农电子商务平台？

答：在发展农村电子商务的过程中，地方政府应该客观积极地看待和对待第三方涉农电子商务平台的进入。第三方涉农电子商务平台尤其是大型的涉农电子商务平台的进入可以很快提升和促进当地电子商务的发展，实际上也证明，以阿里巴巴、京东等为代表的第三方涉农电子商务平台可以快速地推进工业品下行业务，可以快速做大县域农村电子商务规模。

因此，县级政府应该积极引进第三方涉农电子商务平台入驻本地，支持相关第三方电商平台创新和拓展本地涉农电商业务，引导涉农信息发布平台向在线交易的电商平台转型。鼓励地方县级政府与阿里巴巴、京东、苏宁、一号店、邮乐购等第三方网络交易平台合作。鼓励知名电商企业、涉农电商服务企业加入县级政府电子商务公共服务平台，打通农产品产供销一体化链条，实现购销信息双向畅通。支持发展一批特色农产品销售和消费品下乡的专业化农村电子商务平台，逐步形成多层次、宽领域的涉农电商交易平台服务体系。

45 如何改善农村电子商务金融服务及税务环境？

答：发展农村电子商务离不开金融服务的支持，尤其是广大农村地区的广大贫困农民或缺乏经济积累的农村创业青年，应该积极鼓励金融及担保机构加大农村电子商务项目信贷扶持力度，创新金融信贷产品、降低信贷门槛、简化信贷程序，为农村电子商务创业营业主体提供便利的融资服务。深化研究解决农村电子商务企业的征信和融资问题，推出农村电子商务贷款产品，解决融资瓶颈。鼓励发展农村小微企业信贷信用保险，增强农村电子商务创业主体的融资能力。加强银政企合作，积极支持协调符合条件的农村电子商务企业申请贷款，符合条件的农村电子商务企业可申请地方财政贴息贷款。对于有一定规模、带动性强的农村电子商务企业，享受“小微信贷通”政策；对经认定为劳动密集型小企业的农村电子商务企业及在电子商务网络平台开办“网店”的高校毕业生，可按规定享受小额担保贷款和贴息政策。同时鼓励各担保机构为农村电子商务企业提供贷款担保，成立专项基金，加大对农村电子商务创业农民尤其是青年农民的授信和贷款支持；推动银行和各类贷款担保机构向农村电子商务企业倾斜。要加大对农村青年，特别是农村电子商务创业、电子支付应用带头人的授信及贷款支持。

对于税务问题，农村电子商务在我国仍然处于发展的初级阶段，电子商务企业主体和从业人员个体的实力仍然很薄弱，因此，从税务层面进行积极的支持和扶持，显得十分必要。实际上，国家从宏观总体上，已经出台了一系列的政策措施，对农村电子商务实行积极的优惠措施。因此，当地政府需要全面落实国家有关税收优惠政策，按规定减免符合条件的农村电子商务企业和个人税收。同时，建议当地政府部门还可以对当年新落户的农村电子商务企业，按企业实缴营业税、增值税和企业所得税地方实得部分的等额资金标准给予奖励。对其法定代表人、高管人员的个人所得税地方实得部分按等额资金标准给予奖励。甚至对重点农村电子商务企业实行“一企一策”税收奖励办法。对符合小型微利企业条件的电商企业按规定予以减免企业所得税。

在其他费用上，也可以实行积极优惠的支持措施。比如实行农村电子商务企业用电、用水与工业企业基本同价政策，逐步实现商业用电价格与普通工业用电价格并轨，有条件的甚至可以更优惠。凡未列入国家和省行政事业性收费目录的一律取消，凡行政性收费标准有下限幅度规定的一律按下限收取。

46 如何规范农村电子商务发展秩序？

答： 规范农村电子商务发展秩序需要从四个方面入手，包括：建立安全监督机制；完善质量保障体系；推进诚信环境建设；加强农村电子商务协会、农村电子商务促进会等行业协会建设。

一、建立安全监督机制

加强对农村电子商务产品的标准化安全生产，农产品的保鲜、加工和流通等环节的质量管控，完善农产品检验检测和安全监控等设施建设，依法对网络食品经营者进行食品经营许可或备案管理（法律、法规规定不需要办理许可或备案的除外）。对农产品按各类标准或设计方案进行数据建设，在农村电子商务联盟或行业协会里进行共享，支持农产品产业链协同，避免重复投入。积极开展农村电子商务标准研制、标准化项目建设等标准化工作，推广组织机构代码与商品条码在农村电子商务的应用，从源头防止假冒伪劣商品进入交易环节。

二、完善质量保障体系

强化“三品一标”产品和认证标志监督，探索建立农村电子商务上线产品的指导准入标准，严禁滥用相关标识。加强农村电子商务产品标准化、安全生产、加工和流通等环节的质量管控。依托现有互联网资源，对接质量安全追溯公共服务平台，全面构建电商农产品“源头可溯、去向可追、质量可查、责任可究”的农产品电子商务溯源体系。建立完善部门预警、企业管理、公众查询等平台。

推动移动互联网、物联网、二维码、无线射频识别等信息技术，加强对产品生产、加工和流通等环节的质量监督，强化上下游追溯体系对接和信息互通共享，对种植、生长、采摘、生产、包装、物流等各个环节进行记录，不断扩大追溯体系覆盖面，实现农产品“从农田到餐桌”的全过程可追溯。

三、推进诚信环境建设

建设农村电子商务企业诚信平台，开展农村电子商务企业信用评级工作，避免无序竞争。构建农村电子商务诚信体系，建立健全诚信“黑名单”制度，提高失信成本，促进守法诚信经营。督促第三方平台加强内部管理，规范主体准入，遏制“刷信用”等欺诈行为。支持建立第三方信用评价机制，鼓励行业协会建立会员信用档案，推动具有上下游产业关系的行业协会建立信用信息共享机制。加强网络交易市场监管，严厉打击虚假宣传、不正当竞争、侵犯知识产权和网上销售假冒伪劣商品等违法行为，营造良好网络消费环境。完善网络市场主体准入机制，支持网络交易平台开展会员实名认证和信息审核，依法规范互联网企业信息公示或身份信息公示。

四、加强农村电子商务协会、农村电子商务促进会等行业协会建设

加强农村电子商务协会、促进会等行业协会建设是完善和规范农村电子商务发展秩序的重要手段。一是引导企业、网商群体参与行业协会建设，促进形成自发组织、自发学习的生态环境；二是扶持行业协会与高校科研机构，以及阿里巴巴、京东及电商联盟等市场主体之间的对接，使农村电子商务行业协会发展成为学习、交流和资源对接的平台。

47 如何通过农村电子商务发展促使一、二、三产业的深度融合？

答：推进电子商务进农村，促使一、二、三产业的深度融合。一是积极培育农村电子商务主体。充分发挥现有市场资源和第三方平台的作用，培育多元化市场主体，鼓励电商、物流、商贸、金融、供销、邮政、快递等各类企业加强合作，构建农村电子商务服务平台，实现优势资源的对接与整合，加快农村电子商务发展。二是扩大电子商务在农村的应用。在农业生产、加工、流通等环节，加强互联网技术应用和推广。拓宽农产品、民俗产品、乡村旅游等市场，在促进工业品和农资下乡的同时，重点拓展农产品进城的空间，促进农民增收。加强运用电子商务大数据引导农业生产，促进农业发展方式转变。三是改善农村电子商务发展环境。加强农村流通基础设施建设，提高农村宽带普及率，加强农村公路建设，提高农村物流配送能力，加强政策扶持，加强人才培养，营造良好市场环境。推进“电商兴民”“电商兴村”“电商兴镇”等民生工

程。四是探索农村电子商务发展在扶贫攻坚工作中的积极作用，精准对接贫困户，作用于贫困主体，增加贫困户学习就业及创业等多种渠道，切实增加贫困户收入。

48 为促进农村电商的发展，地方政府应当在产业方面提供哪些重点服务？

答：从地区发展的角度来看，发展农村电子商务最根本的目的是要促进当地产业的发展。因此，为了让当地的产业更好地适应电子商务的要求，除了市场自身的调节作用之外，还应当从整个产业的角度给予适当的推动和扶持。

产业发展的根本动力在于市场，电子商务为地方产业提供了对接大市场的条件，但要实现良好对接，首先要做的是生产出好的产品，并通过电商精确地瞄准相应的消费群体。这就需要重点做好三方面的工作：一是市场精确对接；二是产品网货化；三是生产好产品。

一、市场精确对接

市场精确对接需要准确定位需求人群，实施精准营销，这是企业和市场的行为，但从整个产业的角度，政府可以针对专门解决这类问题的企业提供适当扶持，鼓励各类专业的电商企业发展，使得农村地区的好产品能够找到更好的消费市场。

二、产品网货化

产品网货化是电子商务的必要条件，尤其是农产品。产品网货化并不仅仅指做好包装、制作图片等，更重要的是让产品更加符合各类消费者的不同要求，除了包装的外观、质量之外，重点是如何获得线上消费者的信任和认可。这可能需要建立更具公信力的、可让消费者更容易分辨优劣的质量标准。农村地区，尤其是贫困村的一大优势是拥有优质的农产品，但是由于消费者很难鉴别出农产品的好坏，因而并不愿意为此支付更高的价格，即生产者与消费者的对接出现了问题。因此，产品网货化需要挖掘产品的优势，告诉消费者这个产品好在哪，同时还需要建立具有公信力的机构，帮助消费者解决产品质量分辨的难题。从包括“三品一标”在内的标准的实施效果来看，目前简单地认证并不能很好地解决问题。而从质量安全追溯体系目前的发展来看，也还没有达到令人满意的效果。从整个社会来看，这方面仍处于探索阶段，这个难题尚待解决。农村地区虽然在这方面的发展较为滞后，但具有足够的动力，因此，地方政府非常有必要积极鼓励企业开展探索，并提供必要的帮助，使当地的好产品真正能够卖出好价钱，进而促进整个产业和地区经济的发展。

三、生产好产品

当然，好条件并不等于好产品。经验表明，随着市场需求的增加，生产者往往为了追求更高的收益而简单粗暴地扩大产量，以次充好，从而导致整个产业蒙受巨大的损失。为了避免因个别生产者的短视行为对整个产业造成的破坏，必须对整个行业实施有效的监管。这个监管并不仅仅是政府行为，还可以是行业行为，甚至是协会、联盟等组织的行为。政府监管是必要的，但由于力量单一，往往很难监管到位。因此，政府应当更多地吸引市场主体的参与，通过形成利益共同体等方式让市场主体提高自律性。消费者是另一个重要的监管力量，如何提升消费者参与监管的便利性和积极性（如政府质检机构与消费者的对接，设立质量安全举报奖励基金等），也应当是政府或行业主要考虑的问题。

综上所述，政府应当着力于为整个产业提供从生产、网货化到营销的全过程服务，这个服务并不是要政府亲自生产或营销，甚至为企业背书，而是建立各种对整个产业的发展有利的、能提供服务支持的机制，并完善监管机制。再次强调的是，这种监管并不能局限于政府自身，而是要利用互联网等手段积极吸引消费者参与监督，利用行业协会、联盟等组织提高企业自律性。这种服务支撑要求政府部门要实现与行业协会、企业、消费者等多方的交流，通过多方的反馈和参与来提高服务水平，促进整个产业的发展。

49 地方政府应当为企业提供哪些服务以促进农村电商发展？

答： 企业是产业的核心主体，也是政府主要服务的对象之一。限制农村地区企业的发展因素主要是市场、资金和人才，因此，地方政府应当为企业提供这些领域的服务，以促进农村电商发展。

一、市场对接服务

市场容量小，发展水平低，这是限制农村地区企业，甚至是整个中西部经济发展的主要原因。从目前来看，电子商务正是解决农村地区市场难题的最佳方法。那么如何帮助本地企业更好地利用电子商务实现新发展，不仅是地区经济发展的关键，也是电商扶贫的关键。在电子商务的推广应用方面，政府除了从整体上引导和推动之外，根本上要为企业（包括外来企业）和个人（开展网销或其他创业的个人或团队）提供实实在在的服务。这些服务不仅包括企业相关手续的审批，还包括为企业提供各种咨询及与平台等各种资源的对接等，以及其他各种方便企业发展包括电子商务在内的各种业务的服务。目前来看，平台对接、网货对接、物流对接等服务是农村地区企业在发展电子商务时特别需要的。在起步阶段，政府应当积极帮助企业实现这些对接，让企业更容易向线上发展。

二、资金对接服务

资金无疑是农村地区发展的一大难题。政府除了提供必要的财政资金扶持之外，更主要的是搭建融资服务平台，让外来资本在农村地区更容易找到好的项目，让包括小微电商企业在内的本地企业更容易找到发展的资金。目前，很多金融机构在不少农村地区针对当地情况推出了一些融资产品，但总体来看，这样的对接还并不是很有效。如何帮助投资人找到好项目，帮助企业打通资金通道，融资平台无疑是一种很好的方式。但怎么激发投资者（包括金融机构）和企业（包括个体创业者）的参与积极性，是当地政府或融资平台应当重点思考的问题。首先，融资平台应当是企业化运作的平台，只有这样才有可能为其客户提供更好的服务；其次，融资平台应当不断提升专业水平，为投资者提供更专业、更可靠的投资信息；最后，融资平台应当朝着“让不识字的农民也能了解融资是怎么回事”的方向发展，即为资金需求者提供更简单、便利的融资通道。当然，农村地区的资金难题并非只有一种解决方法，相信随着地区产业的兴起，将会有越来越多的金融机构入驻，融资对接方式也将越来越丰富多样。

三、人才对接服务

人才是农村地区产业发展的另一大制约因素。由于现阶段很多青壮年劳动力外出务工，农村地区不仅缺少各种高端人才，即使是普通劳动力都是相对缺少的。当然，随着农村地区经济的发展，会有越来越多的外出务工人员选择回乡发展，这些返乡人员往往会带回来新技术和新思路，甚至是资金，这将会是地区经济发展的一股强大的新动力。从企业服务的角度来看，政府需要帮助企业实现对人才的招揽。一方面，政府应着力改善企业人才需求与求职者的需求之间的对接，如引导企业利用各种平台发布招聘信息；另一方面，政府应当为企业招聘的人才提供各种服务。

综上所述，地方政府主要应该为企业提供与商品市场的对接、与投资者的对接以及与人才的对接等服务。在这些服务中，并不一定要完全由政府来实施，有的服务可以通过第三方机构，甚至是其他企业，政府主要是为这些服务的提供者提供服务。

50 地方政府应当如何解决发展农村电商面临的人才短缺问题？

答：人才短缺是农村地区发展的一大难题，而教育培训和人才引进是解决人才短缺问题的主要措施。在此要指出的是，人才并不限定于高端人才，而是泛指能够为地区的产业和经济发展做出贡献的各类劳动者。

教育是发展的根本，教育的重要性不言而喻。但与发达地区相比，农村地区的教育资源和教育水平显然是有很大差距的，这也是限制农村地区发展的根本原因之一。因此，为了解决农村地区的人才难题，从中央到地方都在通过各种技术下乡、知识下乡、人才下乡等举措来提升农村地区的人力资本，但很多都没有取得预期的效果。究其原因，主要是对接问题。很多培训并不是技术或技能本身不好，而是由于回报期过长或成本过高等原因，农民没有看到直接的收益回报，因而没能激起农民的兴趣。而在人才下乡方面，由于农村地区（尤其是贫困村）的条件较差，除了政府系统内的行政委派之外，大多数人都不太愿意去农村发展，尤其是贫困村。正因如此，包括贫困村在内的农村地区的人才短缺仍然是突出的问题。当然，随着农业的转型，越来越多的人开始关注农村的发展，甚至愿意到农村去一展身手，这是一个令人欣喜的新变化。但是，农村的发展关键还是要依靠当地的居民，如何更有效地开展农村地区的培训仍然应当是地方政府要考虑的主要问题之一。从目前围绕电商开展的各种培训来看，仍然存在着对接方面的问题，但农民对此普遍具有较高的积极性，这主要是由于农民看到了脱贫致富的机会。因此，如何使培训更切实际、更接地气、更符合农民的需求可能是包括电商培训在内的各种培训要思考的问题。

从政府角度来看，在教育培训方面，应当重点进行三个方面的调整。一是充分了解农民的需求，同时还要充分考察各种教育培训机构的培训水平和培训效果，利用有限的财政资金，为农民提供更多有效的培训，并通过对受训人员的跟踪回访，客观评价培训效果，形成培训质量不断提升的良性机制。二是创新发展教育培训方式。例如，对接或搭建各种网络教育培训平台，实施远程教育培训的新方式，实现资源的自由对接；将培训与具体项目结合，让参与培训的农民“干中学”，提升培训效果等。三是充分整合企业、社会扶贫机构、高等院校、社会爱心人士等各种社会资源，为农民提供更多形式多样、内容新颖的培训，实现社会扶贫力量与贫困农村地区农民的对接。

在人才引进方面，同样应当做好以下三方面的工作：一是根据产业发展需求，通过提供发展平台、解决生活问题等措施，有针对性地引进产业技术人员、企业家等各类人才。其中，应当重点关注发展平台的搭建，如提供研究条件、进一步学习成长的机会、创业发展的机会等。二是采取多种形式的人才引进，包括聘请外地的专家顾问，与外地高校等机构合作办学，利用互联网吸引外界社会人士或机构为企业或生产者提供免费或有偿的远程服务等。三是在有条件且符合当地产业发展要求的情况下，推进创业创新孵化园区的建设，为外来人才和本地人才提供创业创新的平台。

对政府而言，人才服务的宗旨是帮助各类劳动者解决生活、学习和工作方面的需求，让其在安居乐业的同时实现能力的提升，从而最终促进地方产业和经济的发展。

第三篇　实践篇

51 什么是农村电子商务发展的顶层设计？

答：“顶层设计”是一个工程学术语，其在工程学中的本义是统筹考虑项目各层次和各要素，追根溯源，统揽全局，在最高层次上寻求问题的解决之道，现被广泛运用于各个行业。顶层设计是运用系统论的方法，从全局的角度，对某项任务或者某个项目的各方面、各层次、各要素统筹规划，以集中有效资源，高效快捷地实现目标。

顶层设计的特征包括三个方面：一是顶层决定性，顶层设计是自高端向低端展开的设计方法，核心理念与目标都源自顶层，因此顶层决定底层，高端决定低端；二是整体关联性，顶层设计强调设计对象内部要素之间围绕核心理念和顶层目标所形成的关联、匹配与有机衔接；三是实际可操作性，设计的基本要求是表述简洁明确，设计成果具备实践可行性，因此顶层设计成果应是可实施、可操作的。

在推进农村电商发展的力量中，有政府之手和市场之手两种力量。目前，主要是政府之手在推进大部分地区的农村电商的发展。因此，做好农村电商发展的顶层设计，成为县级政府推进电子商务发展的首要工作。各地政府可通过聘请行业专家或者综合服务商等，或者由政府相关部门进行县域农村电商发展的顶层设计。

52 做好县域农村电子商务发展顶层设计需要开展哪些调研工作？

答：农村电商发展的顶层设计是在发展目标的指引下，对县域产业、资源等各系统要素的统筹规划，做好顶层设计的前提是做好县域农村电商发展的各项基础调研。

（1）县域资源盘点。首先要对县域的资源进行盘点，要明晰县域的优势和劣势。包括县域所处的区位、交通条件、县域的产业基础，以及一、二、三产业的情况，特别是农业基础、县域农产品资源、农产品加工业基础、文化旅游资源，乃至县域政府的体制机制等。同时要将县域放在全省乃至全国的市场环境中进行对比分析，明晰自己的优势和劣势，找准定位。

（2）县域农村电商现状调研。调研内容具体包括互联网应用及网购现状、本地生活互联网化水平，网商数量、网商类型、主要网销产品类目、网销平台、本地电商平台，在全国有知名度与市场竞争力的网货品种及市场地位，当地支撑电子商务发展的产业链状况，传统企业涉网触网现状，宽带、交通、物流等基础设施，相应的电商服务业（摄影、美工设计、包装、品牌营销、仓储、物流服务等），电商人才现状，人才培训服务现状，农产品供应链及品牌状况，电商园区发展现状等。

资料链接3—1　河北××县电子商务发展顶层设计调研方案

一、调研目的

通过深入了解河北××县电子商务发展现状，准确把握××县电子商务发展面临的形势和问题，明确××县电子商务发展方向、模式和远近发展目标，确定实现目标的路径选择和节点设计。

二、调研内容

（一）挖掘当地特色产业，明确“货在哪里”，思考“如何保证出好货”

已有信息：××县工业生产基础扎实，已初步形成了板材家具、纺织服装、化工医药、食品饲料、机械制造五大优势产业，特别是板材家具业是省级重点产业集群，共有生产企业及相关企业 1 700 余家，2013 年的年产值达到 127 亿元，工业增加值达到 31.3 亿元，占全县 GDP 的 13.4%。2013 年，全县规模以上工业企业达到 127 家，增加值完成 85 亿元，常山药业、盛华集团、小蜜蜂金刚石工具等一批优势骨干企业发展迅猛。一些知名企业产品如小蜜蜂工具、平乐面粉机、惠康食品等 68 个已加入阿里巴巴、中国网库等知名电商平台。××县是我国北方著名的农业大县、国家粮食主产区和商品粮基地。2013 年粮食总产达 33.8 万吨，实现“十连增”，2014 年夏小麦再获丰收，总产达到 16.75 万吨。畜牧养殖业健康发展，规模养殖场达到 105 家，肉、蛋、奶等畜产品一直稳居全市前列。特色高效农业快速发展，2 个万亩瓜菜基地和 10 个千亩蔬菜示范园规模不断扩大、产能不断提升，种植面积达 12.5 万亩，总产达 82.7 万吨。农业产业化取得突破性进展，农民专业合作社达到 700 家，辐射带动农户 4.8 万户，全县村级合作社覆盖率达到 100%。

需要信息：从工业产品、农产品、旅游/文化产品三个方向挖掘当地最好的、最具特色的、可开发的产业和产品。了解上述材料中各产业企业数量、规模企业数量、销售额、骨干企业及品牌情况，产业上下游供应链整合情况，企业电子商务应用情况（包括应用平台，企业电商化/网商数量及占比，线下商品线上销售比重），对电商服务、电商人才的需求和要求。

调研对象：相关政府负责部门、行业协会、产业骨干企业。

（二）面向电子商务产业发展需求，梳理政府、服务商、平台商、网商的角色和关系，构建和完善电子商务服务与支撑环境

已有信息：规划建设了纺织服装基地、科技工业园、生态产业园和木都产业园 4 大工业园区。河北××电子商务产业园已经落户××庄并开通运营，设立了河北商品交易中心，河北××县电子商务产业园、石家庄一点通跨境贸易电子商务产业园、××园区结算中心正在积极筹建。

××县国际小商品市场、A板材市场、B家具市场、C家具基地等大型专业批发市场，营业面积310万平方米，入住商户13 000多个，直接从业人员5.8万人，间接从业人员达10万人以上。

培训中心建设：先期利用原有培训机构和设施，重点利用校企联盟对各大系统操作人员、实体店从业人员进行技术培训，以及应用电子商务平台购物的广大消费者进行分期培训。

××县可利用的当地大型物流企业，物流设施面积约45万平方米，入住企业120余家，2013年货物周转额200多亿元。

××县电子商务进农村工作，在县政府的统一领导和上级商务部门的指导下，由河北××电子商务有限公司、D公司（河北××县城关供销社于2003年投资注册成立的，注册资金5 000万元，主要经营针纺、服装、鞋帽、五金、家用电器、百货、副食、洗涤及化妆品、文化用品、中老年用品、儿童用品、通信器材、金银首饰、医药等近20个大类商品批发和零售业务，涉及几万个系列品种）、E公司（主要发展24小时营业的36524便利店，365城乡一体化超市，果瓜呱365果蔬市场以及“万村千乡”工程为主体的农村便利店；与京东、腾讯强强联合推出O2O便利店、“36524微商城”业务，积极引导顾客消费方式的转变，走在行业革新的前列）、××县邮政局（邮政局共有7个网点，其中4个在××县城内，3个农村支局分别位于新城铺镇、曲阳桥乡、朱河村，所有网点均开办邮政业务，包括函件、包件、特快专递，2个城区网点及3个农村网点开办金融业务。在全县建有89家三农服务站。现有投递道段30条，投递网络覆盖全县）等单位共同承担。

需要信息：

(1) 电子商务服务业现状：服务企业类型、来源、数量及质量，如有可能选取不同服务企业开展访谈。

(2) 电商政策：电商发展的组织机构及工作机制，各部门单位整合协调情况，相关政策出台的背景、内容及实施情况；电商服务商、网商、传统企业、专业市场经营户对政府职能及现有政策的评价和政策需求。

（3）电子商务培训教育：××县电子商务人才现状（包括本地高校电子商务专业人才培养）；网商、电商企业的电商人才需求；人才培训机构、培训方式和培训计划（计划制订依据）及开展情况（从政府干部培训、网商培育、传统企业电商孵化、农村服务点从业人员技术培训、网购培训）。

（4）仓储物流体系：××县物流服务商的数量、规模、网络覆盖面及服务质量，几个物流园区/公司及供销社、邮政局物流服务的运作方式。

（5）电子商务园区建设：已有园区和未来几年的园区规划，了解园区的建设初衷、投资方式、功能定位、运作模式、盈利模式和业绩评价。

（6）金融服务：已有的相关金融服务，当地金融机构的电商信贷模式及产品，电商企业/网商对融资、支付结算的需求。

（7）电子商务信用交易数据体系建设：了解现有企业/农产品是否有信息系统运作及产品质量追溯体系，电商企业对产品标准、产品质量追溯的需求和要求，思考联合阿里开展“中国质造”项目的可能性，与政府职能部门（如工商、商检、行业协会等）探讨信息评价体系构建的可行性。

（三）推进农村电子商务建设

已有信息：××县“万村千乡市场工程”建设成果显著，2005 年以来，商务、供销、邮政、财政等部门加强协作，以邮政局和城关供销社所属 D 公司为龙头，积极开展三农服务站、邮政直营网点、农家店、直营店、物流配送中心、乡镇商贸中心建设。到 2014 年，邮政局在全县 174 个行政村共完成建设三农服务站 89 家、邮政直营网点 7 家，其中 2 个城区网点及 3 个农村网点开办了金融业务，投递业务和网络实现了全县覆盖。D 公司已建设农家店 210 家、直营店 7 家、物流配送中心 2 个在建（其中 1 个总面建筑积达 8 500 平方米）、乡镇商贸中心 1 个，实施连锁配送，提升了城乡购物质量、改善了购物环境、方便了城乡群众购物。“万村千乡”市场工程的快速发展为电子商务进农村工作的开展提供了线下实体支撑。

建设步骤：2015年，优先选择20～30家店面整洁、信誉度高、效益较好的“万村千乡”市场工程直营店、乡镇商贸中心、乡镇政府所在地和5 000人以上村街的农家店作为建设试点。

2016年，在先期试点、总结经验的基础上，在全县大规模开展具有农村特色、可复制及辐射带动作用强的电子商务进农村工作。

2017年，实现电子商务进农村全覆盖，并做好总结经验查找不足和改进推广工作。

需要信息：

(1) 总体信息：村镇数量，村级网络销售占县零售总额比重，农村网络消费比重，探讨特色馆上线运营可行性。

(2) 案例信息：已建服务点/网店的经营现状（数量、经营方式、质量评价）；商务、供销、邮政、财政等部门在农村电商建设中的分工和协作情况。

(3) 淘宝村信息（从事电商占比、网店数、销售额），归纳淘宝村发展模式，探讨转型升级方式和示范效应推广。

53 县域农村电子商务发展的顶层设计包括哪些内容？

答： 农村电子商务发展的顶层设计不是一成不变必须照图施工的工程设计，而是一个县域农村电商发展的原则、方向、目标和发展步骤、路线规划以及每一阶段重点工作的梳理，是通过顶层设计来整合县域资源，打好组合拳，实现“政府力、服务力和产业力”的“三力”协同。同时，电商发展的顶层设计要着眼于县域经济的互联网转型，要与该县的社会经济发展规划协同。

顶层设计需要在充分分析县域资源与电商发展现状的基础上，制定近期与远期两个阶段的目标，提出实现目标的时间节点，并设计路线图，根据路线图，设计不同阶段的重点工程。根据路线图及重点工程，找到引爆点切入并提出行动方案。

顶层设计要注重动态性与开放性、实操性与有效性。“接地气”是对顶层规划朴素而又极高的要求，因此，做好顶层设计必须要有扎实而又深入的市场调研，必须立足本县实际。

县域农村电商发展的顶层设计一般涉及以下四个方面：

一、县情分析

（1）县域资源、现状与潜力剖析。

（2）区位、交通、人口等基本县情。

（3）优势产品、产业剖析。

（4）文化旅游资源分析。

二、电商发展现状及问题分析

（略）

三、发展目标

（1）发展定位、总纲领、总目标。

（2）近期目标（2～3 年）。

（3）远期目标（3～5 年）。

四、路径设计与行动指南

（1）发展路线图。

（2）重点项目。

（3）重点突破及引爆点项目策划。

54 我国农村电子商务发展的三个阶段是什么？

答：按照我国农村电子商务著名专家、中国社科院信息化研究中心主任汪向东教授的观点，我国农村电子商务的发展大致可以分为三个阶段：

第一个阶段：农村电子商务的萌芽发展阶段。20 世纪 90 年代初，我国启动建设了“四金”（即金桥、金卡、金关、金税）[①] 工程，其中的“金关”工程以及同期的中华粮网[②]，是我国电子商务发展的雏形。这一时期的电子商务发展的特点是“政府主导，官办平台”，由政府主导并投资建设平台和网站，主要解决的是信息问题。

第二个阶段：农村电子商务的蓬勃发展阶段。21 世纪初，我国互联网进入了蓬勃发展时期，京东、淘宝等电子商务公司纷纷成立，电子商务也是在这个时期开始逐渐被普通民众所认知的。这一时期的电子商务发展的特点是“市场主导，企业自建平台”，企业根据市场发展的需求，或直接开拓网上市场，或由传统线下商贸流通转型做线上交易平台。农村电子商务在整个行业大发展的背景下发展起来。

第三个阶段：农村电子商务的全面引爆发展阶段。在经历了先期的“下乡刷墙运动”后，近年来各大电商公司纷纷提出了自己的农村电子商务战略。京东提出了“3F 战略”[③] 即工业品下乡、农产品进城及农资金融服务。截至 2016 年 6 月底，京东在全国超过1 500 个县建立了县级服务中心，超过 1 500 个县建立了“京东帮”服务店，建立的地方特产馆特产店已达到 1 000 家，招募乡村推广员近 30 万人，服务近 30 万个行政村。[④] 阿里巴巴提出“千县万村计划”，在三到五年内要在全国 1 000 个县、10 万个村，投入 100 亿元打造农村电子商务生态圈。苏宁、赶街、乐村淘、淘实惠、邮政、供销社等也纷纷打造自己的农村电子商务战略，力争在这个万亿级的农村电子商务市场占有一席之地。可以看到，这一时期农村电子商务的特点是“多元主体，线上线下融合”，不仅有全国性的电商巨头，还有区域性的电商公司，做电商平台的公司在推行线下渠道，做实体销售渠道的公司也在转型推广线上平台。2015 年，中央政府密集出台相关文件，县级政府领导主动求学，各家电商平台纷纷进入农村区域和农业

---

① “金桥”，即国家网络信息化建设工程；“金卡”，即国家金融信息化工程；“金关”，即国家外贸处理信息化工程；“金税”，即国家税务信息化工程。

② 中华粮网由中国储备粮管理总公司投资建设。

③ “3F 战略”，即 Factory to Country，Farm to Table，Finance to Country。

④ 数据由京东集团乡村业务部提供。

领域，农村电子商务进入全面引爆阶段，也有人把这一年定义为“农村电子商务元年”。

55 农村电商产品下行与上行是什么意思？

答： 农村电商产品下行通常是指在电子商务中，由农村地区的购买者为主体，通过电子商务平台达成对工业品、日常消费品、农业生产资料和设备等的交易、支付结算，并通过物流送达到农村的一种商业活动。常见如电器下乡、农资下乡等通过电子商务平台进行交易、结算和物流运输等农村电商产品下行。

而农村电商产品上行，通常是指在电子商务中，由城市地区的购买者为主体，通过电子商务平台达成对产自农村或农民的各种产品特别是农特产品等的交易、支付结算，并通过物流送达到城镇消费者手中的一种商业活动。常见如农超对接、农产品进城等通过电子商务平台进行交易、结算和物流运输等农村电商产品上行。

农村电商产品下行和上行是构成我国当前农村电商的核心和主要形态，但目前来看，在我国农村电商的发展形势中，农村电商产品下行的规模、效益等远远超过农村电商产品上行。未来这种发展不均衡也是我国农村电商持续发展中不可避免的现象。根据统计，2015 年农村电商规模为 7 835 亿元，其中网购交易额达到 3 530 亿元，同比增长了 96%，增速高于国内整个网购市场，农产品网络零售额达到 1 505 亿元，同比增长 94%，农资电商规模以 60%的增速达到 2 800 亿元。产品上行和下行的逆差约为 2 025 亿元，如果把农资也算在下行的话，甚至达到 4 825 亿元的逆差。这表明目前农村电子商务还是以“工业品下行”为主。

但是农村电子商务发展到今天，从某种程度上讲，工业品下乡在大部分县域都有一定基础，这从各大快递公司的整体布局状况就可见一斑。地方政府也意识到要富民强县，更重要的是要将当地丰富的农特产品卖出去，卖个好价钱。正因如此，各大平台电商和县域政府部门等，都在竭尽全力想解决农产品上行的问题。

56 我国农村电子商务在产品下行方面存在哪些主要问题？

答：在农村电子商务中，产品下行是其主要组成部分之一，其主要问题体现在以下四个方面：

一、农村居民对网购不熟悉

在城市，网购已经成为大部分家庭的购买手段之一，但是在农村，由于发展相对落后，接触网购甚至互联网的机会较少，加之越来越多的青壮年外出务工，老年人占比大，在农村地区推行网购业务的难度也相应地更为艰巨。因此，对于很多想要开展开发农村市场的电商企业来说，首先要解决的是农村居民上网、查找商品及支付等问题。因此，很多电商企业通过在村里设置网络服务点等方式来帮助村民上网购物。但是，这同时也相应地增加了额外的成本，主要是服务人员的费用成本，甚至是网点所需的电脑设备、网线铺设及网点装修等成本。

二、物流配送成本高

由于农村所处地理位置相对偏僻、路途较远，且人口密度较小、居住分散，因而物流配送成本较高。虽然可以通过设置货物集散点等方式来降低部分成本，但总体而言，与城镇相比，农村地区的配送成本仍会高出不少，尤其是那些偏远、道路运输不畅及人口规模较小的村庄。因此，除了设置集中收发点、降低配送频次之外，还应当积极鼓励当地产业向线上发展，从而增加快件发出量，进而增加物流配送业务量。

三、产品质量监管待加强

对于很多农村居民来说，网购是个新事物，经验较少，尤其是许多拥有节俭习惯的村民，往往会成为某些商家实施欺骗性销售的对象。另外，很多农村居民一方面由于缺少经验而对产品质量的鉴别能力较低，另一方面也往往缺少维权意识而选择默默接受。因此，对监管部门及平台来说，一方面应当对村民加强维权方面的宣传力度，另一方面也应当加强对商家产品质量及广告宣传的监管，从而更好地维护农村居民的利益，促进农村电商更好地发展。

四、售后服务难度大

农村地区由于地处偏僻，很多商家的售后服务很难全部覆盖。相比之下，在实体店购买的产品，一般可以找到销售店来获得相应的售后服务。因此，很多需要提供售后安装和维修的商品，尤其是家电产品，村民仍然会偏向于到附近城镇的实体店去购买，这也是苏宁易购建立服务范围覆盖到农村的乡镇级实体店的原因之一。

57 电子商务如何影响农村产品销售市场？

答： 农村地区通过发展电子商务，可以减小因地域性市场差异而导致的劣势，进而使其产品、资源、成本等方面的优势得以发挥，提升整个地区的竞争力。每个地方的每种产品都会有各自的特点，例如，各地的同一种农产品会因其种植区域的土壤条件、气候环境等因素的不同而有所区别，而这种差异会形成市场接受程度的不同，我们可将除品牌（包括地理标志）外的产品自身特性的差异按其市场接受程度差异定义为产品优势度。一般来说，每个地方的各种产品都有其特定的优势度，有的高有的低（如图 3－1 所示）。而产品所能销售的市场范围（更多的是空间范围）除了受品牌、营销策略等因素的影响之外，一般还决定于其优势度和市场壁垒。这里所说的市场壁垒指的是因运输成本、市场信息沟通等因素造成的市场进入难易程度。由于产销两地距离的增大，会增加运输成本，还会增加市场信息沟通的成本，因而，市场壁垒往往随市场距离的增大而增大。但是，随着电子商务的应用和发展，市场信息沟通越来越方便迅捷，同时随着物流体系的完善，物流成本也不断下降，因而线上市场的市场壁垒比线下市场的市场壁垒要小，变得更为扁平（如图3－2所示）。而且，随着电子商务及其相关行业的发展，这种扁平化的趋势仍在继续。

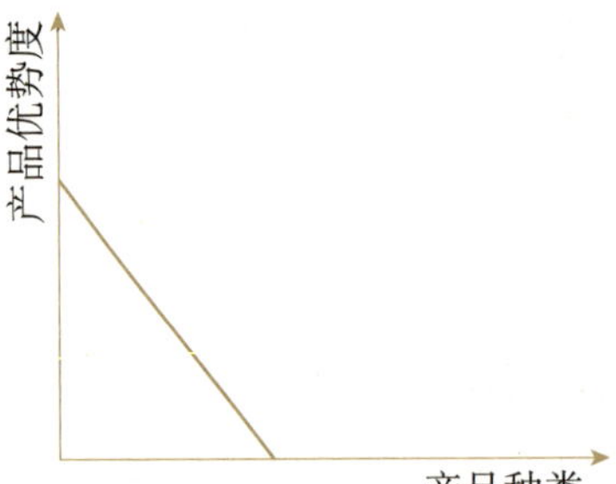

图3－1　产品优势度与产品种类关系

注：该关系未必是线性的，在此仅为了说明它们的一般性关系，因而仅以线性关系进行示意性表示。

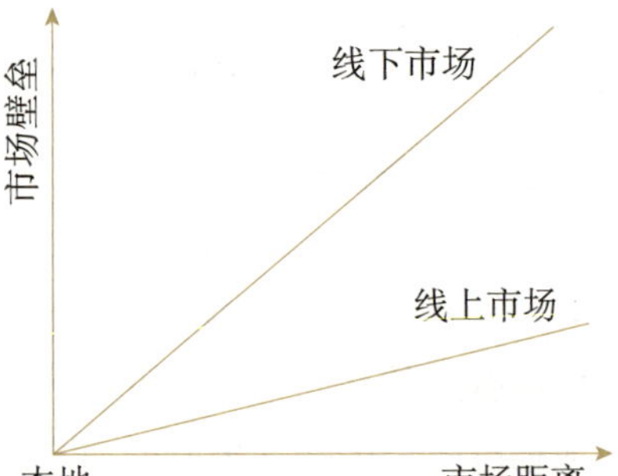

图3－2　市场壁垒与市场距离的关系

注：该关系未必是线性的，在此仅为了说明它们的一般性关系，因而仅以线性关系进行示意性表示。

由于线上市场日趋扁平化，使得生产地越来越能够脱离消费地的束缚，生产地的产品的优势度能够充分地发挥，进而有机会获得更大的市场范围和份额。对于农村地区同样如此。因此，农村电商扶贫让农村地区的产品获得了一个更为扁平化的市场，为当地产业拓展了新的发展空间，从而带动了当地产业和经济的发展，让更多的贫困主体获得就业和创业的机会。

58　我国农村电子商务在产品上行方面存在哪些主要问题？

答：农村电子商务产品既包括农产品也包括手工制品等其他产品。在农村生产的农产品与工业制品在线上销售时会遇到同样的问题，但相对而言，农产品的问题更为突出，因此，下面以农产品为重点来分析农村电子商务在产品上行方面所存在的主要问题。

一般来说，在农产品上行方面，主要的难点是仓储物流、人才、产品网货化、质量安全追溯体系等几个方面。

一、仓储物流

目前，农村仓储物流体系还不够完善，主要体现在两个方面：一是在发展较为落后的地区的物流成本偏高，二是冷链物流体系发展较为滞后。这也是制约中西部较为偏远、交通较为落后地区的电子商务，尤其是农产品电商发展的主要因素之一。一方面，农产品电商要获得消费者的认可，就要确保到消费者手中农产品的完好性、及时性和新鲜度；另一方面，物流配送成本也不能太高，因为整体而言，农产品的附加值不高，如果物流配送成本过高就会压缩其市场空间。而仓储物流的解决，不仅涉及基础设施和设备的巨额投资，甚至涉及道路建设，单靠个别小生产者是不可能解决的。可喜的是，当前一些物流企业、电商平台以及地方政府都在积极建设仓储物流体系，包括冷链物流的基础建设。

一般而言，一个物流企业是否选择在某个地方投资建设并开展业务主要是出于其业务上的考虑，即当前或一段时间后是否有利可图。因此，政府可以在进行综合考核之后对某些地方的仓储物流业的发展给予适当的引导和支持，以加快改善当地的仓储物流条件，促进当地农产品电商的发展。

另外，可依据生鲜农产品的主产地和消费地的供需情况，加快冷链物流的布局，引导物流企业积极参与建设，进一步完善冷链物流体系。

二、人才

各行各业的发展都少不了人才，农产品电商也是如此。农产品电商的发展主要需要三大类人才：电商类人才、农业类人才和食品类人才。在电商人才方面，包括美工、运营、推广、客服等人才，而这类人才最好还能对农产品比较了解。除了电商人才外，农业方面的人才可能更加紧缺，尤其是农业技术人才。以前我们对农业的研究更偏重于病虫灾害防治和产量提升方面。但今天，在确保产量的同时，我们可能更需要提高产品质量方面的农业技术人才。第三类就是食品方面的人才。众所周知，初级农产品除非极个别的地理型产品外，很难取得较高的附加值，唯有进行适当加工，甚至深加工之后才能获得更高的附加值。因此，就需要进行食品方面的研究，包括研发、生产等方面的各种食品类人才。

因此，各地在发展农产品电商时，不仅要加大对电商人才的引进和培训，更应当加大农业技术人才和食品技术人才的引进培养，并应当充分与协会、农业专业合作社等各种组织进行结合，只有这样才能借助电子商务这股新风促进当地农业的新发展。

三、产品网货化

目前，很多农产品都是没有标准的，尤其是蔬菜、水果类。由于缺少标准，就不可能实现对产品的准确描述和分类，优劣也难以区分，加上是在互联网上进行的销售，更加大了消费者分辨的难度。另外，现有的一些认证或者一些地理标志，由于缺少有效的管理和监督，逐渐引起了用户的疑虑，并加剧了消费者对认证的普遍不信任程度。

因此，一方面，我们应当充分发挥各行各业的行业协会等组织的力量，加快制定各类农产品的标准。另一方面，各级政府相关部门、行业协会等应当加强对各类标准和认证的监管，尤其是现有认证的监督管理，加大对违规认证机构的处罚，使各种认证和标准真正获得应有的公信力。

四、质量安全追溯体系

虽然近年来人们非常重视农产品质量安全问题，各地都在构建自己的农产品追溯体系，但现有的体系大都只能提供一个威慑功能，即在出问题时，能找到相应的责任人。准确来说，这样的体系只能算安全追溯体系，还谈不上质量安全追溯体系，因为它不具有驱使生产者提高产品质量的动力。也就是说，质量安全追溯体系不仅具有安全事故责任的追溯功能，还应当为消费者提供辨别质量的依据，而且必须确保真实性。

实际上，在这方面已经有不少探索，甚至有不少生产者为了取得消费者的信任，直接在田间地头安装了24小时运行的摄像头，为消费者提供实时的画面，但从推广应用效果来看，目前还在起步探索阶段。目前已经有不少商家都发现了其中的商机，并积极投入质量安全追溯体系的研发和试验推广。从政府角度来说，一方面应当欢迎和鼓励企业的积极参与，另一方面应当加强与各个企业的联系及合作，通过联合各方的力量和优势，加快推出较为可行且统一的标准，以促进该行业更有序规范地发展。另外，关于质量安全追溯体系应当主要由谁来实施、谁来维护、谁来监管、谁来付费等问题，政府方面也应当加大研究力度。

59 传统商贸企业如何通过农村电子商务升级转型？

答：2015 年 7 月，商务部新闻发言人沈丹阳在例行发布会上表示，商务部已下拨 37 亿元扶持资金，以开展 2015 年电子商务进农村的综合示范。该资金用于重点支持 200 个示范县建立完善县、乡（镇）、村三级物流配送机制，开展农村电子商务培训，建设县域电子商务公共服务中心和村级电子商务服务站点，提高农村商品化比例和网络销售比例。沈丹阳透露，推进农村电子商务发布是商务部实施“互联网＋流通”专项工程计划的重要内容。该行动计划要求以“互联网＋流通”为载体，发挥市场主体作用，完善政府在公共服务、市场监管和宏观引导方面的职能，加大公共环境建设投入，以技术创新和商业模式创新为驱动，进一步深化电子商务应用，推动传统流通产业转型升级。

传统商贸零售业渠道成本高，仓储、营业面积、商品总量和服务网点有限，在消费者网购习惯逐渐养成、网购比率不断上升的背景下，传统商贸在价格、便捷性、服务效率、产品更新、消费者互动等方面存在明显的劣势，未来发展面临极大挑战。

传统商贸企业借助农村电子商务完全可以实现转型升级，比如“怀远样本”。安徽省怀远县是 2014 年安徽省电子商务进农村综合示范县，怀远县电子商务进农村的实施主体单位是安徽淮商集团。安徽淮商集团是一家集超市、专卖店、物流、酒店、医药、农业、旅游和电子商务为一体的集团化公司。作为一家以连锁超市为早期业态的传统商贸流通企业，在电子商务进农村的浪潮中的想法和做法是值得学习和借鉴的。

资料链接 3—2　安徽淮商集团农村电子商务的升级转型

在各大平台和电商服务企业对农村市场形成一定影响和冲击的情况下，安徽淮商集团作为传统商贸流通企业发展起来的集团化公司，以市场为导向，以服务为宗旨，顺应变化、拥抱变化，积极充分利用自身企业优势，探索实践传统商贸流通企业互联网升级转型。

安徽淮商集团抓住电子商务进农村示范建设的机会，主动变革，开启企业互联网转型之路。安徽淮商集团自建“淮商 e 购”区域 O2O 电商垂直平台，依托淮商的实体店网络及“五分钟淮商”模式的全面实施，借助淮商的信息和网络化资源、物流平台配套、统一采购、多年会员营销及完善的服务体系等优势，实现网购渠道向农村下沉和覆盖。依托原有“万村千乡”市场工程建设的物流配送中心，实现数字化、在线化管理，建成一批中心镇乡镇商贸中心、“美好乡村样板店”及重点行政村，依托电子商务进农村，实现淮商超市对农村市场的布局和大面积覆盖。结合“安徽省农村商品流通服务体系建设试点”与电子商务进农村项目实施，按照试点工作“两中心、一连锁”（农村中心镇乡镇商贸中心、商品配送中心、中心村直营连锁店）的建设内容，创造性地将连锁店与党员活动之家、农家书屋、便民服务台等相结合，率先在全省推出“美好乡村样板店”。并把一村一品、大学生创业基地等同步涵盖，挖掘当地特色农产品，将标准化生产、品牌化营销、规模化经营的理念融入其中。真正意义上推进电子商务进农村和美好乡村建设同步和谐发展。

“在推进电子商务进农村示范建设中实现企业互联网转型，以企业主动转型互联网担起推进怀远县域电子商务发展大任”——“怀远样本”的几个要点如下：

一是充分利用网络销售获取的市场信息，重塑企业供应链。安徽淮商集团通过网点建设，积极引导农村消费者和现有会员网购，获取大量消费信息，通过信息共享，优化企业供应链管理，以消费倒逼供应商资源整合，降低采购成本；通过“淮商e购”O2O平台，有效对接现有的各大平台货品资源，利用现有大型第三方平台的网络产品资源优势来弥补本地需求的不足，加快商贸流通。

二是通过发展电子商务突破企业业务边界，实现传统商贸流通企业向本地综合服务商演化。安徽淮商集团通过“淮商e购”本地O2O垂直平台受众群体的壮大，围绕着本地生活，整合当地农产品，各类家政服务、餐饮、配送等资源，满足消费者随时随地购物、订餐、快递及家政服务，形成线上线下融合发展。一网多用，强网促优。业务布局由单一向多元、由商品向服务、由提供服务向满足需求复合式发展。“以最合适的方式将最合适的产品和服务送到最需要的用户面前。”

三是企业信息化建设发力，以“在线化”和“数据化”实现企业转型。安徽淮商集团建有电子商务机站数据交换中心，也是商务部和安徽省政府数据监测采集点。安徽淮商集团通过自营平台建设，获取大量的消费数据和产业数据信息，通过企业数据中心采集、分类、建模、分析，形成大数据，以对消费趋势和特点进行精准分析，如哪个居民小区的顾客群体消费高，哪个群体的顾客消费能力强，哪个位置客流量大等，也可以通过数据分析获取不同类目商品的市场需求动态和趋势。

整个“淮商e购”平台和现有物流服务体系等全部打通，然后“以线下流通优势促进线上电商发展”，实现了线上线下资源互补、融合发展，安徽淮商集团也对实体经营网点进行了补充和扩展，增强电子商务进农村的普及应用，打造淮商全渠道营销模式。顾客可以采用线上购买、店内自提、线上预订、线下体验、店内下单、送货上门等多样化购物形式，并在城区实现物流配送时间最快30分钟，最长不超过1小时的快速响应机制。

在信息和企业业务不断深入结合的过程中，企业在大数据的发展和推动下，会将信息应用系统推动到智能化的阶段，数据将会变得更加精准，从而更好地助力于企业未来的发展。

四是通过企业转型，实现企业发展与怀远县域电商发展协同。“淮商e购”内设的“特色农产品”专区，充分发挥了淮商超市在农超基地和农村商品流通服务体系建设试点的优势，通过“一村一品”“一村一策”建设，挖掘当地特色农产品，将标准化生产、品牌化营销、标准化经营的理念融入其中，利用“淮商e购”电子商务平台，进行线上线下同步推广销售，打造当地农产品品牌，并通过淮商物流中心进行配送。线下与美好乡村合作，建立大学生创业基地，支持大学生电子商务创业。目前已建成多个美好乡村电子商务网点，网点运营收入归当地所有，极大地激发了大学生创业积极性，缓解农产品“买难”“卖难”问题，实现了农产品网销，推进了怀远县电子商务发展。

作为淘宝、京东、苏宁、1号店等大型第三方平台地方馆的运营商，安徽淮商集团积极推进第三方平台的渠道合作，在淘宝、京东、苏宁、1号店等多个平台开设农产品营销专区，将挖掘的当地农产品推向市场，融入全网生态圈，助推农业企业、优质农产品触网营销。最终以农产品上行的增量培育带动农产品生产加工及当地优势产业的存量转型，以电子商务发展驱动怀远县域经济转型升级。

电子商务进农村是基于中国电子商务发展的宏观背景与趋势，通过建立消费品下行通道，培育农村居民网购习惯，共享网络消费，融入互联网时代；通过建立农产品上行通道，引导农村青年返乡创业，激发大众创业万众创新，最终实现农村“消费都市化、产业在线化、就业本地化”，通过发展电子商务探索新型城镇化道路，通过电子商务带动县域经济发展。

可见，在电子商务进农村项目的实施中，传统商贸流通企业是一股不可忽视的力量，可以通过企业自发的升级转型，搭乘电子商务进农村的东风，加强与第三方平台合作，组建或支持电子商务服务商团队拉动农村创业就业，助农增收，在完成社会价值的同时增强企业自身价值。在条件成熟的地区可学习借鉴已有的成熟模式，在条件不成熟的地区，应当加快适应新环境，迎接新机遇，创造条件开展“互联网＋流通”服务农村的电子商务进农村工作。

60 我国农村电子商务的支撑体系有哪些内容？

答：参照目前实践中的主流做法，中国农村电子商务的支撑体系包括县级服务中心、村级服务站和县乡村三级物流体系。其中，县级服务中心主要负责处理县域内部电子商务的共性问题，如培训、包装、质检、包裹的储存、分拣和分拨等。村级服务站主要负责区域内消费习惯的培养、网上交易的代买代卖和快递包裹的代收代发。

下面以浙江省遂昌县为例，简单介绍农村电子商务支撑体系的架构。按照农村电子商务的交易流向和交易内容划分，农村电子商务大致可以分为工业品下行（城市到农村）和农产（农村制）品上行（农村到城市）。在工业品下行方面，遂昌模式主要打造城乡物流体系、赶街服务站体系、支付体系、便民服务体系和售后服务体系来支撑外部城市工业品进入遂昌县域和农村销售。在农产品上行方面，遂昌模式主要分为营销推广、供应链管理和农产品电商运营销售三个方面的服务体系，涵盖了农产品上行中所需要的包装、摄影、营销、品控、冷链、检测、溯源等方面，如图 3－3 所示。

此外，遂昌县还建立了农村电商能力建设体系和农村电商组织管理体系，主要用于解决农村电子商务发展所需要的环境问题，例如培训、咨询和其他公共服务等。

61 什么是农村电子商务公共服务平台？

答：发展农村电子商务需要特别注意四个方面：一是一定要和当地的特色产业发展深度融合，促进当地产业发展，进而促进当地经济的增长。二是广大人民群众能广泛参与，能享受互联网经济实惠。三是必须与扶贫攻坚有效结

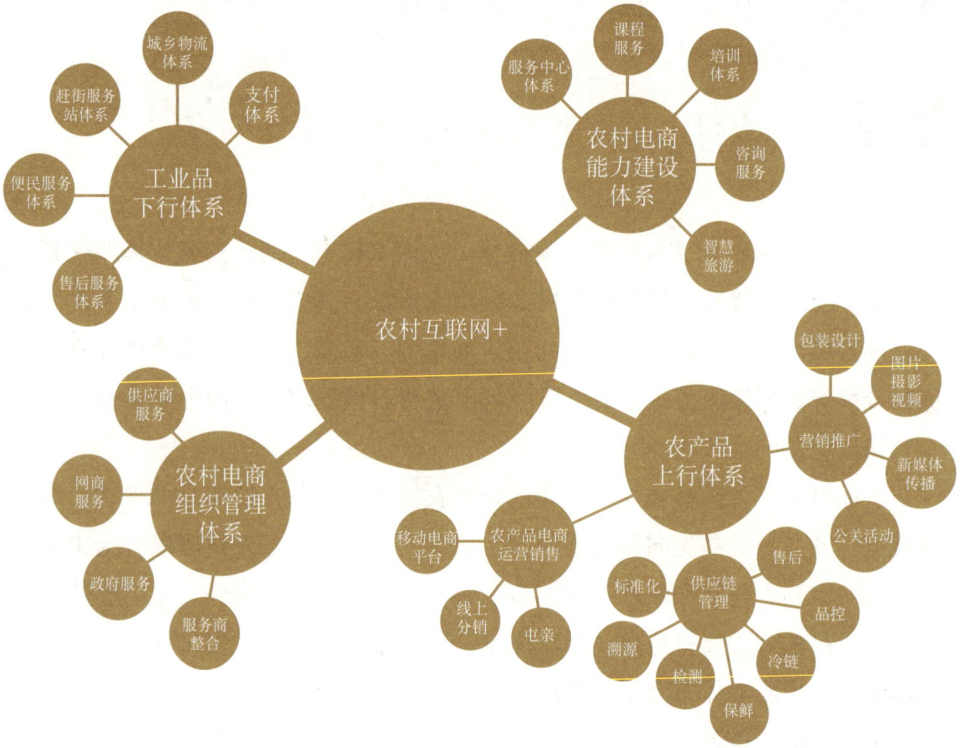

图 3-3　浙江省遂昌县“农村互联网+”的支撑体系

合，带动贫困人口就业，增加贫困人口收入，减少贫困人口总数。四是资金使用必须符合国家和商务主管部门的工作要求。

农村电子商务公共服务平台是指在实施农村电子商务的国家战略过程中，针对政府、企业、农村创业者所遇到的共性问题而提出的解决方案，是由政府引导、市场推进合力形成的基于农村电子商务发展所需的服务支撑体系。在政府层面需要通过公共服务平台建设形成部门协同推进的工作机制，整合各部门电商政策，聚焦公共服务平台，合理推进。在面对服务市场主体层面需要营造公平竞争的市场环境，体现政府的公信力，避免政策资源聚焦某一企业或某一平台，有失公允。在服务农村创业者层面需要整合政府、企业的各项资源，弥补在发展农村电子商务中出现的短板，提供开放、共享的社会化服务。

62 县域电子商务公共服务平台的建设内容有哪些？

答：县域电子商务公共服务平台的建设内容主要包括：建立健全对本地农村电子商务提供支撑的县域电子商务公共服务体系，打造本地农村电子商务综合信息平台，通过整体运作、统一协调、统一管理、资源整合，形成覆盖本地的统一的农村电子商务公共服务体系；由公共服务平台牵头对各方资源进行互联网化改造，搭建培训、物流、农村服务站、农村产品营销和供应链体系，整体解决理念、创业培训、氛围营造、农产品销售、O2O农村消费品等问题；提供公共仓储、代发货等公共基础服务；加强品控，制定标准，建立农产品上行体系；推动政府制定相关配套政策，整合资源，协助农村群众对接政府相关职能部门及第三方服务商。具体可以归纳为打造"一馆、一园、三中心、四平台"。

一馆

一馆，即特色品牌馆。在公共服务平台上介绍本地区的特色经济、产业、旅游、文化，同时对相关的名优企业、品牌和产品信息进行展播、宣传，扩大产品销售渠道，助力县域招商发展。一般可采用"政府＋运营服务商＋平台"模式，例如可以在阿里巴巴、天猫、淘宝、一号店、京东等国内电子商务服务平台上设立本地农产品特色馆和农产品旗舰店，以尽可能多地展示农特产品等。

一园

一园，即农村电子商务产业园。完善配套服务，在有条件的情况下，尽快建设本地农村电子商务产业园，聚合农村电子商务发展要素，为当地农村电子商务企业和创业群体提供低成本的办公用房、仓储物流、产品包装、宣传推广、产品摄影、融资支持、网络通信、人才引进、培训交流等农村电子商务公共服务，吸引农村电子商务企业集聚发展，孵化培育农村电子商务企业成长壮大，把农村电子商务产业园建设成为本地特色明显、服务体系完善、产业链条完整、产值增长强劲的农村电子商务产业集聚区。把园区建设成为集农村电子商务网商、人才培训、仓储物流、生活配套区四大功能版块于一体的现代服务业集聚区。园区集研发、培训、孵化、文化、展示、金融、支付、办公、仓储、娱乐等功能于一体，形成电商经济文化生态圈。

三中心

三中心，即农村电子商务政策资讯中心、农村电子商务培训中心和农村电子商务呼叫中心。

（1）农村电子商务政策资讯中心。建立农村电子商务新闻、政策等信息发布展示平台，从全国、省、市、县全方位展示解读国家支持农村电子商务的政策，从平台报道、农村电子商务活动、农村电子商务行业动态等方面系统展现农村电子商务信息，积极营造农村电子商务整体发展良好的氛围。

（2）农村电子商务培训中心。及时更新发布相关农村电子商务培训信息，通过现场、远程、在线、实训等多种方式，借助已有的职业培训中心载体，多渠道培训农村电子商务从业人员，培育本土农村电子商务人才。

（3）农村电子商务呼叫中心。发布、维护特色农产品和工业品上市及交易需求，解答农村电子商务电话咨询，为客户提供个性化农村电子商务服务，提高订货成功率，减少订单受理时间，减少投诉和回呼次数，及时发现潜在客户。负责农村电子商务供需信息的发布、审核、对接和统计，并负责农村电子商务交易的投诉处理等工作。

四平台

四平台，即农村电子商务综合服务支撑平台、农村电子商务便民服务平台、农村电子商务统计分析管理平台和农村电子商务招商创业平台。

（1）农村电子商务综合服务支撑平台。整合、发布本地商贸流通、信息化服务、产品加工包装、物流配送等企业的基本信息及服务资源，建立健全农村电子商务产业链综合服务支撑体系，实现众多资源深度整合、高效利用，加快农村电子商务发展。

（2）农村电子商务便民服务平台。依托农村电子商务电子商务公共服务平台，通过场景式服务、生活类服务等方式打造出集公共便民服务、公共信息查询、商务信息服务、购物、娱乐等为一体的一站式农村电子商务便民服务平台，惠及百姓的衣、食、住、行、购、娱等各个方面。

（3）农村电子商务统计分析管理平台。通过对农村电子商务公共服务平台运营数据、企业报送数据、平台咨询投诉等数据进行统计分析，加大政府对当地农村电子商务企业的统计监管力度，为县政府提供当地实际有效的数据展示及分析服务。

（4）农村电子商务招商创业平台。搭建本地政府部门农村电子商务招商引资平台，介绍政府规划发展的开发区、产业园、生产基地、投资环境和招商信息，鼓励通过加盟和创业的方式进行企业合作，更好地吸引投资者到本地地区进行农村电子商务的投资生产经营活动。

63 农村电子商务公共服务平台的功能有哪些？

答：从商务部发布的《农村电子商务服务规范》（试行）和《农村电子商务工作指引》（试行）（商建字〔2016〕17号）中不难看出，农村电子商务公共服务平台的功能包括整合各方资源，构建培训、物流、农村服务站、农村产品营销和供应链体系；解决理念、创业培训、氛围营造、农产品销售、O2O农村消费等问题；提供公共仓储、代发货等基础服务；加强品控，制定标准，建立农村产品供应链上行体系；推动政府制定相关配套政策，协助农村群众对接政府相关职能部门及第三方服务商（如物流、金融）等，让有意参与农村电子商务发展的企业、农户等市场主体能在公共服务中心找到所需要的相应服务。

结合各地发展农村电子商务的经验和下一步目标，农村电子商务公共服务平台的主要工作包括建设电子商务公共服务中心、完善农村电子商务人才培育平台、打造农村电子商务综合服务平台、建设农村物流配送服务平台、强化农特产品供应链管理平台。

一、建设电子商务公共服务中心

电子商务公共服务中心是农村电子商务社会化服务体系的主体。建设电子商务公共服务中心的功能是通过构建农村电子商务发展的支撑服务体系（供应链服务、人才服务、物流服务等），以服务新型农业经营主体、形成一批具有重要影响力的农村电子商务龙头企业和品牌为首要任务，加强农产品仓储、冷链、包装等基础设施，推动农产品公共品牌、质量标准、溯源体系等建设。例如，县服务中心集聚所有的服务资源，完善运行机制，提升服务能力，推进便民服务上线，实现农产品、农业生产资料和消费品的宣传、策划、推广、销售、辅助农产品开发、在线信息发布、订单管理、物流配送。

二、完善农村电子商务人才培育平台

充分发挥各级部门现有培训项目、资源和体系，动员企业等社会各界力量广泛参与，形成本地化、系统化、常态化的电子商务人才培训体系，在县、乡两级建立培训中心。对传统企业开展电子商务培训，鼓励合作社、龙头企业等新型农业经营主体运用互联网新思维、新技术、新模式改造流通方式、管理方式和经营方式，发挥在现代农业建设中的引领作用。为新型职业农民提供乡镇集中培训与在线教育培训，开设电子商务基础知识普及班、移动网络应用班、农村电子商务培训班、创业青年电商培训班，推动新型职业农民与互联网深度融合发展，通过创业大赛、创客论坛等多种形式搭建交流平台，引导投资机构、中介组织、专家学者等支持新型职业农民创业创新。

三、打造农村电子商务综合服务平台

各乡镇服务站根据本区产品实际情况确定主打产品、关键词；根据本区域消费习惯确定全网销售策略和推广方案；根据本区域特点组建运营服务团队。

乡镇服务站以运营、推广、培训、资源整合为基本任务，为特色农产品经营户提供统一的货源组织、收购、订单处理、农产品包装等增值服务，从而实现“消费品下乡”和“农产品进城”双向流通功能。村服务终端负责产品双上双下、信息采集、交易跟踪、配送督查、货款结算等工作，为农户提供农产品市场渠道，促进农民增收，提供市场咨询，优化产品生产供给。

四、建设农村物流配送服务平台

依托“万村千乡”市场工程的相关商贸流通企业，供销社、邮政等国有企业，以及社会第三方物流网络，通过政策引导和市场开发，在全县建立方便用户的县镇村商贸物流配送信息系统和运力系统，为工业品下乡和农村产品进城构建快速物流通道。冷链物流是农产品尤其是生鲜农产品快速发展的瓶颈，也是农村电子商务农产品上行的重要支撑，除了通过支持和鼓励原有流通企业大力发展冷链物流，通过政策资金来撬动市场资金进行建设外，在市场主体缺失的情况下，可以通过公共服务的形式来创新政企合作，为双向物流提供重要的基础支撑。

五、强化农特产品供应链管理平台

目前我国的农业大县，尤其是中西部地区、国贫县和集中连片特困区拥有适合网络销售的终端农产品不多，农产品商品化率低严重制约农村电子商务的发展，通过政府引导、龙头企业运作，建设农特产品供应链管理中心是工作的重点之一。

农产品供应链管理中心需具备以下职能：一是具备一定仓储空间和办公场地；二是为现有农产品提供提档升级的网货化改造服务；三是为农产品上行提供“三品一标”、产品溯源、检疫检测、分拣包装、物流配送等综合配套服务；四是建设农产品网络分销平台，为创业青年提供农特产品网货支撑，具备统一网货标识、统一仓储、统一发货功能；五是与农村电子商务服务站点信息同步，协同或指导农村服务站点依据标准收购农产品；六是积极探索农产品标准化体系建设。

64 农村电子商务基层服务平台的建设内容有哪些？

答：有条件的基层在发展农村电子商务时，可以依托本地农村电子商务公共服务平台的建设，采用政府监管、企业运营的模式，由运营企业负责落实服务管理专业人员，配套建设本地的农村电子商务基层服务平台。农村电子商务基层服务平台是本地农村电子商务公共服务平台在乡镇村等基层的主要体现，其职能主要是：承担组织农村基层电子商务创业就业人员的职业技能培训和农村基层电子商务业务咨询工作；为农村基层电子商务企业代办需要向有关行政管理机构办理的各种证照；为农村基层电子商务创业、电子商务运营企业提供产品摄影、包装设计、仓储配送、物流快递、融资等中介服务；向农村基层电子商务企业提供优惠政策申报兑现服务；按照统一的电子商务统计口径，承担农村基层电子商务统计分析工作、监测农村基层电子商务市场信息，向政府部门和企业提供决策所需信息咨询；负责组织农村基层产品公共品牌的宣传推广；指导和管理乡（村）电子商务服务站（点）开展相关业务；负责与电子商务行政管理部门和其他同行服务机构、相关行业协会对接交流，组织各类电子商务服务资源为农村基层电子商务发展服务。农村电子商务基层服务平台的主要建设内容可以归纳为打造“一店、一中心”。

“一店”：即村级电子商务体验店（服务点）。充分利用现有的“万村千乡”农家店、农村邮政局所（站）、村民活动中心、供销合作社基层网点、农民专业合作社、农村超市等现有资源，鼓励各行政村建立一个或多个村级电子商务体验店（服务点），着力提高农村电子商务服务站的覆盖面，实现农村电子商务“乡站、村点”服务全覆盖，突破农村信息瓶颈，为农村居民提供电子商务创业就业咨询服务和网络代购、各类产品销售、快递代收（发）及其他服务，逐步增加手机充值、水电费缴纳、车票代购、家政服务、创业、出行、娱乐等功能，带动农村特色产品销售，促进农民增收，推动传统商贸企业转型升级，搞活农村经济。

"一中心"：即乡镇级电子商务服务中心。在每个乡（镇）培养一个商业模式新、规模大、资源整合力强、辐射范围广的电子商务龙头企业作为实施主体，围绕农村居民生产、生活需要，建设覆盖本地的县乡村三级农村电子商务服务网络体系，实现网络代购、农产品销售及相关服务等功能。

65 我国农村地区应当怎样建设电子商务的信息通道？

答：电子商务最突出的要素是信息。从最开始的供求信息发布平台到今天以平台展示和分类搜索为主要手段的各大电商平台，都始终围绕着供需两端的信息对接展开，不同的是信息对接的方式。以淘宝为代表的电商平台的兴起，其中一个主要原因是对信息对接的改进。这种改进主要体现在两方面：一是消费者获取商品信息的便利程度不断提高；二是产品信息的不断规范和丰富，包括消费者所提供的评价信息。当然，除此之外还有支付手段及物流配送体系的完善等方面的原因，但淘宝等平台在发展之初，商品信息是普遍短缺的，正是由于其在信息对接方面的改进，才使平台上的商品信息迅速增加，进而使供需对接进一步改进，成为其迅速发展壮大的根本原因。并且这种信息对接的改进仍在不断发展，目前，包括微商、精准推送、大数据应用等在内的各种新变化或新趋势实际上都是为了使这种对接变得更加精准。从当前发展形势看，各大平台上的商品信息已经很丰富了，例如在这些平台上搜索某种产品，往往出现数十页甚至数百页的内容，因此，如何使供需对接更加精准，可能是电子商务下一个发展阶段要解决的主要问题。

对农村地区而言，信息通道的建设，一方面要完善当地的网络基础设施，并加强推广应用；另一方面要不断改进本地的供需信息与大市场的对接。这种对接的改进，一方面要加强与各种平台的对接，包括全国或本地的各种综合平台和垂直平台等，甚至可以根据需要搭建平台，当然这种搭建必须是由市场需求和市场主体来主导的；另一方面要在终端不断完善各种信息的采集、处理和对接。例如本地生产者应当积极采集和处理产品相关的信息，以满足市场和消费者的需求。对于本地消费者（农村贫困地区的消费者），要依据当地的具体情况帮助解决消费者对网络商品信息的获取和判别，如村级信息点的搭建、电商知识传播等。当然，信息通道的建设除了需要政府必要的引导和支持之外，更主要的是要依靠市场主体来主导和实施。

66 什么是农村电子商务的“最后一公里”问题？

答：农村电子商务的“最后一公里”，并不是指道路的最后一公里，而是指完成农村电子商务交易各环节中的最后一个环节。

电子商务由三个要素组成，信息流、资金流和物流。我国电子商务经过二十多年的发展，随着宽带网络的普及率和信息技术应用范围的不断提高，电子商务的各要素也已逐渐发展完善。当前，与信息流（以京东、淘宝等为代表的电子商务网站）和资金流（各大银行的网上银行和以支付宝为代表的第三方支付工具）相比，物流成为当前限制电子商务发展的瓶颈。

自 2014 年起，各大电商平台纷纷“下乡刷墙”，将渠道下沉到农村，将业务覆盖到农村，想让农村的居民像城市的居民一样，体验网络购物，并且享受到便捷优质的服务。但是在县域，居民因电商购物晚、消费能力弱、网络购物单价低、居住地相对分散等因素，使得各物流快递公司对农村市场“敬而远之”，要么只在县城设立站点，要么干脆暂时不进入农村市场。虽然邮政系统的物流配送站点广泛分布在国内的城市和农村，但是无论是购物体验还是配送服务，都无法满足当前电子商务快速发展的需求。

由于近年来国家实施网络强国战略，通信、宽带等信息基础设施已覆盖到多数农村，农村消费者可以方便地通过网络下订单，但是网购的货物从商家发货到抵达消费者手中却要耗费数日，处于西北和西南区域等偏远山区的消费者收到货物可能会长达一两个星期。物流因素成为制约县域电子商务发展的主要原因，尤其是从县城到乡、村的物流配送，也就是我们通常所说的农村电子商务的“最后一公里”。这里所说的农村电子商务的“最后一公里”，实际的道路距离可能会是几十公里。

“最后一公里”问题，是完成整个电子商务交易的最后一环。商家在这个环节上处理的成败，关系着电子商务交易的成败；顾客在这个环节上体验的好坏，直接影响着对电子商务活动的印象好坏。所以，要十分重视电子商务活动的“最后一公里”问题，重点解决“最后一公里”问题，使电子商务不论在城市还是在农村都能更好更快地发展。

67 如何解决电子商务中的“最后一公里”问题？

答：按照消费者所在地域的不同，可以将电子商务“最后一公里”问题分为城市和农村两种类型讨论。

一、城市电子商务的“最后一公里”问题

电子商务是在城市诞生并起步的，经过二十多年的不断发展，电子商务各要素持续完善。城市的“最后一公里”问题，指的是由于顾客忙于工作等原因，无法按时在家接收货物，从而影响整个电子商务活动的顺利完成。要解决城市的“最后一公里”问题，可以将小区物业处设为电子商务服务站点，或者在小区直接安放自提柜[①]，方便顾客下班回家时顺便取走货物。这样，既避免了快递公司大量新建配送站点，节约了建设资金，降低了运营成本，也方便了顾客收取货物，时间上较为自由。

二、农村电子商务的“最后一公里”问题

完成农村电子商务的“最后一公里”需要解决以下三个方面的问题：

（1）降低快递配送成本。农村地区地域广阔但电子商务单量较少，配送员

① 采用自提柜配送，是一种无人交接式的快递配送模式，配送员将订单货物放入智能储物柜中，顾客凭借信息凭证开启储物柜。

每送一单快递所付出的经济成本和时间成本都较高，这是造成农村电子商务“最后一公里”停滞的主要原因。在当前国家积极发展电子商务战略、开展电子商务进农村活动的形势下，可由地方政府出台政策扶持，给予专项资金支持，帮助物流企业将农村配送的成本降低，积极推动农村电子商务的发展。

（2）将物流渠道下沉至县乡村。我国农村地区地域辽阔、地形复杂，很多物流公司未将业务渠道下沉至农村地区，居住在农村的网购用户收取订单很不方便，有时要一两个星期才能收到订单，甚至有的用户要到县城去取货。因此，需要在农村地区搭建县、乡、村三级电子商务物流体系，联合多家快递公司进行合作，将渠道下沉至县、乡、村，将业务覆盖到农村。

（3）扩大网购用户群体。受到经济、习惯、地域等因素影响，农村居民还是习惯在实体店购物，在网上购物较少。电商公司应该加大在农村地区的宣传力度，使农村居民了解什么是电子商务，如何进行网络购物。还可以针对农村居民习惯“看得见、摸得着”的购物习惯，在县域开设电子商务购物体验店，将网页上的货物搬到线下实体店进行展示，让消费者看到实实在在的产品，让消费者实实在在地放心，并辅助消费者进行现场网上下单指导，最后由物流部门进行配送，让消费者体验到电子商务购物的便利，从而扩大农村的网购用户群体。

68 什么是农村电子商务物流？

答：物流是保证电子商务发展的重要因素，要在农村开展电子商务必须有完善的农村物流体系来支撑。农村电子商务物流体系主要指由农产品电子商务物流和农村物流共同构成的物流体系。农产品电子商务物流主要是指在电子商务环境中进行的农产品物流。具体来讲就是在各项电子商务活动中进行的农产品交易，包括农产品由供货方向需求方传递的整个物流过程。农村物流是指为农村居民的生产生活及其他经济活动提供包装、仓储、运输、装卸、搬运等相关一切活动的总称。在农村电子商务发展的过程中，二者相互支撑，共同为农村电子商务活动提供物流服务，决定着农村电子商务的整体发展水平。

农村电子商务物流在为农村电子商务服务的过程中，主要涉及终端用户、供货商、物流公司、乡镇物流中心四个要素。终端用户就是农村居民。供货商在此指的是在网上进行销售的各种商店。物流公司是电子商务能够迅速发展的支撑。物流公司能为供货商提供运输、包装、配送等各种物流服务。乡镇物流中心是农村物流系统的基础设施，其主要作用是用于仓储和配送，是将货物从供货商送往农村用户手中的枢纽。这四个要素共同构成农村电子商务物流系统，它们之间相互关联、互相影响。终端客户是这个系统的主要动力，终端用户的需求力决定着整个系统的运行活力。当终端用户的需求增强时，就会刺激供货商的增加。供货商的增加又会增大对物流的需求量，从而刺激物流企业的发展和竞争。农村物流量的增大必然会导致对乡镇物流中心建设的需求。相反，如果农村物流得不到发展，那么一定会影响农村居民对电子商务的需求，从而影响供货商的积极性。所以农村电子商务的发展能够促进农村物流的发展，而农村物流的发展状况也会影响电子商务在农村的发展。我们只有使系统中的各个要素都得到健康发展才能使得农村电子商务物流迅速发展。

69 农村地区应当怎样建设物流体系？

答：物流是电子商务的必要支撑。目前，农村地区普遍存在着物流体系不完善、物流配送成本高等问题，这极大地限制了当地电子商务的发展。

物流包括仓储、运输和配送。

农村地区的仓储设施相对欠缺，同时也普遍存在设施标准低和管理水平低等问题，其根本原因是由于需求量小。因此，仓储体系的建设和完善应当依据需求和发展趋势来推进，尤其是应当从充分利用和逐步完善现有的仓储设施开始，再逐步完善整个仓储体系，避免烂尾工程和不必要的资源浪费。同样，企业仍然是主体，政府主要提供适当的支持和合理的布局规划。

运输和配送最大的问题是道路交通设施的不完善和成本高。政府在不断提高道路通达率的同时，应当根据产业发展和市场需求优先完善需求较大和发展潜力较大的地区的道路交通条件，进而逐步完善整个地区的道路交通设施。在道路运输管理方面，应当尽快破解因收取过路费等短视行为对地区产业经济发展造成限制的困局，以舍小利求大发展的新思路来打开地区产业经济发展的新格局。另外，在农村地区，由于居民居住较为分散，不仅配送难度大，而且配送成本很高。目前，较为可行的解决办法是设置村级物流收发站，物流配送企业只需要与收发站直接联系，从收发站收取要邮寄的货物，以及将邮件送至收发站，以大大降低货物的运输配送成本。当然，解决方法也并不仅限于此。随着道路交通条件的完善，电子商务的发展，物流企业自然会采取各种措施来降低成本，满足市场的需求。

70 我国农村电子商务存在哪些物流问题？

答： 由于信息技术覆盖不全、缺乏物流服务、区域分散和农村市场主体知识素质不高等原因，在农村开展电子商务面临着诸多困难。其中物流服务的不完善是农村电子商务发展的瓶颈。我国现代农村物流业发展尚处于起步阶段，市场机制还不健全，物流企业处于小、少、散、弱的局面，偏远地区更加不在物流服务范围之内，难以形成有效的社会服务网络。而且传统的货运企业居多，真正的现代物流企业比较少。

受限于我国农村交通的运输条件，我国的农产品配送服务落后。随着我国农村经济的发展，农民消费水平的提高，消费需求的增加，农民的消费方式也在发生着根本性变化，农民对物流服务的需求也在发生着根本性的变化。但目前还没有找到一条完整的、高效的物流服务渠道。农村物流在发展进程中还存在着许多问题，主要表现在以下六个方面：

（1）交通环境落后，农村物流配送网络体系不健全。我国农村人口分布较分散，农村地域较广，交通环境落后是造成农村电子商务物流输送网络不健全、不完善的主要原因。目前大部分物流公司的配送网络只能覆盖到县级地区，下面的乡（镇）、村往往无法及时送达，对于一些较为偏远的地区更是无法送达。村民通过网络购物将订单交给供应商，供应商委托给第三方物流，而偏远地区的物流成本较高，很多物流公司都不愿意送货，因此造成了农村电子商务物流发展落后等一系列问题。

（2）农村消费环境差、信誉差。由于网络营销监管的不健全，一些假冒产品存在于网络平台，加上农村居民普遍文化水平不高，容易受低价诱惑而购买伪劣产品，从而对网络购物产生不信任感。另外，由于落后的观念，农民对电子商务支付的机制还不够了解，认为把钱支付给第三方机构不安全，也制约了农村物流的发展。

（3）农村物流发展的制度与政策不完善。目前我国农村电子商务物流发展还处于起步阶段，相关的制度和政策还有待进一步健全。融资制度、人事制度、社会保障制度等远远满足不了物流企业发展的需求，有些企业虽然提高了物流效率，但在内部和外部双重压力之下，制度和政策的缺陷制约了物流资源的再分配。

（4）信息技术落后。尽管近几年我国的信息产业得到了飞速发展，但在农村，由于网络和电脑的普及率较低、农村从业人员的素质不高、思想观念的陈旧、对网络信息资源的重视程度低等一系列原因，使他们难以准确把握农产品营销的最佳时机，难以实现利润的最大化。另外，以围绕农村电子商务物流发展的信息流、管理和控制技术也没有得到很好的应用。

（5）物流人才匮乏，资源整合效率低。虽然近些年我国电子商务物流发展取得了很大的进步，但在物流教育方面发展缓慢，围绕物流的教学和科研还处在初始阶段，人才匮乏也严重影响了我国农村电子商务物流的发展。

（6）物流基础设施落后，物流技术装备落后，物流运作成本高。虽然农村广大地区的路网建设不断得到完善，但是农村物流基础设施差、农村物流技术装备落后的问题依然存在，大部分农村物流设施建设未纳入农村基础设施建设规划，对农村物流投入不足，建设相对滞后。一方面，很多农村地区高等级公路数量少，不能形成交通网络，没有形成多式联运；另一方面，农业物流设施和装备的标准化程度低、机械化和自动化水平较低。

71 如何解决农村电子商务物流瓶颈问题？

答：我国农产品生产分散、规模小，流通效率低，应逐步建立起以信息技术为核心，以储运技术、包装技术等专业技术为支撑的现代化农业物流体系，促进农村地区电子商务的发展。构建完善的农村物流体系要尽可能地利用所有可利用的资源，把运输和信息传递拓展到各乡镇、各村落。电子商务物流的发展，需要高效的现代物流。在农村，发展电子商务物流还面临着诸多问题，但是电子商务物流的发展能大力推动新农村的建设。并且推动电子商务物流能同时带动物流的标准化建设，从某种程度上改善其他物流方式的弊端。若要更好地发展农村电子商务物流就要有针对性的方方面面的发展措施和有效的对策，促进农村电子商务物流的健康发展，同时要进一步加强和完善物流基础设施的合理布局，提高物流企业的管理水平，降低物流成本，加快物流信息化和网络的实现，加强电子商务物流人才的培养。具体措施如下：

（1）加强农村物流基础设施建设。加强农村物流基础设施建设关键要做好乡镇物流站规划工作。货运站是电商物流接口，农村电子商务物流站点是发展农村电子商务的重要内容。

（2）做好政策引导。制定促进农村电子商务物流发展政策，进一步优化农村电子商务物流发展环境，积极引导快递、第三方物流企业向农村发展，提高农村物流供给能力，降低农村物流成本。

（3）加强农村电子商务物流信息化建设。农村电子商务物流的发展需要一个为农产品交易提供平台的农业网络，使农民与基层的信息服务站、市场需求者进行有效的信息交流。通过信息平台的搭建，逐步完善农产品信息处理、发布以及市场信息咨询等服务，更重要的是要与电子商务、连锁超市、物流配送等方面的建设结合起来，对生产、流通各个环节进行正确指导。而在建设过程中，解决农民的上网问题是关键，政府的投入与扶持是保障，对各级农业信息管理人员的业务素质和工作技能的培养不容忽视。

(4) 确定试点企业。以市场为导向，以特色农村供销社及客运站为节点，选择发展较好的农村物流企业作为试点企业，培育扶持、发挥试点企业的示范作用。

(5) 加强农村物流网络体系的建设。农村物流由实体网络和信息网络两部分组成。实体网络总体框架根据三级结构：县（市）分拨中心作为农村物流的集散中枢，乡镇物流站作为农村物流的中间层节点，村设物流点作为农村物流的基层末梢。信息网络以建设农村物流公共信息平台为主要手段，通过三级分层建设、部门联通，吸引各方的需求和供给，解决农村物流信息共享的问题。

(6) 加强政策扶持力度。发展农村电子商务物流存在成本高、资金周转慢、回报率低、经营风险大等不利因素，政府应从资金、政策等方面给予支持，从而调动企业兴办农村电子商务物流的积极性。

(7) 培养和引进专业知识丰富的人才。发展农村电子商务物流需要具备专业知识齐全的人才，这类人才不仅具备进行信息采集、整理、分析，然后归类处理的能力，进行独立的电子商务平台综合操作的能力，并且具有对客户开发、管理和维护的能力。因此，应加大物流人才的培养和培训力度，鼓励各高等院校按照市场需求开办现代物流专业课程。积极引导大中型物流企业为高校提供实习基地，实现企业和学校共同培养高级物流管理人才和物流专业人才的良好模式。大力推广物流人才的在职教育，制定物流人才激励政策，积极引进国内外优秀物流专业人才。

72 如何搭建农村电子商务物流服务体系？

答：经过二十多年的发展，随着宽带网络的不断普及以及互联网技术的持续升级，电子商务发展到现在已基本解决信息流和资金流的问题，物流成为当前电子商务尤其是农村电子商务发展中遇到的突出问题。具体表现为“最后一公里”问题，在农村电子商务范畴内的解决办法就是搭建县、乡、村三级电子商务物流体系。

在县域，一般是以县城为中心，乡镇位于县城的四周，乡镇又由多个村庄组成。根据王振波等学者的研究表明，县域可达性与人口密度具有明显的相关性。[①] 也就是说，在县域基础交通（主要指公路）越通畅的地方，居住人口密度就越高，人口也越多；在基础交通越不通畅的地方，居住人口密度也就越低，人口也相对少。人口密度呈现出以县域中心（主要指县城）为最高，向四周乡村依次降低的现象。反映到农村电子商务的现实问题是：县城的网购客户多、订单多，交通便捷配送快，成本低；乡村的网购客户少、订单少，道路遥远配送慢，成本高。

搭建县、乡、村三级电子商务物流体系建设，是解决当前农村电子商务物流配送的最好办法。在县城设立县级电子商务服务中心，承担全县的电子商务信息处理中心、仓储中心、物流配送中心、体验店、售后服务中心等功能。快递包裹会先送到县级电子商务服务中心，根据订单信息再进一步分发。在乡（镇）可以设立乡（镇）电子商务服务站，主要承担全乡（镇）的物流配送功能。快递包裹由县级电子商务服务中心分发到乡（镇）电子商务服务站，再由乡（镇）电子商务服务站分发到村级电子商务服务站，最后由村级电子商务服务站负责将包裹配送到顾客手中。

根据电子商务在县域的交通、订单量等因素，县级电子商务服务中心一般为自建或专营，承担对全县电子商务运营的统筹指挥，要求配备专用办公场地、专用办公设备、专用办公人员。由于乡村的订单量相对较少，分布较为分散，乡（村）电子商务服务站可以采用自建模式，也可以采用与其他服务场所共建的模式，共享办公场地、公用办公设备、办公人员身兼多职。例如，可以将村级电子商务服务站设在村里的超市（或者小卖部）。超市是周围居民采购生活用品必到之地，也是人流比较多的地方，将村级电子商务服务站设在超市，既节约了另建配送服务站点的费用，又方便将包裹配送给顾客，又或者由顾客在来超市采购的时候顺便将包裹取走。

---

① 王振波，等．中国县域可达性区域划分及其与人口分布的关系［J］．地理学报，2010（4）．

73 如何建设农村电子商务物流配送服务中心？

答： 物流配送是制约我国农村电子商务加快发展的关键因素，我国经济欠发达地区一般都山高路远，物流成本高昂，严重阻碍农特产品上行。建设县级物流配送服务中心能够很好地整合资源、降低物流成本，更好更快地服务农村市场。

农村电子商务物流配送服务中心的建设分为两个方向，一个是对内，另一个是对外。

对内建设主要围绕农村电子商务双线流通渠道全覆盖，解决每个村电子商务服务点物流上下行问题。首先，要充分发挥邮政、“万村千乡”企业等市场主体点多面广的优势，依托龙头企业构建开放型农村物流综合信息服务平台，完成自身物流配送，同时开放市场化服务，完善准入机制。建立集仓储整合、车辆整合、货物整合、物流企业整合的县、乡、村三级物流体系。其次，要加强物流基础设施配套建设，优化物流节点布局，有效支撑电子商务的服务体系。具体工作可以包括：在现有的“万村千乡”企业或产业园区中升级改造具有一定规模面积的县级物流配送中心；在县城以外偏远乡镇建设小型物流配送服务中转站；建设能够适应物流配送及数据统计等工作的物流信息系统并运营维护；从商贸流通、供销、邮政和本地物流企业中选择合适的一家或几家企业开展合作，签订第三方服务协议，确定任务指标，定期考核，并将其纳入农村服务市场监管范围，对完不成指标任务或达不到示范要求者，予以资金收回并重新调整；对现有运力进行提升，对配送线路进行优化等。

对外需要形成物流集聚，通过将上行产品集中在电子商务配送中心，统一仓储、统一分拨，让社会物流能够快好省地进行干线配送，从而降低农特产品向外流通的时间和成本，提升效率，降低价格。

有了农村电子商务物流服务中心的带动，农户可以根据农产品购销合同和专业分工进行生产，按照合同确定的时间、品种、质量、数量、规格等要求将农产品销售给物流中心，不必承担直接与千变万化的市场打交道的潜在风险。这不仅使优质农副产品的销路得到保障，有助于大面积发展优质高效农业，而且也有利于形成区域规模经营和区域分工，对农村电子商务农产品的品牌化和标准化建设都十分有利。农产品物流中心是一条精心打造的各类无公害农副产品和绿色食品进入千家万户的绿色通道。作为农产品经营流通的主渠道，物流中心优质的服务管理、齐全的农副产品种类、严格的无公害检测制度，可以保证和丰富人民群众日益提高的生活需求。

一般而言，农村电子商务物流配送服务中心主要有以下几个方面的功能：

（1）信息服务功能，保证农村电子商务的信息流通。把市场、销售终端的有关信息直接反馈给基地、加工企业。在此基础上，加强农产品市场预警系统建设，对主销产品的生产、需求、进出口和市场行情进行监测、分析，为政府部门、生产者、经营者提供决策参考，以确保农村电子商务更好地对市场进行定位，进而取得进一步的发展。

（2）仓储配送功能，保证农村电子商务物流供应链的正常运转。鲜活农产品对物流设施的要求特别高，要有用于保鲜、冷藏和防疫等的物流设备。经过加工处理过的延长了保存期限的农产品，若需保持原有的属性和口味一般还要进行科学的技术处理。物流服务中心应有保鲜库、冷藏库等设施内的温控设备和防潮设备。只有这样，物流服务中心才能为会员企业、采购商等提供更好的第三方物流服务；为经销商、消费者提供优质高效的配送服务。

（3）质量检测功能，对农村电子商务产品质量进行监管。遵守执行国家制定的农产品产前、产中、产后及流通标准，要将标准贯彻于种植、生产、交易等每个环节，提升产品附加值，增强核心竞争力，从源头上解决食品的安全问题。为保证交易的农产品符合食品安全，中心可采取产地检测和进场准入检测的双道把关。这也是农产品物流中心与农产品批发市场的根本区别所在。

（4）展示交易功能，推行农村电子商务标准化。对所有会员电商企业实行标准化、信息化、一体化管理，全程化服务，具有质量终端奖罚追索功能，使之成为食品生产企业及绿色农产品生产基地的直面交易平台。农副产品的集散中心，也是各农业企业和消费者及中间商的一站式采购中心。

（5）包装加工功能。采用先进的科技，通过标准化的生产、加工、包装、储运和一体化管理，对农产品产品进行精深加工，确保质量和信誉，提升农村电子商务品牌的知名度。

（6）技术研发功能，为农村电子商务物流提供技术支撑。建立技术先进、管理一流的研发中心，为农产品生产商提供生鲜保鲜及深加工工艺技术以及技术培训等相关服务。

74 政府应当从哪些方面推动农村电子商务的发展？

答：自国家推动电子商务进农村工作以来，各地政府积极响应，纷纷出台新政策，探索新路径，实践新模式，也产生了一批国家级电子商务进农村综合示范县，起到了良好的带头示范作用。从这些示范县的经验来看，政府可以从以下几个方面着手：

一、政府领导高度重视

农村电子商务是一个系统工程，涉及农业、商务、工商、质检、运输、金融等各个环节，是一项多因素的复杂工作，任何一个环节出现问题都会对农村电子商务的顺利发展产生影响。发展农村电子商务，要把农村电子商务当做“一把手”工程来抓。根据各电商进农村示范县的经验，县领导都会高度重视农村电子商务工作，成立由县委书记或者县长为组长的电子商务工作小组，商务局、工信局、农业局、工商局、质监局、邮管局等各有关单位负责人为电子商务工作小组的成员。电子商务工作小组制定工作规范，定期召开会议，协调在开展农村电子商务工作时遇到的各种问题，并形成制度机制。

二、政府主导、企业参与

我国农村地区地域广阔，农民人口众多，人口结构多样，单一的物流配送模式不可能包打天下，任何一个物流公司也不可能独占市场。众多物流公司涌入农村市场，如何避免无序竞争，就需要由政府牵头，组织众多物流公司联合起来，成立电子商务物流企业协会，建立协调机制，形成有序竞争、积极合作的局面。大的物流企业的竞争力体现在其遍布全国的网点，业务能覆盖到国内大多数省、市和县。小的物流企业的竞争力体现在其渠道的深入，深耕本地市场，能够将业务覆盖到本地区的县、乡和村。在政府的指引下，各家物流公司可实现资源共享、优势互补，共建本地电子商务物流体系。

三、政策扶持、资金支持

据不完全统计，当前从事农村电子商务的公司超过2 000家，但是能够实现盈利的公司不到1%。一方面是轰轰烈烈的电子商务进农村运动，政府、企业、大学生等纷纷投入这一行业；另一方面是冰冷的现实，绝大多数企业都是不盈利的，甚至是亏损的。造成亏损的重要原因之一，就是农村物流成本过高。政府应该从扶持产业的角度出发，拿出政府资金对电商企业或者物流企业在农村物流配送方面进行价格补贴，每单快递的成本由企业承担一部分，政府补贴一部分，将快递费降到不高于城市的价格，以促进农村电子商务单量的增长，帮助企业尽早实现规模效益。

四、建立电子商务产业园

随着互联网经济的发展，电子商务对传统工业的转型升级作用愈发显著，一些传统制造业企业正在依托电子商务，对产业链进行重构，向现代制造业企业转变。同时，由于县域空间紧缺以及环境保护的需要，传统制造业发展受到限制。政府可以在原有工业区、旧厂房的基础上建立电子商务产业园，使电子商务产业链上的上下游企业集中在产业园中，既发挥了电子商务产业的集群效应，又避免了新建设施的资源浪费，有助于县域以低成本高效率地破解区域发展空间束缚，加快产业结构调整，推动产业升级。

五、完善电子商务支撑服务体系

农村电子商务的健康发展，除了需要搭建电商平台，完善物流体系外，还需要工商、质检、宣传、金融等部门的支持，前者是消费者“看得见摸得着”的，后者则更多的是提供服务支撑的，以此打通电子商务产业链，使电子商务交易顺利完成。政府要着重完善电子商务支撑服务体系，使政府服务能够适应线上交易的特点，提高政府服务水平，推动电子商务产业健康快速发展。

75 搭建县、乡、村三级电子商务物流体系有什么作用？

答：近年来，各家电商公司纷纷进入农村电子商务这一个蓝海市场，虽然市场空间广阔，但在实际运营中却遇到了不少的困难。农村电子商务与城市电子商务有很大的不同，它们的消费场景不同，消费产品不同，消费对象也不同。电商公司要根据农村的特点，建立适合农村电子商务发展的县、乡、村三级电子商务物流体系。其作用有以下五个：

一、区域覆盖广

很多电商公司在开拓农村电子商务市场时，往往将渠道下沉至县一级，很难覆盖到乡镇和农村，使得很多居住在农村的网购用户无法享受到电子商务的便利服务。由于订单量小、平均每单配送距离远等现实因素，使得农村电子商务物流体系非常不完整。努力在县域搭建县、乡、村三级电子商务物流体系，使电子商务渠道能够下沉至农村，进入到最基层的消费群体，扩大电子商务服务的覆盖面，有利于电子商务在农村地区更好地发展。

二、配送速度快

从公司的角度看，电子商务是一个系统的交易流程，包括交易主体、交易对象、交易环境、支付方式和物流配送等方面。从客户的角度看，电子商务是一个很简单的体验，就是线上下单，线下收货。收货这一个环节占到顾客体验的一半以上，在不考虑货物损坏的前提下，最直观的感受就是配送速度的快慢。搭建县、乡、村三级电子商务物流体系，可以使货物更快、更有效率地进行衔接和配送，缩短配送时间，提高顾客购物满意度。

三、物流成本低

农村电子商务市场潜力巨大，但是投入也大，反映到物流上就是要在整个农村区域布局配送站点，这样才能推动电子商务渠道下沉到农村。但是这样做的成本很高是显而易见的。搭建县、乡、村三级电子商务物流体系，使多家物流配送公司合作成为可能性，由全国性的电商平台负责干线运输，而本地化的电商平台负责支线运输，将货物从县城运到乡村，可有效地降低物流体系建设成本。

四、避免重复建设

农村电子商务是一个巨大的风口。俗话说，“舍不得孩子套不住狼”，各大电商公司在进军农村电子商务市场时，也都豪爽地砸出了重金去建设电商物流体系。在有些地方，A电商公司自建一个电子商务物流体系，B电商公司也构建了一张物流配送网络，更不用说还有众多大大小小的电商公司都在进军农村市场。如果每家电商企业都在农村建立一套自己的物流体系，不仅对企业是沉重的成本，而且对全社会也是巨大的资源浪费。搭建县、乡、村三级电子商务物流体系，通过统筹管理，做到干线物流与支线物流的有效协调，使各家电商公司优势共享、资源互补，能够实现全社会的效率最大化。

五、有利于农产品上行

电子商务进农村，不仅可以将家电、日用品等工业品从城市运送到农村，更重要的是可以将绿色环保的优质农特产品从田间地头运送到城市居民的餐桌上。农产品与工业品的一个很大区别是，工业品一般无保质期或保存期很长，而农产品的保存期相比较则要短得多，其多则两三个月，少则几天。例如，手机配送不用太多地考虑时间问题，即使配送延误也不会导致手机损坏。但是葡萄、荔枝等的保鲜期很短，如果配送延迟几天就可能在包裹里坏掉，所以必须考虑时效性问题。搭建县、乡、村三级电子商务物流体系，能够实现资源有效对接，提升配送时效性，为农产品走出农村创造有利条件，有利于农产品上行。

76 如何破解农村电子商务农产品供应链难的问题？

答：现阶段农村电子商务供应链主要存在产品质量欠佳、产品价格没有竞争力、物流配送速度较慢等问题。进一步分析可以发现，引起这些问题的原因是由于农村电子商务供应链在采购、信息、库存和物流上的管理仍然没有到位。因此，需要对农产品供应链进行优化改进，具体可以从以下几个方面来着手：

（1）销售服务目标的优化。由于农产品储存时间不长等特点导致其电子商务不同于传统电子商务。农产品供应链管理需要满足以下四点要求：一是保证消费者在购买产品时有广泛的选择权；二是保障农产品的安全；三是在客户提交订单后，应该尽快为客户配送；四是在农产品配送过程中应该保证农产品的质量。对于农村电子商务供应链管理者来说，要想实现这一个目标，其首要任务是了解客户的心理，以满足客户需求为首要目标。

（2）采购环节管理的优化。建立农产品的直接采购渠道，可以有效提高电子商务平台的采购效率。其优点主要表现在：一是降低中间环节的复杂性，提高了电商平台的效率；二是根据季节改变产品的类型，避免了产品单一的问题；三是可以提高对农产品的质量检测能力，保障了商家的信誉。

（3）农产品信息管理的优化。在农村电子商务供应链管理中建立一个电子商务平台可以有效整合供应链上各个节点的信息。要想保障电子商务供应链信息的完整性，农产品信息管理必须含有网络沟通系统、产品信息咨询系统、产品供应系统、后台查询系统、网上支付系统、订单处理系统、供应商管理系统、客户管理系统、库存管理系统、物流配送系统等。另外，它还要适合我国的电子商务环境，能保障在平台购物时各个部门能有序地协调。

（4）农产品库存管理的优化。农产品的库存管理在电子商务供应链管理中占有很重要的地位，它直接影响客户的满意度，因而农产品的物流配送中心应该设置冷藏库，但是单独设立冷藏库会直接降低仓储效率。为了解决这一个问题，应该选择与其他商家合作的方式，选择联合库存管理。这样可以充分保证供应链上各个节点的协调性。

（5）农产品物流管理的优化。农产品生产完成后，应尽快运送至加工中心，做好后期加工工作。然后放到适宜的仓储环境，再采用冷链运输送至最终的消费者。应该根据不同的产品制定最适宜该产品的加工流通方式。

（6）电子购物平台农产品加工配置管理的优化。电子购物平台农产品加工配置系统不同于其他产品的加工配制系统。由于农产品的特殊性，拥有完整的冷链物流配送体系是基础，要提高农产品初加工能力，高频率的配送是产品质量的保障，所以物流配送中心应该尽量采取少量多批次的配送方式。虽然这种方式会增加企业的运营成本，但是却提高了产品的流动能力，降低了仓储的风险。电子商务企业选择何种加工配送方式至关重要。一般而言，电商可以根据企业农产品的实际运行情况来选择。若电子商务平台具备较高运营能力且资本雄厚，可采取自产自营加工配送的方式。

77 当前农村电子商务发展中面临哪些人才瓶颈？

答：农村电子商务发展中，人才依然是最大的瓶颈之一。农村本来人才稀少，特别是青壮年劳动力外出打工比较集中的县域，电商发展面临非常严峻的人才短缺，具体来说有以下瓶颈：

一、传统农民改变难

农民是农村电子商务的主要参与者，是主体。农村电子商务实质是一次农业产业链的重塑和资源的重新整合，其目标是要实现农村信息化、农业现代化。“互联网＋农民”新模式要求农民解放思想、转变思维方式；要求农民理解大市场，理解用户需求，用C2B的模式来组织生产；要求农民掌握农业技术，培育少用甚至不用化肥的农业种植技术；要求农民学会网购网销等。这是一个庞大的教育工程，受观念、文化水平等限制，传统农民向新型职业农民改变非常难，需要长期的教育和影响。

二、网商培育长大难

县域通过政府购买服务、组织师资开展网商培训不是一件难事，通过培训使普通农民成为会开网店的小网商也并不是很困难，但要将这些小网商培育成大网商和电商企业却很难。首先，由于电子商务行业变化快，各种新技术、新方法不断涌现，玩法多变、高淘汰率是其特点，网商们需要不断地学习新知识、新方法，需要具备超强的学习意识和能力，边学边做，边做边学。其次，农产品相对于工业品而言，具有非标准化、非商品化、周期性、分散等特点，而且农产品电商产业链条长、物流要求高，需要强大的服务体系支撑。目前，农村的电子商务服务体系不健全，在供应链管理、农产品文创、冷链物流等方面都非常薄弱，网商们缺乏服务体系支撑，农产品电商运营艰难。再次，很多网商为电商而电商，把农产品电商做成了单一的第三方渠道卖货甚至只会开淘宝店，缺乏市场分析、用户定位，缺乏渠道开发、社交媒体传播能力，销售渠道狭窄，生存发展困难，随着第三方平台流量成本的提高，小网商成长受限。最后，在县域，网商们学习机会少，天生处于竞争的劣势。因此，政府一方面需要快速健全本地化的服务支撑体系，另一方面要为网商们提供不断成长的运营技能培训，建立各种学习渠道和圈子。

三、引进服务商“服水土”难

很多县域在电商发展中希望通过引入东部地区有一定经验的服务商来承担本地电子商务综合服务，甚至乐观地认为只要引进了“高手”，农村电子商务这盘棋就下好了，这件事就大功告成了。有些县域领导甚至在全国范围内遍寻优质服务商，把县域农村电子商务的未来寄托在某个服务商身上。实际上，县域电商服务的复合性、综合性、实战性要求高，东部电子商务相对发达地区的服务商确实有一定的运营经验，而且在与县域领导沟通时也很会“画图”，但到了县域却易水土不服。往往表现为对县域情况了解不够，困难估计不足，县情人情不适应，套用原有经验而收效不高，项目落地操盘难，自身运营发展困难，靠政府补贴维持……而政府则希望服务商能够帮助县域把农村电子商务做起来，把产品销出去，把特色馆运营好，帮老百姓增收致富。服务商水土不服，政府与服务商之间的信任度受到影响，最后出现服务商匆匆撤离，县域农村电子商务发展付出了时间成本与资金成本。

如何破解这个难题，需要政府树立一个重要的理念：县域农村电子商务的发展，需要培育本地化的服务商和建立本地化的服务体系。初期要擦亮火眼金睛，引进真正能深耕本地市场的服务商，达成合作，通过服务商引入培训资源以及其他的资源，带动本地服务企业成长，建立本地化的服务体系，构建县域农村电子商务发展的生态系统。

四、传统企业转型难

县域经济的主要支撑主体依然是当地企业，因此，引导传统企业涉网触网，实现互联网转型是发展农村电子商务的关键。传统企业转型过程往往会经历“看不见、看不清、看不起、看不懂、来不及”，受制于传统思维，受制于对互联网经济趋势认识不够，受制于看不懂趋势，也受制于企业团队力量不足，市场竞争力不够，对转型电商信心不够，传统企业要实现真正的互联网转型困难重重。要破解这个难题，一方面需要企业自身能看懂大势，要有“壮士断腕”的决心和勇气；另一方面需要县域政府通过各种形式对传统企业转型进行思路上的引导，帮助其解决人才缺乏等问题。

五、人才留住难，引进更难

县域好不容易通过培训培育，通过树典型、扶榜样，让部分年轻人成长起来了，但受制于产业基础、经济环境、生活环境、人文环境，“人往高处走”等思想，人才流失现象大量存在。

具体现状表现为：企业人才招聘难，留住难；招聘渠道单一，成本高；传统企业人力资源部门不能很好地适应转型的要求，对电商人才缺乏相应的评价标准；高校电子商务专业学生培养与社会需求脱节，导致一方面企业招不到人，而高校毕业生毕业等于失业；电子商务岗位工作压力大，淘汰率高，导致企业留人困难，队伍不稳定。2015 年中国电商企业人力资源部门困扰问题如图 3－4 所示。

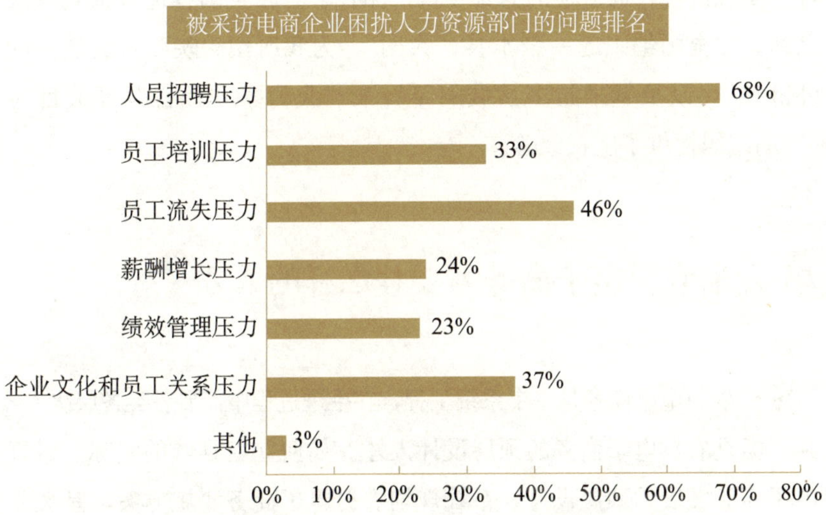

图 3－4　2015 年度中国电商企业人力资源部门困扰问题

注：资料来源于中国电子商务研究中心。

由于缺乏对电子商务从业人员的综合管理和评价，各种培训机构、认证机构林立，缺乏统一的行业评价标准，使得电子商务人才的真实性难以准确验证，用人单位招人难、用人难、留人难。同时，电子商务从业人员普遍年轻化，社会阅历、知识结构等不足，客观导致了一些从业人员出现了恶意跳槽等行为。

在政府高层次人才引进方面，同样有各种条件的限制：一是县域本身的交通、教育、文化等基础条件落后，这在短期内很难改变；二是政策瓶颈，电商人才是一个新兴的“物种”，还没有专业技术职务职称评定标准，原有高层次人才评价标准（教授、博士、高级工程师、经济师等）不适用，不能使电商人才享受政府给予的住房、孩子教育、薪资补贴等人才政策，从而导致人才引进困难，农村电子商务发展陷入人才短缺与电商产业发展缓慢双重制约的恶性循环中。

破解这一个难题，需要政府创新人才政策，根据电商人才所在企业及个人创造的价值将其纳入创新创业人才序列中，与高职称人才同样享受政策待遇。二是需要政府树立人才“不能为我所有，但求为我所用”的理念，乡里乡外链接，充分用好本县在外的创业、打工、求学等各类人群，利用移动互联网提供的平台，实现链接，通过他们为家乡农产品代言，在全国各地传播县域农产品公共品牌，在全国编织起一张本县“人网”，为我所用。陕西省武功县的“乡里乡外链接”，以及越来越多县域的年轻人“我为家乡代言”等项目为县域“人网”的编织提供了宝贵经验。

78 发展农村电子商务需要什么样的人才？

答：农村电子商务是一个系统工程，在推进过程中需要各类各层次人才。

第一类是农村电子商务的顶层设计人才。如何立足县域的实际，做好县域农村电子商务发展的顶层设计，系统规划农村电子商务实施方案，是关系农村电子商务发展的大事。这类人才需要有一定的电商发展理论与区域经济理论，有宏观思维和系统架构能力，熟悉农村电子商务发展的现状、趋势，熟悉国家政策，更需要对县情有充分的了解。农村电子商务的顶层设计规划一般由团队共同完成，团队成员一般由农村电子商务领域专家、主管领导、综合服务商等成员构成。

第二类是综合服务商。构建本地化的服务体系是农村电子商务发展的关键环节，综合服务商是县域农村电子商务发展规划的落地实施主体，综合服务商也是农村电子商务公共服务中心的运营主体。综合服务商一般需要提供公共服务中心运营、农产品供应链建设、农产品营销策划、人才培训等服务。综合服务商具有平台企业特征，可以整合对接专业的服务机构共同做好农村电子商务服务。

第三类是专业服务商。农村电子商务发展需要构建生态体系，电子商务服务业是电子商务交易的服务支撑，包括支撑服务与衍生服务。专业服务商是指专门从事某一领域的电商服务提供者。电子商务服务业如图3-5所示。

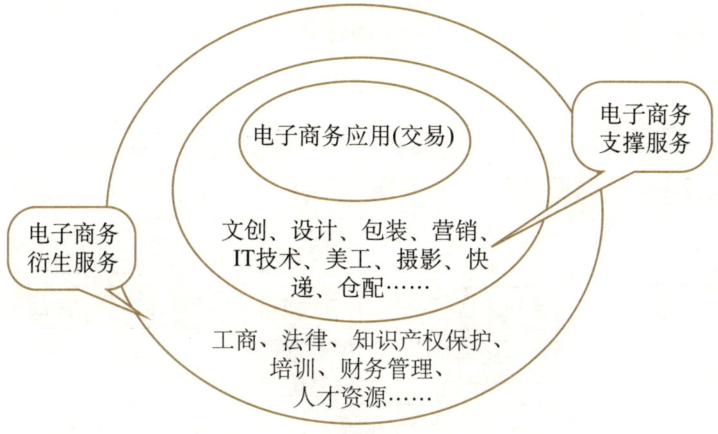

图 3-5　电子商务服务业

第四类是电商企业岗位技能人才。其主要是指在新兴电商企业或传统企业电商部门从事专业岗位工作的技术人才。根据电子商务运营流程和岗位布局，初创型电子商务企业的主要岗位有数据分析与产品规划、美工设计、推广专员、客服、仓储配送等。随着电商企业的发展，在供应链、视觉设计、渠道开发等方面将不断细分和拓展岗位，还需要懂得供应链管理，生产管理的人才，以及跟各大平台进行渠道对接、渠道拓展等人才。岗位分布示例如图 3－6 和图 3－7 所示。

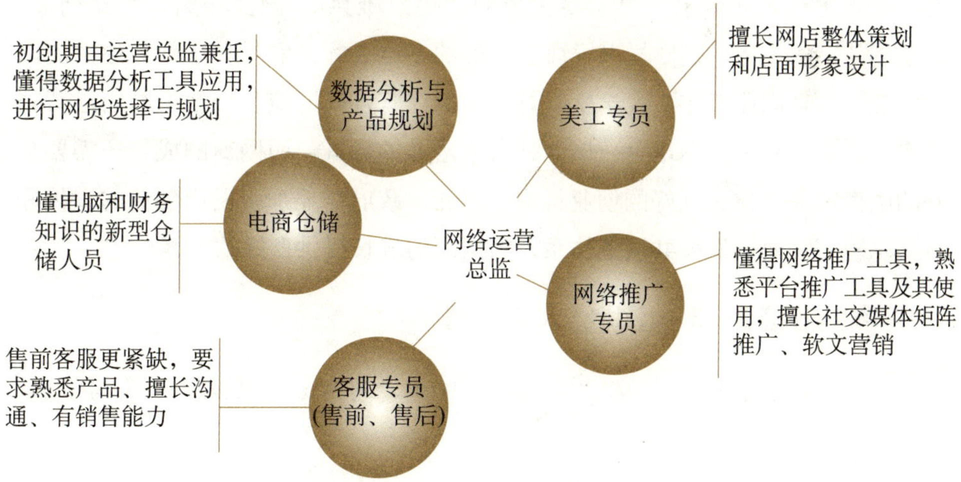

图 3-6　电商企业基础岗位分布示例

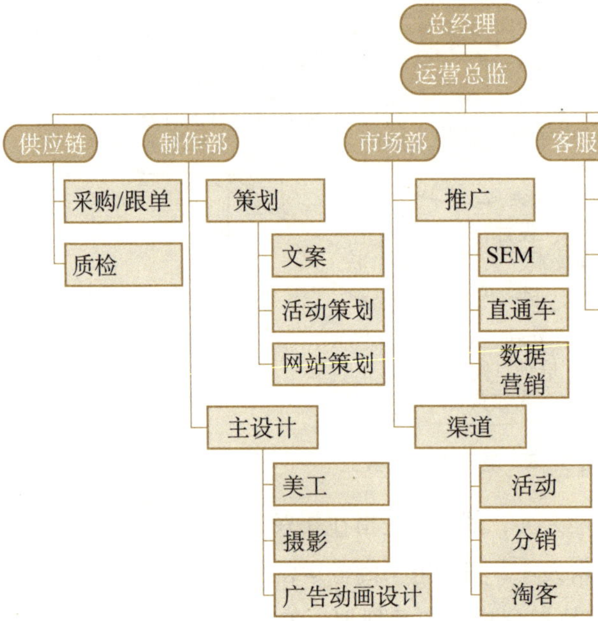

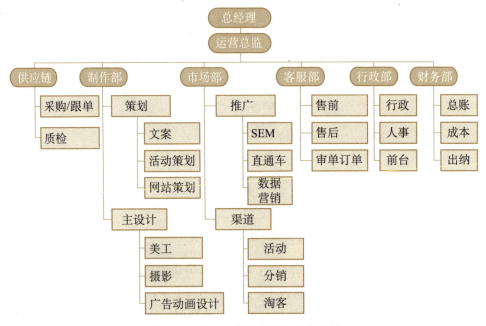

图3-7　电商企业拓展岗位分布示例

第五类是网商人才。其主要是指依托各类平台，包括在微信、微店及各类社交平台进行农产品网络销售，开展网络自主创业的人才。农村电子商务发展，需要龙头企业带动，更需要大量的“蚂蚁雄兵”。网商作为“大众创业、万众创新”的主体，是农村电子商务发展的基础人才。农村电子商务的主流网商一般是返乡创业青年、大学生以及大学生村官。政府应积极组织网店运营技能实操培训，开展网商培育。培训是人才培养的导入，而网商的成长还需要良好的电商产业支撑和良好的创业氛围。因此，政府需要加强网商创业的宣传和典型示范，需要做好公共服务体系，为网商的成长提供良好的土壤。

资料链接3—3　山货红人王小帮

王小帮[①]，从一名“北漂”农民工，到吕梁山区里的农民淘宝卖

① 真名叫王志强，1978年出生，山西省吕梁市临县木瓜坪乡张家沟人，因为热心肠，经常为别人提供小小的帮助，所以成为大家心中的“小帮”。

家，再到阿里巴巴在纽交所上市的8位敲钟人之一，他的人生轨迹描绘了一位普通农民如何开展农村电子商务实现脱贫致富的历程。

2008年，一本《网上开店创业手册》让王小帮接触到了淘宝，他给自家接通了网络宽带，开起了淘宝店。王小帮面临的第一道难题是卖什么。村前村后除了山就是沟，县城里连个批发市场都没有。经人提醒，既然在山里住，那就“坐山吃山”呀！满山的红枣、核桃取之不尽，卖的就是绿色、无公害、无污染的食品。第二个难点是怎么卖。能吃苦的王小帮就骑着自行车往返于村里和县城之间寄包裹，网上客户订了货，他马上包装好，送到邮局用平邮包裹发出。生意在平平淡淡中度过了4个月，到了2008年年底，王小帮一盘点，盈余几千元。虽不多，但这坚定了他继续在网上开店做生意的信心。他的坚持在2009年获得了丰收。这一年，他成为淘宝红人，他的网店冲上了四钻级别①。2014年，王小帮的网店年销售额达到了800万元。②

小米、绿豆、玉米、土豆……这些充满吕梁气息的山货走向全国，走向世界。王小帮用一根网线所改变的，已不仅仅是将张家沟村和全国的大城市紧紧地联系在一起，更是以王小帮为代表的一批“农民网商”在互联网时代构建了一个全新的生态系统。

资料来源：闫杰．大智若愚王小帮．(2012-04-17)［2017-02-05］. http：//www. sxrb. com/sxnmb/jb/2856584. shtml.

79 高校如何为地方农村电子商务的人才培养服务？

答：高校是人才培养的摇篮，是人力资源的聚集地，县域政府要充分利用高校资源培养农村电子商务人才。但目前高校的电子商务人才培养往往不能

① 淘宝网店的等级之一。

② 山西农民报．扎根农村再创业　助民脱贫奔小康．(2017-01-24)［2017-02-05］. http：//mt. sohu. com/20170124/n479506329. shtml.

适应企业电子商务发展的需要。虽然全国有很多高校开设了“电子商务”“网络营销”等专业，但是人才培养的内容和模式存在一些不足：一是培养的内容大多过时，与现在电子商务发展情况脱节；二是理论教学较多，实践应用机会较少，学生的动手能力较差，毕业后大多需要重新再学。

随着国家发展农村电子商务各项政策的出台，各地农村电子商务发展如火如荼，给高校的农村电子商务人才培养服务提供了机会，更提出了要求。要发挥高校在农村电子商务人才培养中的作用：一是高校要破除学校与企业之间围墙，开放办学，产学研合作，把人才培养与区域经济发展协同起来；二是高校要创新人才培养模式，创新学籍管理和学生日常管理，探索电商人才培养新途径新方法，鼓励教师和学生创业创新，为其创造宽松良好的环境；三是高校教师要主动融入行业企业，投入农村电子商务发展的一线，在做中学、学中做，把自己打造成具有行业影响力的名师；四是政府要给予高校信任和压力，充分发挥高校人力资源、场地、硬件设施等有利条件，使其承担农村电子商务发展人才培训的重要任务。

资料链接3—4　一所学校和一个县域电商百佳县

义乌工商职业技术学院是义乌唯一一所地方高校。10年前，这所学校的学生自发利用课余时间依托淘宝平台自主创业。2009年，学校成立了创业学院，在“市场营销”“物流管理”“电子商务”“计算机信息管理”四个专业进行创业人才培养试点，目前聚焦于学生电子商务创业。全校近万名学生中开设了1 800多家网商。学校2010年获阿里巴巴最佳网商摇篮称号，并获批为浙江省首批创业型大学试点院校。

学生创业，倒逼着学院进行政策创新和管理创新。学校出台政策，同意学生网店达到一定经营规模后可以申请外住，每学期可以用电子商务创业实战成绩申请替代4门相关专业课程的学分，围绕创业开展各种灵活多样的课程教学与考核等。本着“同学同创、同创同学”的理念，教师与学生共同运营店铺，共同成长，打造了一支全国高职院校实战能力最强的师资团队。

义乌工商职业技术学院的学生一般申请外住在义乌青岩刘村，这带来了青岩刘村的网店集聚、电商服务企业集聚的现象，造就了今天的“中国网店第一村”，也促进了义乌电商的发展。2015 年，义乌电商交易额达到 1 500 亿元，位列县域榜首。该学院不仅承担了义乌电商人才培训“230”工程，也承担了全国各地的电商培训，从政府部门的“县域电商趋势与机遇”理念培训到网商实操技能培训，近 3 年服务了全国近百个县两万多人次，帮助各地培训网商近 4 000 名。2016 年成立了义乌市创业学院，为全国的电商创业者提供公益培训。

义乌工商职业技术学院之所以能够在高职创业教育方面走出一条独特的路，是因为学校领导思想解放，从实际出发，想一心一意做好电商人才培养，也与老师们的辛勤付出、努力钻研、深入实践有关。高校只有主动变革、拥抱变化、创新人才评价机制，才能在农村电子商务发展中有所作为。

80 农村电子商务人才培养需要什么样的支撑系统？

答：在农村电子商务人才培养过程中，政府常遇到类似这样的难题：培训容易培养难，培养容易留住难。虽然花了不少时间、精力、资金做培训，也很重视人才培养，但本地化的人才队伍就是很难成长，难以满足电商发展需要，人才的培养与电商的发展形成恶性循环，农村电子商务发展面临困难与瓶颈。

因此，我们不能就人才问题谈人才，就人才培养本身解决人才问题，需要跳出人才问题看人才培养。人才犹如树苗，成长需要合适的土壤、充足的阳光、水、肥料等，因此，县域需要为人才培养提供良好的支撑系统，做到以下几个协同：

一是人才培养与电子商务产业培育协同。政府在推进农村电子商务发展中既不能缺位也不能越位，定位要明确，通过提供公共服务，做企业、网商们做不到、做不了的事，通过公共服务体系的完善培育电商产业。例如，义乌市政府在推进义乌电商发展中有所为，有所不为，主要解决市场和单个企业解决不了的问题，如在2010年重点解决物流场地限制和网商仓储场地问题，2012年重点推进与敦煌网合作的“全球网货中心”战略项目，2013年将重点放在人才培训、园区建设、跨境电子商务培育等方面。政府的一系列举措，引导着市场向政府希望的、合乎发展规律和未来趋势的方向走。“政府之手”主要是做好县域电子商务战略规划，为电子商务发展提供组织保障，制定电子商务发展系列政策，提供人才培训等公共服务等。因此，政府应通过降低物流成本、解决网货供应链、提供培训等措施来培育电商产业，打造网商集聚洼地，通过产业的发展来吸引人才，留住人才，让人才茁壮成长。

二是人才引进与政府政策创新协同。如前所述，县域很难引进高层次人才，除了经济发展、人文居住环境等方面本身相对薄弱外，在人才引进政策方面创新不够是很重要的原因。如高层次人才常规是按照学历、学位、职称来评定，而电子商务的大卖家、服务商、运营官大多是“90后”的年轻人，不具备高学历、高学位、高职称的“三高”条件，现行政策下，无法享受政府关于高层次人才的住房、教育等优惠政策，自然很难引进。因此，政府需要根据电商发展所需人才的实际，进行政策创新，不拘一格引进人才。

三是人才培养与电子商务氛围营造协同。人才的成长需要浓厚的电商氛围，创业者是孤独的，电商发展路上会遇到各种困难和瓶颈，需要来自家人、朋友、同事甚至是旁观者的支持。“大众创业、万众创新”首先是一种浓厚的创业氛围的营造，在这样的氛围中，从业者可以汲取精神力量，克服前进中的困难。因此，政府要加强对社会大众电商理念与基础知识的普及，开展创业创新大赛，开展各类评比，创新各种活动，加强典型人物和事件的宣传。如义乌市2015年开展“创业新锐奖”评选，把入选者打造成大街小巷、铁路、公路黄金广告位的明星；安徽省开展十大新锐网商评比；丽水市开展各种网店运营技能大赛，这些都为当地电商发展营造了浓厚的氛围。

四是县域之间的协同。县域之间通过合作，可以实现“货”与“人”的优势互补，电商发展后起的县域可以引入东部相对发达地区的运营团队，通过股份合作的模式实现西部的供应链与东部的运营合作。让东部的运营团队与欠发达地区的运营团队相互传帮带，帮助企业培育孵化运营团队等，实现县域之间合作联盟，优势互补，不拘一格，共同成长。

81 农村电子商务人才应该谁来培养？

答： 发展农村电子商务，要人才先行。根据很多县域农村电子商务人才培养的经验来看，在发展初期，主要通过政府投入、购买服务的方式来进行培训。要培训先行，从培训到培养。

一、谁出钱？

（1）政府购买服务。采用政府购买服务进行电商人才培养的资金来源主要有三种情况：获得商务部电子商务进农村综合示范县建设项目的县域，在中央财政支持的专项资金中，有一定比例的人才培训专项资金；未获得示范县建设项目的县域，政府需要整合人社局、共青团、妇联等部门原有的人才培训经费，将资金归拢，统一使用，集中用于电子商务人才培养；如果财政资金允许，建议政府预算专项资金，如义乌市政府 2013 年确定“电商换市”战略，将发展电子商务作为县域经济发展的战略性先导产业，预算近千万的专项资金开展人才培训“230”工程，即 2 年培训 30 万人次。

（2）市场化培训。市场化培训经费由受训者个人或企业出资，按照培训需求，选择合适的培训机构和培训课程。

二、谁出力？

（1）组织者。政府购买服务开展电子商务培训的组织者，一般由商务局、人社局、共青团、组织部等政府职能部门来承担，做好人员组织、场地落实、培训机构遴选等；也可以委托农村电子商务县级公共服务中心、乡镇服务站点、各类综合服务商或专业人才服务商做好培训的组织工作，包括师资对接、人员报名组织工作、场地、会务等。

（2）培训机构。培训机构是农村电子商务人才培养的重要力量，目前培训机构主要有以下两类：

综合服务商的培训部门。综合服务商承担了农村电子商务推进的服务体系建设，人才服务是其中非常重要的内容。如浙江丽水讯唯电子商务有限公司的培训部门，不仅为浙江丽水本地培养人才，还面向全国组织开展农产品上行等专业培训。

专业的培训机构。其是指专门从事人才培训服务的机构。例如，阿里巴巴成立了淘宝大学及其在全国近200家的授权机构，京东、苏宁等平台也成立了独立的培训机构，还有各地从事电商人才培训的专业机构，如合肥半汤商学院、浙江义乌焦点电商学院、上海万花筒教育科技有限公司等。

资料链接3—5 农村电子商务人才培养的“新物种学院”——合肥半汤商学院

合肥半汤商学院成立于2016年5月20日，是由一群县域电子商务、农村电子商务、电商扶贫、乡村重建的研究者与实践者发起，由安徽合肥巢湖国家经济开发区和安徽淮商集团共同出资成立的一家民间教育研究机构，以“根植农村沃土、融合传统与未来，研领中西商道，铸造现代乡学”为办学理念，以“崇学、求真、融合、致远”为校训，学院致力于乡村和县域经济发展研究，以“传统商贸转型与农村电子商务发展”县长电商研修班为起点，围绕“互联网＋流通、农村电子商务、农旅结合、乡村重建”等领域开展培训、研究，并搭建上述领域交流、研讨的开放平台。商学院通过开展“学术研究、专题培训、主题论坛、政府咨询、规划”等方式为传统经济转型、乡村重建提供智力支持。截至2016年12月25日，已开设政府研修班13期，全国24省近800名学员参加培训；为河北邯郸、河南博爱、安徽六安、甘肃陇南等地政府定制培训近2 000人次，为河北南皮培训网商130余名。目前，半汤商学院开设“半汤公开课”和“县域定制班”两大培训体系，为农村电子商务人才培养提供专业化的服务。

资料链接3—6　合肥半汤商学院培训课程体系

一、半汤公开课（见表3-1）

表3-1　半汤公开课表

类型	内容	对象	规模(人)	时间	地点	备注
县长电商研修班（培训＋游学＋共创）	县域电子商务理念、趋势政策解读、顶层设计规划	县长、书记、职能部门领导、乡镇村领导等	50	3～5天	半汤商学院	所有研修班都含“电子商务人才培养体系建设”内容模块
县域电商（农村电子商务）业务培训（培训、考察＋共创＋资源对接）	电子商务进农村综合示范县建设专题培训	示范县建设领导小组、政府各职能部门、承办企业等	50	3～5天	半汤商学院	
	电商扶贫专题培训	县长、书记、职能部门领导、乡镇村干部、驻村干部、传统商贸企业、龙头电商企业等	50	3～5天	半汤商学院	
	农产品上行	职能部门领导、乡镇村干部、传统商贸企业龙头、电商企业等	50	3～5天	半汤商学院	
	“电商＋乡建”农旅结合与美丽乡村建设	职能部门领导、旅游企业、乡镇村干部等	50	3～5天	半汤商学院	
	县域公共品牌营销	政府领导、各职能部门领导、电商龙头企业、乡镇村领导等	50	3～5天	半汤商学院	
	传统企业转型电子商务培训	供销、邮政、商贸流通企业、专业市场、传统企业负责人等	50	3～5天	半汤商学院	

二、县域（农村）电子商务内训课（定制培训班，见表3-2）

表3-2　半汤内训课表

类型	内容	对象	规模	时间	地点
领导干部电子商务培训班	县域电商发展趋势与机遇（理念、政策、顶层设计、人才培养等）	县域领导班子成员、职能部门主要领导、乡镇领导、龙头企业等	县域根据需要确定人数	2天（1天调研＋1天培训），也可根据县域需要确定时间	各县市
县域电商（农村电子商务）业务培训（调研＋培训＋资源对接）	农产品上行	职能部门领导、乡镇一把手、传统商贸企业、龙头电商企业			半汤商学院或各县市
	电商扶贫专题培训	县长、书记、职能部门领导、乡镇村干部、驻村干部、传统商贸企业、龙头电商企业			
	“电商＋乡建”农旅结合与美丽乡村建设	职能部门领导、旅游企业、乡镇村干部等			
	县域公共品牌营销	政府领导、各职能部门领导、电商龙头企业、乡镇村领导等			
	传统企业转型电子商务培训	供销、邮政、商贸流通企业、专业市场、传统企业负责人等			

续前表

类型	内容	对象	规模	时间	地点
电商技能实操培训	网商培训与培育（微商培训）	大学生村官、大学生返乡青年、传统企业等	50～60人/班（可平行可连续）	4～8天（也可根据县域需要确定时间）	各县市（联合义乌工商职业技术学院电商创业学院师资）

（3）高等院校。高校是人才培养的主要机构。随着农村电子商务的发展，一方面部分高校的电子商务专业增设“农产品营销”“农产品电商”等课程，为农村电子商务培养专业人才；另一方面高校尤其是职业院校（高职和中职）承担了地方政府委托的人才培养的任务，提供场地、师资，组织实施各种培训。如河北南皮县职教中心，承担了南皮县网商培训的任务。

（4）师资。从事农村电子商务人才培养的师资主要有培训机构的专业讲师、高校教师、企业内部讲师和个体讲师。电子商务是一个新兴行业，各类师资也都是从原有的岗位转型而来的，各自的职业背景不同、专业结构不同，一般来说，高校教师理论能力较强但实践经验相对缺乏，企业内部讲师实战经验较为丰富但教学方法相对较弱。

资料链接 3—7　《农村电子商务服务规范（试行）》（节选）

为进一步提高农村电子商务人才培养质量，规范培训市场。2016年，商务部印发了《农村电子商务服务规范（试行）》，对农村电子商务培训体系建设提出规范要求，要求“建立覆盖对象广泛、培训形式多样、管理运作规范、保障措施健全的培训体系。”

一、建设内容

1. 一个固定场所。具备办公场地、培训场地和实训机房，可长期实施电商培训，方便停车，电商理念、企业文化、往期培训照片上墙，统一标识标牌。可考虑设在公共服务中心之内，或与本地院校、党校、行政培训机构等紧密合作。

2. 一个专业的培训工作团队和讲师团队。具备电商知识、经验以及教学经验，团队人员需具备常规培训业务接单、培训计划拟订、培训计划对接及培训相关事项咨询能力，还可以根据需求方的实际情况调整培训计划方案。

3. 配备必要的办公设施和培训管理制度。制定讲师管理制度、考核制度、课件研发制度等相应的管理制度及工作流程，每项制度及工作流程都应具有针对性、可操作性，保证后续能落实到位。

4. 一定的政策支持和培训经费保障。当地政府对于培训相关工作在政策及经费上应给予一定支持与保障。

二、服务规范

组织当地院校、社会组织，或引进培训机构，对合作社农民、创业就业人员、电商转型的企业和政府人员开展电商理念培训、技能方法培训和高技能人才培训等不同层次、公益性和市场化相结合的培训。建立农村电子商务培训实践教育机制，对培训进行跟踪，提供后续实践引导和服务，确保培训实效。

能够提供电商理念和实操培训，实操培训内容包含微商系类、淘宝系类及第三方营销平台和其他新平台的实操。开展现场和网络远程培训。基础公益培训可在网上免费下载。

制订相应的培训计划，对于每月培训场次、人数、培训学员满意度等都要做好规划，并严格执行。严格遵守中央和地方培训管理办法，做好培训情况的记录，加强培训档案和经费管理。严格挑选讲师及工作人员，制定完善工作监督与考核机制。

82 当前农村电子商务培训中遇到哪些问题？

答：根据对全国不同地区县市调研走访，在县域人才培训中，面临的主要问题有师资缺乏、操作技能培训不落地、网商培育困难等。

结合我们组织师资带队为各地（青海、甘肃、黑龙江、福建、湖北、湖南、山东、安徽、河南等省近30个县市）开展农村电子商务培训的经历，总结目前农村电子商务培训中面临以下六个问题：

一、本地师资缺乏

电子商务的实战性很强，师资都是在实践中成长起来的，因此，对于刚起步的县域来说，本地师资基本是空白。大部分县域在发展的导入期开展农村电子商务培训，主要是聘请东部电商相对发达地区的教师授课。把教师请进来是一种很好的做法，但外请的教师在本地的时间有限，一般授课结束就离开，培训后的交流很难开展，后续的辅导也没法开展，导致培训效果不理想。而且，外请的教师对本地情况不了解，授课的针对性相对较弱。另外，外请师资在成本上也相对较高，对于没有专项资金支持、财政相对困难的县域来说，培训导入都很困难。

二、培训只是授课，缺乏实战性

很多县域已经花了不少时间、精力和资金开展农村电子商务培训，但是只是政府总结报告上的培训人次数字，从事农产品电商的人数依然很少，通过培训后能够运营网店并能成长的网商数量更是少得可怜，大部分的学员参加完培训仍然不知道卖什么，怎么卖。究其原因主要是培训方式和内容出现了问题。电子商务的实战性很强，必须带着产品边学边做，单纯地请来外地的讲师授课，学员上课时似乎是听懂了，但实际的操作仍然不会，因此，这样的培训不能为本地电商发展培养人才。因为电子商务发展变化很快，培训需要跟上行业的变化、业态的创新，并结合当地农产品资源、县情实际开展针对性的培训，但部分培训机构或讲师在这方面的自我要求不够高，培训内容陈旧，比如在当下的农村电子商务实操技能培训中，还只是单纯地教学员淘宝店铺的开设与运营，而且运营技术和重点还是PC（个人电脑）端的玩法，不能跟上移动化、社群化、娱乐化、内容营销等新特点，那么学员即使开了店铺依然难以运营。有的培训套用工业品电商的运营技术，不能结合农产品特点来解决农产品电商的痛点和难点，学员参加完培训还是不能做好农产品电商。

三、活动式培训，缺乏系统性和持续性

很多县市的培训是活动式的，缺乏时间、对象、资金投入等方面的系统规划，不能根据电商发展的阶段、电商实践遇到的问题、不同人群的需要开展持续性、针对性、系统性的培训，这样的活动式培训效果经常会归零。学员培训时听着挺兴奋激动，培训完了还是“一动不动”。而且培训活动是零散的，前一期和这一期之间间隔时间很长，每次培训都是从头开始，就像烧开水，每次烧到60度就停了，下次再从0度开始烧，水一直就开不了。一年下来，钱没少花，时间精力没少投，但电商氛围就是不能营造起来，人才培养更无从谈起。

四、缺乏对受训学员的跟踪孵化和人才成长的支撑体系

培训是集中传授电商理论知识和实践技能的活动，是短期的集中受训，是人才培养的开始，但受训后的电商实战以及人才培养是长期的持续性的过程，需要对学员跟踪孵化，根据不同学员及发展的不同阶段给予针对性的孵化和扶持。但大部分的县域，培训结束后，对学员的电商实战缺乏调研和跟踪，任其自我发展。学员在实践过程中，会面临物流成本高、营销推广成本高、货源缺乏、资金困难、办公场地限制、团队建设瓶颈等困难，如果不能及时有效地解决，刚刚建立起信心的学员的电商之路将会因为各种困难而无法继续前行，因此，培训转化率低，有培训无网商发展的现象就会成为普遍问题。

五、难以甄别培训机构和师资的优劣

很多县域在农村电子商务发展初期都是通过“请进来”的方式开展培训的，培训机构及其讲师的质量决定了培训效果，培训机构水平不同、责任心不同，培训效果差别很大。因此，需要甄别和选择优质的培训机构和讲师，但县域往往缺乏专业人员去解决这个问题，对培训机构的选择带有随意性和偶然性。浙江省义乌市2013年人才培训“230工程”的做法值得借鉴。义乌市政府向社会公开招标，要求应标的培训机构上报培训计划、课程方案和师资团队，

并成立专门评审专家团队评标，最后确定培训实施单位并公示，并对培训实施单位进行过程监督（现场听课，进行学员满意度测评，随机抽查讲师试讲等）和阶段性结果考核，实施末位淘汰制度。

资料链接3—8 义乌市推出两年培训30万人次的“230工程”

2013年6月，义乌市成立义乌市电子商务人才培训工作办公室（现已撤销），设在义乌市市委组织部，由副部长任办公室主任，经信委、教育局、人力社保局、商务局、商城集团分管领导担任副主任。市委办、市府办、组织部（人才办）、宣传部、经信委、教育局、财政局、人力社保局、商务局、工业园区、商城集团、工商局、各镇街、工商学院、义乌商报社、广播电视台等单位分管领导为成员。

办公室负责全市电子商务培训的统筹协调和督查考核。主要工作如下：

1. 实施培训主体资质审核和准入制度。面向全国各大专院校、社会培训机构、中专学校等公开招标，优选电商培训实施主体，成立专家组对培训主体进行资质审核。

2. 成立督导考核小组，实施过程监督与结果考核。督导考核小组对培训主体的师资进行随机抽测，进入培训现场随堂听课，进行学员满意度调查，阶段性任务完成后对培训主体进行考核评比，结合过程监督，实施末位淘汰制。

…………

六、缺乏可操作的培训效果评价体系

在农村电子商务培训实践中，一直缺乏可操作的培训效果评价机制，导致对培训机构的优选也缺乏可操作的依据，因此，需要建立一套可操作的培训效果评价机制，开展过程监督及结果考核，以便及时修正课程内容，重新选择培训服务机构和讲师。

关于农村电子商务培训效果评价体系，建议重点对网商实操技能培训和传统企业转型电商培训进行跟踪，网商培训效果可以用一定时间段内的开店率、交易率、交易额等量化指标为主，传统企业转型培训效果重点考核网络销售渠道开发、网货开发水平、网络品牌营销、网上销售额占比、交易成本下降等量化指标。

83 农村电子商务培训的对象与内容有哪些？

答： 农村电子商务的发展对人才是有不同层次和不同技术技能要求的，因此，农村电子商务培训需针对不同对象进行不同内容的培训。具体可参见表 3-3。

表 3-3 农村电子商务体系化培训内容

阶段	项目名称	培训对象	培训内容	培训目的	培训时间
初始阶段	农村电子商务的趋势、机遇和顶层设计	主要领导干部（领导班子成员、主要部门领导）	网络经济发展趋势 农村电子商务趋势与机遇 农村电子商务发展的顶层设计	理念输入、统一思想、提高认识，形成推进组织与机制	1～2 天
	农村电子商务发展路径	科级、副科级干部、村镇干部	农村电子商务的趋势机遇、相关政策解读 农产品上行体系 互联网＋传统产业转型	落实县域农村电子商务发展规划、推进顶层设计落地执行	2 天
	电子商务基础知识的普及应用	一般干部、公务员、社会人员	电子商务基础知识普及 移动电商主要工具及软件应用	普及电子商务基础知识，学会一般网络工具的应用，享受互联网带来的方便	1 天
	创业培训——多平台创业实战培训	大学生村官、大学生、创业青年	全渠道、多平台网店运营等实战技能（不同平台注册、选品、数据分析、美工、推广、运营等）	培养网商，实现农产品上行	10～15 天
	“新农人”培训（农业技术、信息化基础、电子商务基础等）	农村从业人群	农产品追溯数据采集、科学种植与养殖技术、主要网络工具的使用、农产品线上交易知识技术普及	提高农民的生产技术、普及互联网知识与理念	根据内容确定时间
	传统企业转型电商培训	传统企业主、市场经营户	网络经济发展趋势 互联网＋传统产业转型	培育传统企业的互联网思维，为传统企业提供转型思路	2～3 天

续前表

阶段	项目名称	培训对象	培训内容	培训目的	培训时间
发展阶段	创业培训——多平台创业实战培训	大学生村官、大学生、创业青年	全渠道、多平台网店运营等实战技能	培养网商，实现农产品上行	10～15天
	农产品营销技能培训（品牌、包装、店铺美工、营销推广、运营等技能）	网商、电商企业	网店美工设计 网络推广 网店运营技能 农产品微营销 农产品品牌策划、包装	提高网店运营技能、培养网商人才	每个模块2～3天
	电商企业运营管理培训（品牌营销、团队建设、运营管理、供应链建设等）	电子商务企业（管理层、运营主管、专业岗位人员等）	品牌营销 电商企业团队建设 供应链管理 电商企业运营管理 财务管理与融资	为企业培养高层次运营管理人才，提高电商企业的市场竞争力	每个模块2～3天

84 如何提高农村电子商务人才培训和培养的效果？

答：提高农村电子商务人才培训和培养效果的关键点是本地化、体系化和实效性。

一、本地化

县域本身在人才储备和引进方面都处于劣势，一些偏远地区的县域，年轻人大多外出打工，大学生毕业基本不返乡，很多农村只剩下“386199部队”①。同时，县域经济发展水平相对落后，交通不方便，教育资源相对匮乏，人居环境不够理想，相比城市，很难吸引人才。

县域电商发展的初始阶段，可以通过走出去、请进来、引进来和本地化培养的方式解决短期内的人才问题，但是，走出去成本高，覆盖面不广，请进来常态化困难，引进来水土不服，最终易流失，因此，只有本地化培养才是最终解决之道。

① 广大农村留守的妇女、儿童、老人作为一个特殊群体备受关注，被戏称为“386199部队”。

本地化培养的关键是师资本地化。县域农村电子商务师资缺乏，因此，培养本地师资应成为县域人才战略的重点。本地化师资培养建议如下。

（1）将本地高校、职业院校教师转化为本地化师资。高校教师具备基本的教学能力，但缺乏电商从业经历。因此，需要高校进行政策创新，鼓励教师参与企业实践，鼓励教师电商创业。政府可以通过政策杠杆、经费杠杆鼓励本地高校为电商发展贡献人力资源。高校也要营造良好的氛围，教师自身也要积极投入到农村电子商务发展的事业中。如为政府提供咨询规划服务、园区运营服务、传统企业转型代运营服务等，通过产学研合作，打造电商服务基地，使教师成长为优秀的本土师资力量。义乌工商职业技术学院电商专业教师通过成立工作室，与学生“同学同创、同创同学”，或成为各大平台优秀卖家，或从事网店美工，或从事跨境电商，或成为微商品牌联合创始人……他们不仅在学校里培养电商人才，而且走出去为全国很多高校和县市开展培训，成为县域电商、农村电子商务非常重要的师资力量。

（2）组织当地优秀年轻人、网商、培训机构讲师外出接受培训，转型成为本地师资。政府可以优选当地的优秀网商、优秀年轻人，给予一定的资金补助，组织他们参加专业的师资培训班，培养当地讲师。甘肃陇南曾于 2014 年 5 月组织当地 60 余名年轻人、网商赴义乌工商职业技术学院参加为期 7 天的学习，课程重点是如何做农村电子商务讲师。

（3）实现本地优秀网商从自己做到教别人做，从网商到导师。本地化师资的最主要来源是本地网商。政府可以通过树标杆、选典型等方式把本地优秀电商从业人员优选出来，鼓励他们不仅要自己从事电商，更要带动更多的人投入其中。让他们从手把手一对一，一对多的帮扶开始，师傅带徒弟，慢慢地成为本地网商的指引者、领路人，从讲半小时、一个问题开始，慢慢延长时间，扩充内容，从做到教，从自己做到教会他人做，成为本地化师资的重要力量。

当前，合肥半汤商学院等业内农村电子商务培训的品牌机构已下沉到各县市，与各县市共同成立当地的培训分支机构，在很大程度上可解决当地农村电子商务人才的培训培养问题。

二、体系化

本地化培养需要体系化支撑。农村电子商务是一个系统性工程，需要多层次人才支撑体系，因此，人才的培养需要体系化推进。政府相关部门需要做好县域农村电子商务发展现状调查、各类人才需求状况调查，制定系统化、常态化的人才培养方案；政府各级部门要达成共识，预算出专项资金，规划培训资源，设计系统的培训方案，针对不同人群开展不同内容和形式的培训，建立线上线下、多层次、多形式、常态化的人才培养体系。在初始阶段，应以营造氛围和培养网商为主，对政府各级各部门领导等开展电子商务理念与基础知识培训，对大学生、返乡青年等开展创业培训，把集中的培训和分散的交流互动结合起来。不同对象的培训内容详见表3-3。

三、实效性

人才培养要注重实效性。很多县域都开展了各种不同形式的培训，资金、人力投入不少，但效果并不理想。主要原因是培训停留于完成数量而不注重实效，或者时间安排过于分散，没有形成体系化、聚焦性、持续性。另外把人才培养简单地等同于授课、培训，以听为主，忽视了实战性要求。因此，县域人才培养一定要从简单的授课培训转向实战培育，边做边学，边学边做，注重“转化率”和“实效性”。下面列举几个县市的做法，值得我们学习和借鉴。

对于网商培育，各地都在探索各种有效的人才培养方式，例如，四川仁寿针对“小白”的创业培训采取初级（四天）、中级（八天）、高级（创业孵化）三级培训方案。同时，在培训中注重实战，带着产品培训，前端有产品数据包支持，后端有物流配送支持，学员学完后立即就能够进行店铺操作，这种做法在创业人才（网商）培养方面很值得借鉴。义乌工商职业技术学院电子商务专业教师培训团队在安徽怀远电商园区、黑河市爱辉区等地开展的8天创业实战培训，也同样要求园区和企业提供培训用的产品，边做边学，边学边做，培训过程要求学员出单，让学员变成网商。山东菏泽引进专业培训机构对当地农民进行店铺实操培训，向培训机构支付培训费用的标准是成功开店，而不是完成培训任务。这些地方的做法抓住了网商培养必须注重实效的要求，即电商人才不是“教”出来的，而是“做”出来的。

广东省揭阳市军埔村，政府大力支持，开展免费电商培训，2014年培训3万人，2015年培训7万人，配套的规划、融资、网络通信、物流等优势资源集聚，人才培养与电商产业培育协同，让偏居粤东的揭阳军埔村，成为远近闻名的电商村。在此基础上，揭阳市筹建电商学院，面向全国建立电子商务培训基地，吸引更多人到揭阳学习电商经验和技能。为便于跟踪服务，加强电商实战，军埔村在培训基础上进一步创新，从302期培训班开始，将每一期学员组建成一个军埔电子商务集团有限公司，各位学员均持股2%，学成后分散到50所学校担任区域总经理，普遍撒网、推广揭阳特色产品和德国好产品，目前已成立了302、303、304和305四家公司。

结合我们多年从事农村电子商务人才培训的经验，在此对增强培训效果提出以下几点建议：

（1）做好本地人才需求和培养方式调研，因材施教。各类企业的培养重点如下：

1）传统企业——转型发展思路，营销管理、财务管理、团队建设等。

2）新网商——创业入门、选品、移动营销等。

3）成长网商——技能提升，美工设计、营销推广、运营策划等。

4）农产品供应商——农业技术、信息技术、互联网新思维等。

5）社会人群——互联网基础知识普及和网络工具应用等。

（2）整合多方力量，成立专门机构，资金归拢，专项使用，开展系统化常态化培训。

（3）甄别人才服务机构资质，选择优秀的培训服务实施单位，增强培训效果。

（4）挖掘本地高校资源，培养本地师资，建立本地化的人才培养体系。

（5）规划培训资源，开展系统化的培训（详见表3-3）。

（6）导入期培训着力点为氛围营造和网商培育。在电商发展导入期，政府购买服务开展培训的重点在“两端”：顶层提高领导干部认识；底层培育网商创业主体，以增量培育带动存量转型。

（7）建立线上线下立体化的培训系统。

1）开放的在线资源：淘宝大学、万堂书院、优米网、百度云、各类行业、专业公众号。

2）自利用直播平台，开发模块化、碎片化在线课程。

3）线上圈子的分享：微信群、QQ群等在线沙龙、在线视频。

4）常规化的线下集中培训。

5）构建会议、论坛、沙龙、创客吧、自组织等学习系统。

（8）实战培训、孵化支撑，建档立卡，激活创业创新。

实现“实操培训＋供应链支撑＋创业孵化”的一体化运作机制；建立培训效果评估跟踪体系，从单纯授课培训向创业孵化服务转变，对接网货供应商、专业服务商，共同做好网商培育。

（9）实施培训→全程帮扶→培育人才的培训方案。

农村电子商务人才培育孵化机制如图3－8所示。

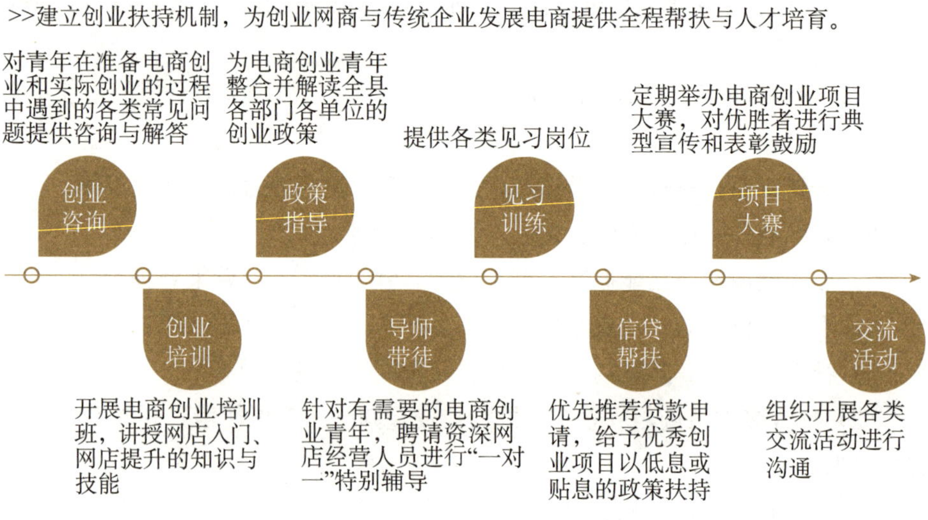

图3－8 农村电子商务人才培育孵化机制

注：资料来源于2015年淘宝大学县长研修班报告。

85 如何完善农村电子商务产品质量保障体系？

答：最近几年，我国的农村电子商务市场竞争越来越激烈，农村电子商务中的农产品的质量安全问题比较突出，农药残留、腐烂、包装不合格等问题已经成为主要问题。特别是生鲜类产品，由于其对物流的特殊性要求，要保证新鲜度非常困难，对农村电子商务的发展，造成了严重的不良影响。总体而言，我国的农村电子商务市场产品质量十分不乐观。要完善农村电子商务产品质量保障体系，需要做好以下几个方面的工作。

（1）建立完善的在线信誉机制。针对农村电子商务市场购物的特殊性，卖家与买家之间进行的不是面对面交流，因此建立完善的在线信誉机制比较可行。目前主要的在线信誉机制是在线信誉反馈系统。这个系统是通过收集、处理、发布用户以往的购买行为反馈信息，激励其他消费者进行消费，从而促进网络信任的一种管理机制。顾客在购买了某种农产品之后，能够按照自身的需求、个性与观点对农产品进行评价。这种评价会受到多种因素影响，导致出现一种农产品多种评价的结果。与传统的购物相比，农村电子商务交易方式使用在线信誉反馈系统能够更加快捷地将消费者的信息反馈给卖家，消费者在购买农产品之后能对产品做出一定的质量反馈，而卖家也能够从在线信誉反馈系统中得到农产品的有关信息。

（2）建立完善的社会信用体系。我国之所以会出现产品质量低下的问题，其中一部分原因是受到经济利益的驱使出现了企业不守信用、不能严格按照相关规定生产产品的现象。为了保证整个市场的和谐稳定发展，我国需要尽快出台在信用信息管理方面的机制，建立一个公共信用信息共享平台。这一系列的举措都需要政府的参与，首先在相关制度和法律法规上进行完善，保证相关质量问题有法可依，最终做到一个以信任为社会大环境、具备健全的信用管理制度的社会信用体系，以此推动整个农村电子商务市场的健康发展。

（3）加强质量检验和质量保证。在质量检验和质量保证方面，目前主要是利用第三方中介组织。利用第三方中介组织，一方面可以增加消费者的购买意愿，另一方面能够对卖家起到良好的监督作用。从实际的网络交易而言，在第三方中介组织参与的情况下能够将买卖交易双方的短期交易变成长期交易；从信用层面而言，信用中介能够提高卖家的信用等级；从政府的角度而言，在市场准入监管方面对卖家的身份进行了确认，保证了产品质量。目前，我国在此方面的约束越来越严格，现在已经出台了相关法律法规，要求从事电子商务的经营者必须具备登记注册的条件并按照相关程序办理登记注册。

（4）加大伪劣农产品惩处力度。目前，我国农村电子商务产品质量低下的另一个原因，就是在对伪劣产品的打击力度上还有待加强。因此，为了加强监管的有效性，一方面要对制假、贩假的商家进行严厉打击，另一方面要对伪劣产品进行销毁。针对违法的厂商，要显示出法律的震慑性，加大对违法行为的惩罚，一方面要从行政方面加大对不法厂商的处理力度，另一方面要通过民事责任对其进行惩罚，严格要求停工整改。

（5）做好农村电子商务产品质量信息披露工作。对质量信息进行披露，一方面是为了保证消费者的合法权利，另一方面则是为了加强质量监督。政府通过建立一个全国性的质量信息发布平台，可以及时发布在日常的检查工作中发现的不法行为和不良产品，从而加强全国的质量监督管理。另外，还要拓宽消费者的投诉渠道，联合各地方的消费协会进行合作沟通，帮助消费者进行维权，肃清整个市场环境，进行有力度、有针对性的监管。

（6）加强农产品安全知识的宣传，提高农产品安全意识。针对农产品经营者、消费者的特点，充分利用农民喜闻乐见的宣传方式（如广播、报纸、电视等），借助“3・15”等活动平台大力宣传农产品安全的法律法规、假冒伪劣农产品的一些特点和鉴别假冒伪劣产品的知识、维护自身消费权益的方法和途径等，不断增强农村群众的农产品安全意识、维权意识和自我保护意识，自觉抵制假冒伪劣商品。同时，完善农村广播消费维权网络，及时处理农村居民的消费纠纷，维护农村居民的合法权益，调动广大农村居民参与农产品安全管理的积极性。

（7）进一步完善国家相关法律政策。一是建立完善的电商法律规定，加大市场监督力度，通过改善投资环境，确保网上产品、信息技术来源的可靠性，从而促进农村电子商务的健康长远发展。二是吸取具有完善的电商立法国家的经验，通过建立与我国国情相符的电商法律政策，为农村电子商务产品质量监管提供保障。

（8）加强对农村电子商务生产源头的控制和管理。实行农产品质量保障体系需要对农产品生产的各个环节实行控制和管理，但目前中国的农业生产仍以家庭生产为主，经营分散、组织规模化程度低。在这种规模化程度低且经营分散的情况下，对农产品生产源头的质量控制就是最难的环节。农村电子商务让消费者与农户之间的沟通渠道构建在虚拟的网络环境下，要保障产品质量，加强对生产源头的监管是最有效的措施，也是最根本的方式。这就要求在农产品的生产源头，即生产端构建完备、准确的农产品质量的检测基础设备，对农产品的品质严格把关，进一步加强对农产品生产源头的控制和管理，从源头上完善农产电商产品的质量保障体系。

86 如何解决农村电子商务的农产品标准问题？

答：农产品标准化是按照农业生产的产前、产中、产后的一系列标准要求来生产农产品的全过程。农产品标准化问题一直困扰着我国农业的发展，也阻碍了农村电子商务产品形成一套完善的标准化标准体系。20 世纪 90 年代以前，我国在农产品标准化方面是很缺乏的，没有较为完善的、详细的农产品标准化体系。随着全球经济的发展，全球经济一体化的趋势在不断地加强，农产品的标准化也得到了逐步完善。但是，随着信息时代的发展，农村电商为农产品开辟了一个新的市场，为农产品标准化带来了新的挑战。很多产品标准在执行过程中，由于监管力度不够，部分农产品根本就“徒有虚名”，这不仅影响交易双方的诚信问题，更是对交易平台可信度的严重冲击。要解决农村电子商务的农产品标准问题，可从以下几个方面来着手：

（1）完善农产品标准、提高标准质量。农村电子商务产品标准化是一项系统工程，这项工程的基础是农业标准体系、农业质量监测体系和农产品评价认证体系建设。这三大体系中，标准体系是基础中的基础，只有建立健全涵盖农业生产的产前、产中和产后等各个环节的标准体系，农业生产经营才能有章可循、有标可依。我国应根据现有的农业标准不全面、不统一、质量不高的实际情况，统筹规划，组织制定和完善包括国家标准、行业标准、地方标准和企业标准在内的农业标准体系。省部级实行分类指导，分级负责，尽快落实项目资金和制定标准的单位。在标准的制定过程中，不仅要考虑其是否能适应农业生产技术发展的需要，还要参照国际标准化组织ISO及国外有关国家、区域组织已有的农业标准；不仅要考虑我国现实的国情，也要注意吸收发达国家的先进农业技术；不仅要规范制定标准的组织，而且要进行标准定稿前的二次评审，即初审和终审；不仅要通过各种信息渠道收集国际标准、国外先进标准和有关国家的技术法规，而且要广泛吸收先进农业技术及农副产品加工、包装、贮运等符合国际贸易需要的标准。要实施技术管理与国际接轨，增强我国农产品在国际市场的竞争力。

（2）要建立和完善农村电子商务的产品质检中心和监测机构，提高政策的执行力。目前，我国虽初步形成了具备一定能力的农产品质量安全检验检测体系，但仍要充实、完善，特别是在农村电子商务发展起来后，就越发凸显了现有体系的薄弱之处。要加强地方检测机构建设，可根据当地市场实际，优先考虑种子、化肥、农药、兽药、饲料、农机具等主要生产资料和粮、棉、油、菜、果、鱼、肉、禽、蛋、奶等农产品的检验检查的需要进行补充和完善。加强对农产品标准监测工作的执行。各类监测机构要以科学、求实、公正、公平为准则，健全完善内部质量保证体系、建立自律机制、提高检验、监测人员的素质，保证检验、监测工作质量，加强对检验、监测机构的监督管理。

（3）创造良好的农村电子商务产品标准化环境。第一，要强化农民的农业质量意识，抛弃传统落后的小农经济观念和种养习惯。政府要鼓励和支持农业标准的示范工作，不断引导农民形成市场、科技、质量、标准等新观念，使农村电子商务产品标准化意识转化为广大农民的自觉行动。第二，要加大对农村电子商务产品标准化的投入。各级政府一定要拿出一定的资金投入到农村电子商务产品标准化中，同时要鼓励从事农村电子商务的企业和社会团体投资农村电子商务产品标准化领域，开创农村电子商务产品标准化投入的多元化局面。第三，要加强农村电子商务产品标准化队伍的建设。农村电子商务产品标准化工作是一项技术含量很高的工作，它需要配备专门的工作人员，这些人员需要有较强的政治责任感，要有吃苦耐劳和乐于奉献的精神，要有严谨的工作态度，要有敢于创新的勇气，要具备一定的领导能力，要有一定的学历层次。在这些人员进入这个领域以后，要对他们进行全面培训，提高其业务能力和管理水平，适应科技和时代发展的要求，为农村电子商务产品标准化的发展打下坚实的基础。第四，要加强社会主义市场建设。要通过市场让人们看到经济实惠，看到标准化生产的东西比较容易经营，从而调动人们对标准化生产的积极性。我们不仅要以WTO规则、国际标准和进口国标准来开发国际市场，更要重视国内市场和当地优质品市场建设。

87 如何建立农村电子商务产品跟踪体系？

答：为保证农村电子商务产品质量安全，需要从源头开始抓好农产品安全监管工作，建立一套质量追踪、追查、追溯的机制和制度，形成一套完善的产品跟踪体系。这样一旦农产品出现问题，特别是出现危及消费者生命和健康的重大问题时，可追究直接责任人和监管部门的违规责任。以信息技术为基础构建的农产品质量追溯系统可以有效掌握农产品的来源、种植、加工、销售过程的信息，对农产品质量安全监控具有重要作用。需通过建立从田间到餐桌的全程质量控制系统和追溯制度，对农产品种植过程、采收分级、包装、销售、物流等关键环节进行监督管理，提高广大生产者的安全意识和责任意识，切实保障农产品的质量安全。农产品质量追溯系统的建立以生产技术档案为管理基础，以产品追溯条码为信息传递工具，以产品追溯标签为表现形式，以短信查询、语音查询和网络查询为市场服务手段的农产品质量追溯系统。为更好地构建一整套完善的农村电子商务产品跟踪体系，需参考现有的农产品以及其他行业的产品跟踪管理的经验，结合农村电子商务的特点来构建和完善产品跟踪体系。

（1）要选准质量追溯信息采集关键点。这是保证信息采集是否及时，监管是否全面的重要一项，也是构建一个完善的跟踪体系的前提。

（2）要实现代码化管理。对生产地块和追溯的产品进行编码，实行一个追溯码对应同一个地块、同一天、同一包装规格。

（3）要建立完整的质量追溯信息记录档案，将关键质量追溯信息包含进去，明确追踪线索和对象。

（4）要设计信息完整的质量追溯条码，将追溯产品的基本信息（包括企业编码、产品编码、生产地块编码、规格、生产日期等关键信息）包含在内。

（5）要建设完整的质量追溯系统平台。质量追溯系统以局域网平台为基础，包括服务器、路由器、数据交换机、数据采集电脑、系统管理计算机、系统软件等。以实现农产品质量信息可查询，质量安全可追溯，问题产品可召回。

（6）要建立完善的农产品质量追溯制度，确保质量追溯系统正常运作。

（7）要加强宣传培训，提高技术人员的操作技能，提高企业信誉度和知名度，起到示范和带动作用。

88 在电商背景下，农村地区开展农产品品牌建设的基本思路是什么？

答： 品牌经营是商业活动的较高层次，具有消费者忠诚度高、产品附加值高等优势，当前农村电子商务的产品和服务主要是原材料输出，产品的深加工程度不够，没有形成品牌效应，这在很大程度上影响了农产品附加值的增加和产品层级的提升。要解决这个问题，首先要从源头上抓好产品品质，品质是农产品的生命线，也是经营好农村电子商务的根本，要大力推行健康无公害绿色农业，迎合现代消费者的健康需求；其次要发挥“农户＋企业”或者农户联合体的作用，将分散的农户联合起来，形成产品的规模优势和议价能力；再次要做好农产品的深加工，向中下游产业延伸，提升产品的附加值；最后要有品牌意识，精心打造和呵护产品，做到品质标准化、工艺标准化、规格标准化，以优质形成品牌效应，以服务赢得消费者。

目前，电商的销售模式同其他行业相比，农产品领域作为品牌开发的处女地，一直处于商业品牌的边缘地带，缺乏大品牌，农产品的品牌之路依旧漫长而艰辛。在充分竞争的时代，市场不缺产品，缺的是能打动消费者的品牌创意和营销模式。强化农业产业化的品牌营销，创建农业产业化的知名品牌，拉动农业产业的持续发展，显得尤为重要。农产品品牌建设主要应关注三个要素：品种、品质和品相。只有将这三点有机组合才能具备品牌营销的坚实基础，也才能很好地建立并维护消费者忠诚度。具体措施总结如下：

（1）加强农产品品牌质量满意度建设，需要通过重视农产品质量标志和集体标志的申请、加强农产品加工过程的质量管理、选择适合的物流方式三个方面来实现。

（2）建立科学合理的定价和调价机制，即建立科学合理的定价机制和制定科学合理的调价机制。

（3）多管齐下，提高农产品品牌美誉度。从农产品品牌的文化入手提升农产品品牌的美誉度，明确农产品品牌定位，塑造农产品品牌美誉度，塑造农业企业家良好形象，以提升农产品品牌的美誉度。

（4）提升农业企业品牌宣传效率，扩大农产品品牌知名度。要制定和实施正确的广告策略以扩大农产品品牌知名度。实施积极的公共关系策略，争取更多的消费者支持。

农产品区域品牌需要借助营销手段来产生经济价值。在互联网和农村电子商务高速发展的今天，网络营销比传统营销更加重要。于是，某些嗅觉灵敏的商家已经开始在阿里巴巴、慧聪网、淘宝、微博、微信等各类专业网购平台发布产品信息，进行有效的网络营销活动。发展农村电子商务，打造农村电子商务产品品牌，就必须紧跟形势发展，结合网络营销途径，提高当地农产品知名度，吸引顾客，构建专业农产品交易平台，扩大农产品品牌影响力。但是，目前国内的区域品牌建设仍然处于探索初期，发展并不完善，没有形成完整的品牌体系。大多数品牌都是各自为政，缺乏相互之间的合作，也不注重线上线下的合作。另外，我国农村电子商务的网络营销还存在基础建设不完善、品牌保护体系不健全、网络营销意识不全面、网络营销人才缺乏等问题。如何更好地通过网络营销打造农村电子商务产品品牌，具体策略如下：

（1）做好区域建设规划，完善基础设施建设。首先，要加快实施宽带中国战略，使更多的农村地区和西部偏远地区都能覆盖宽带设备和设施，尽快使农村地区都能连接宽带方便上网。其次，要提升已有宽带设施的质量，加快网速，提高网络稳定性，降低宽带费用，扩大宽带覆盖面，增加宽带用户数量。最后，要依靠政府力量增加农村地区的物流网点和快递网点数量，强化与农业企业和个体生产者的合作，进一步完善物流网点总体布局，尽快实现物流网点全覆盖，更好地促进农产品的品牌建设。

（2）联合各方力量，健全品牌保护体系。农产品区域品牌网络营销的建设需要引导，因此，地方政府的责任不容推辞。完善相应的政策法规，反对盗用品牌，加强品牌保护，增加违法成本，使农产品的品牌保护真正地做到“有法可依、有法必依、执法必严、违法必究”。另外，企业作为农产品的生产主体和经营主体，在品牌网络营销过程中不仅要为维护品牌的持久生命力贡献自己的一己之力，自觉维护品牌的良好声誉不做有损品牌影响的不良行为，更要重视品牌网络营销的全程建设，注重后期维护，增加后期投入，为品牌的持久生命注入活力。

（3）多措并举，健全网络营销意识。对于农业企业而言，若想更好地促进农产品区域品牌的网络营销，健全自身的营销意识是十分必要的。一方面，要深刻认识网络营销对打造优秀农产品区域品牌的重要作用，抓住机遇，把热点问题和自己的产品特点相结合，吸引网络注意力，扩大产品在消费者群体中的知名度，进而提供高性价比的产品和服务，最终开拓新市场。另一方面，要借鉴学习国内外其他地区农产品品牌管理的系统方法，从长远考虑，应当采用现代先进技术和手段对品牌内涵、知名度、营销方式、生产包装等进行分步、有序地改造，塑造出著名的农产品品牌，并努力使之成为驰名品牌甚至世界品牌。

（4）强化培训和激励机制，培养引进优秀营销人才。农产品网络营销对于人才具有较高的要求，既要懂得网络技术知识，又要结合农产品的特性进行网络销售，打造农产品品牌。第一，多开设符合地方产品特色的网络营销培训班和品牌建设管理知识培训班，提高农户和经营者的文化素质。第二，完善激励机制，培养和引进优秀营销人才。企业需采取健全、灵活的人才激励机制，可在户籍、薪酬、职位、医疗、子女教育等方面给予优待，在大范围内培养和吸引优秀的网络营销人才，扩大农产品区域品牌的人才储备规模，优化网络营销人才队伍。第三，吸引更多的农村青年加入农产品区域品牌建设。农村青年是农村的未来，在直接从事农业的新一代群体数量减少的情况下，应利用他们熟悉农村和了解网络的优势，通过政策激励其参与农产品的网络营销，并对农产品的区域品牌进行更好地经营管理。

89 如何解决农村电子商务产品包装问题？

答：基于网络技术以及互联网的发展，电子商务为农村销售农产品开辟了一个新的销售渠道。在分析了农村电子商务销售农产品的特性和农特产品属性之后，可以发现农村电子商务农产品包装在网络展示、包装形式和包装功能等方面也存在问题，即包装展示效果不理想、包装品牌识别度低、包装保护功能不完善、线上与线下包装无区别和包装设计不规范等问题。

一、包装展示效果不理想

网络销售环境的虚拟性，使得消费者在购买时无法亲身触及农产品和农产品包装，缺少了购物的真实感，非常有必要加强农村电子商务产品包装的展示功能以便拉近产品与消费者之间的距离。

二、包装品牌识别度低

在目前的网络市场上，农产品包装出现了包装雷同、品牌设计雷同、甚至是无品牌等问题，不仅不利于农产品的销售、农产品品牌形象的建立，也不利于企业的长远发展。

三、包装保护功能不完善

在网络购物过程中，商品包装的保护功能是极其重要的。目前网购农产品少包、破包的问题非常突出。由于包装未满足保护产品的作用，造成了很多的麻烦和损失，从而影响了消费者对网店服务的满意程度。

四、线上与线下包装无区别

很多商家都只是原封不动地把线下销售的农产品包装搬到线上销售，却没有考虑到网络销售环境的特殊性、网络销售群体的年轻化和网络物流运输等特性，忽略了线上销售与线下销售的农产品包装无区别所带来的风险与危害。

五、包装设计不规范

网络销售的包装设计存在很多不规范现象，不符合《预包装食品标签通则》和《预包装食品营养标签通则》中的相关规定。在农产品的销售市场上，同一款包装设计被应用在多家农户的产品上，使得不同品质、不同厂家的产品不能进行很好地区分，这样的包装设计不仅不符合相关的包装设计规范，而且会带给消费者产品档次低的印象，进而影响消费者的购买决策。

对于以上现状，可采取以下两种措施进行改进。

(1) 做好农村电子商务产品包装规划。在进行农村电子商务产品包装规划时，首先必须从市场调研出发，有目的地对相关资料进行收集，然后进行资料分析，从而为设计定位奠定基础。其次要开展定位设计，包括针对目标消费群体喜好的消费者定位、突出产品品牌名称的定位，以及突出产品功能、特色、产地、档次等的产品定位。最后要根据产品种类及其组合进行产品规划、组合策略与包装策略、包装规格的设定。

(2) 做好农村电子商务产品包装设计。与线下销售农产品的包装设计相比，网络销售农产品的包装设计具有特殊性。网络销售的农产品包装侧重于保护产品、突出品牌形象和体现产品品质感等。农村电子商务产品包装在进行了有效的包装规划后，就可以开展具体的包装设计。一是材料与工艺，要根据农产品的特性选择合适的包装材料，进行与材料相符合的加工工艺。二是造型与结构，要选择合理的造型与简洁的结构。三是视觉设计，包括色彩、图形和文字表现要简洁明了。四是设计创意与流程，设计师要对包装设计的流程有清晰的了解与认识，使包装设计可以很好地配合整个包装运作流程，体现出包装设计的功能性、目的性和市场价值。最后还可以根据用户体验与反馈的信息进行包装设计的改进，以更好地满足消费者的购物体验，传播品牌价值。

90 如何解决农村电子商务发展中农产品保鲜的问题?

答: 近几年，农村电子商务市场蓬勃发展，在国家层面上强调和重视冷链物流的发展与建设，对农村电子商务的成长是一个好消息。中国农村电子商务物流和冷链物流起步晚、发展慢、问题多，已成为制约其良性发展的一大短板。电商在运作农产品物流时，需要充分考虑电商自身、农产品、冷链物流等多方面的特点和影响因素，借助国家相应的政策和措施，积极推动全程冷链物流建设，通过多模式冷链物流系统，配以全程冷链技术化、信息化、标准化建设，在提高生鲜产品物流效率、降低物流成本的同时，确保农产品质量安全。

一、推广全程冷链物流体系理念和技术

农村电子商务在经营理念上需要加强全程冷链物流的宣传和执行，并将该理念推广到整个物流链，尤其是需要保鲜的农产品采摘、入库、包装等上游物流链。应用产后预冷、初加工、储存保鲜和低温运输技术，建设生鲜农产品专用冷库和低温分拣中心，推广应用条形码、RFID（无线射频识别）、GNSS（全球定位系统）、传感器、移动物流信息等技术，加强与下游物流链的冷链对接，促进需要保鲜的农产品的质量等级化、包装规格化，努力实现全程冷链物流，确保需要保鲜的农产品的物流速度、效率和质量安全。

二、完善农村电子商务物流标准体系

农村电子商务要关注需要保鲜的农产品的物流操作规范和技术标准，建立完善的全程质量控制体系，推动质量安全认证和市场准入制度，以确保需要保鲜的农产品的质量和物流效率。对需要保鲜的农产品的物流链上下游进行间接管理，制定采摘、分选、包装、冷冻、冷藏、包装标识、冷链运输、配送等各环节的保鲜技术、制冷保温技术、操作标准，并加以监控执行。围绕农产品质量全程监控和质量追溯制度，制定数据采集与交换、信息管理等标准，确保需

要保鲜的农产品全程冷链物流的效率和质量安全。

三、推动农产品全程物流信息化

信息化和数据化是电商的特点，在推动农产品全程物流时，需要进行信息化建设。由于生鲜农产品分布的区域化、品类的复杂化，以及消费者的分散化、需求个性化，需要建立区域性生鲜农产品物流公共信息平台，实现上下游的数据交换和信息共享，打造物流监控和产品质量安全追溯系统的信息基础。农村电子商务需要在物流链的上下游推广市场信息、消费者服务、库存控制、仓储管理、运输管理和市场管理等系统软件的应用，建立健全农产品全程物流作业的信息收集、处理、发布系统，确保冷链物流的效率和生鲜农产品的质量安全。

四、推动多模式、组合式需要保鲜的农产品物流体系

农产品物流的高成本、电商物流的复杂性等特点，增加了农产品物流配送的难度。一些农村电子商务虽然自建冷链物流体系，但是由于各种原因，无法满足需求，且无法进行市场全方位辐射。有的农村电子商务将物流外包给第三方物流企业，但是对物流配送速度和产品质量安全无法实时监控。所以，自建农产品物流体系和第三方物流资源结合，干线冷链与城市冷链配送组合，农产品产区冷链物流网络和消费区食品冷链网络无缝对接，推动多模式、组合式农产品物流体系，既可以满足物流配送的效率，确保需要保鲜的农产品质量安全，又可以降低物流成本。

五、适时利用相关政策，推动全程冷链物流的建设

从国家到地方，各级政府都在积极推动冷链物流体系建设，纷纷出台各种扶持政策和措施。农村电子商务需要适时利用这些政策和措施，推动全程冷链物流的建设。根据自身条件，发展冷链物流，积极申请国家冷链物流建设补贴，完善需要保鲜的农产品冷链物流基础设施，充分利用各种税收优惠政策，积极推动需要保鲜的农产品的冷链物流发展。

六、加强整个物流环节中的冷链过程管理

物流冷链设备包括产地预冷设备、冷库加工周转设备、冷藏运输设备、销地冷藏周转设备、商场冷藏设备和冷藏货架等一系列低温保鲜设备，同时还需要各环节的快速装卸设备和适合冷链操作的包装材料。这样一个系统工程需要产地生产者、产地经营者、运输专业单位、销地经销商等多个环节共同协作，各环节的设备投资都很昂贵，因此，在我国要普遍发展具有一定的难度。但是实施预冷措施并不十分困难，在产地建立小型或微型预冷库可明显地减少进入运输过程中生鲜农产品的损耗。

七、物流过程中保持适宜的低温

生鲜农产品在物流过程中应尽量采用有机械制冷设备的箱体或车辆，或在运输前采取加冰或保温等措施，避免在运输过程中发生高温现象。

八、流通终端建立适合的贮藏场所

生鲜农产品及水产品批发市场低温贮藏设施的建设应是农产品批发市场建设的重点之一。

九、合理使用物流保鲜剂

保鲜剂，包括采后及物流过程中使用的保鲜剂，均必须使用国家允许在采后使用的保鲜剂，并且操作过程要标准化，要严格按照产品要求的方法执行。

91 如何保护农产品品牌?

答：随着商业环境的不断演化，市场竞争已经进入到品牌制胜时代。强势品牌作为企业最重要的无形资产，是占领市场和赢得顾客的基础，其拥有数量的多寡已成为决定一个地区甚至一个国家核心竞争力和竞争优势的关键。要

保护现有的农村电子商务品牌，可以从战略品牌管理、法律手段、构建战略联合保护网络和挖掘内部管理资源等方面，提出完善农村电子商务产品品牌保护的思路和对策。

（1）战略品牌管理。战略品牌管理能够塑造代表象征性利益和情感内涵的独特品牌个性，为消费者带来差异化的消费体验，使竞争者甚至伪造者难以复制或模仿，可有效地保护品牌资产。战略品牌管理要求企业管理者尤其是领导层要拥有战略品牌思维，清晰地定义品牌含义；通过农村电子商务企业文化统一思想，使企业内部员工从思想到行动上深刻、一致地理解和传递品牌内涵；通过外部营销传播，清晰地向消费者传递品牌内涵，塑造独特的品牌个性，培育消费者忠诚度，提高消费者对假冒伪劣品牌的“免疫力”。

（2）法律手段。法律手段并不能对品牌提供长期保护，只有与其他品牌保护策略相结合才能发挥作用。法律手段应用的前提是正确地对品牌进行注册。品牌注册包括名称、商标、标识、标记和设计等要素的注册。据调查显示，知识产权侵权行为中，商标侵权占侵权总和的92%，专利侵权占5%，因而商标权的保护是品牌保护的重中之重。目前，我国已形成了较为完整的知识产权法律保护体系。农产品品牌保护策略的重点覆盖其所有产品组合的商标注册、原产地标识认证、中英文名称以及农村电子商务企业标识注册。同时可以申请“中国驰名商标”认证，这种商标认证保护将适用于市场上所有相关产品类目。

同时，要健全知识产权保护制度，完善地理标志认定评价机制，积极鼓励农产品区域品牌主体申请注册中国地理标志、地理标志保护产品和农产品地理标志等集体商标和证明商标，保护农产品区域品牌产权权益，依法打击农产品区域品牌使用中的“搭便车”假冒侵权行为。建立完善的农产品区域品牌年审年检制度。对获得集体商标和原产地商标、地理标志等的农产品区域品牌展开年度质量资格检查，对存在产品质量事件或影响区域品牌发展的事件要依法依规处理。同时要建立和完善不定期对农产品区域品牌产品质量的抽检制度，针对抽检出现的产品质量事件和影响区域品牌发展事件的经营主体要依法进行处理。

另外，要加强对农产品区域品牌使用主体的自律行为教育，加强自我监督自我保护。通过相关的教育活动，使区域内的品牌使用主体明白区域品牌滥用、搭便车、假冒带来的后果，进而达到农产品区域品牌的自我约束、自我监督、自发维护的效果。依法严厉制裁假冒、滥用农产品区域品牌等违法行为，包括经济制裁和法律制裁，如禁止违法企业或个人再从事同类产品经营活动，并将违法企业行为公之于众。

(3) 构建战略联合保护网络。在行业内与竞争对手进行联合战略以保护品牌，实践证明这是一种行之有效的手段。目前，农村电子商务企业尤其是拥有强势品牌的企业都面临着同样的侵权问题。据调查显示，在海关、工商等部门截获的造假、走私等品牌侵权案例中，行业内竞争性著名品牌通常会在同一地点同时出现。这种联合战略不仅可以是行业内竞争者之间的联合，还可以延伸到供应商、批发商和零售商等关系网络成员。因为对于农产品品牌的保护，流通渠道因素至关重要。通过构建联合保护网络，对从事伪造品牌交易、生产、批发、零售的组织和个人进行管制和监控，能够实现资源、信息、反伪造手段和成功案例的共享，节省了品牌保护的预算和资源消耗。

(4) 挖掘内部管理资源。农村电子商务企业应充分利用企业内部资源，如营销管理、人力资源管理和研发等管理资源，精心设计品牌保护方案。营销人员应该密切关注零售环节的信息动态，收集相关品牌侵权信息。不仅要对批发商、零售商识别假冒伪劣品牌的能力进行培训，而且要求在流通环节设置相关人员，收集信息、监控侵权行为。研发部门要不断研发防伪技术和方法，为消费者鉴别真伪品牌提供信息、创造条件。作为人力资源部门，其任务是通过合理的薪酬设计和职业规划，不断降低农村电子商务企业技术人员的流失率，防止竞争对手利用“知识员工”跳槽，窃取品牌核心信息和关键技术。

(5) 明晰和完善农产品区域品牌的产权制度，规范品牌授权申请使用制度。农产品区域品牌作为区域公共品牌，具有排他性和非竞争性，容易导致“搭便车”“囚徒困境”“公地悲剧”和“危机株连”现象，其虽然不适合用企业品牌的经营方式来经营，但必须要明晰农产品区域品牌的产权制度。从各地实践经验来看，建立“政府认定扶持、农协注册管理、企业参与、农户跟随”的农产品区域品牌管理发展模式是比较合理的。通过注册集体商标和证明商标，明晰农产品区域品牌产权边界和产权主体，明确农产品区域品牌拥有主体的权利与义务，通过产权激励促使品牌所有者有效经营管理品牌资产。因此，农业产业协会作为农产品区域品牌的产权人，作为品牌拥有人、经营管理者主体相比较地方政府更为合适，但需要通过法定程序来确定。具体可由农业产业协会为主体申请注册区域品牌、集体商标（或证明商标）、地理标志和原产地域标志保护等，并由其统一管理、保护和监督，防止农产品区域品牌出现“公地悲剧”现象。对于因区域品牌的商标权和原产地地理标志注册所有权的主体不同，导致内耗损害整个区域品牌利益的危机事件，如“金华火腿”，应该通过资产重组（政府推动或市场购并），进行协调管理，实现农产品区域品牌的商标权、集体商标、证明商标、原产地地理标志所有权等产权主体的统一。

农业产业协会要建立和完善农产品区域品牌申请授权使用管理的规定和章程，同时建立区域品牌质量认证体系、统一的行业标准和市场准入标准。法定区域内任何企业、合作社、生产基地和农户等主体，需要按照规程要求积极完善产品生产管理体系，积极向农业产业协会申请使用。由农业产业协会进行资格审查，只有通过资格审查且产品质量达到规定标准后，协会才会授权其使用区域品牌标识系统。同时通过官方媒介渠道，如品牌网站和政府官网，进行资格审查公告宣传。另外，农业产业协会应该对农产品区域品牌实行质量保证金制度，加强对被许可人的管理和监督。一旦被许可使用人不能按规定条件生产经营，农业产业协会要及时终止与该被许可人之间的许可使用合同。同时按照合同要求，对质量保证金进行扣减，并及时通过官方媒介和渠道，对解除使用品牌商标资格者进行公告宣传，以避免再发生损害区域品牌声誉的行为。如造成损失的，还应赔偿损失，可直接用质量保证金冲抵。

（6）完善注册商标和产品认证，规范和保护农产品区域品牌的发展。第一，基于政府支持，农业产业协会要积极申请注册农产品区域品牌，科学设计品牌标识系统，树立良好的品牌形象；第二，农业协会要向工商总局、农业部、质检总局等相关部门积极申请注册集体商标、证明商标、地理标志产品、农产品地理标志、原产地产品保护等，依此来提高品牌声誉和品牌信用；第三，农业产业协会要根据区域内区域品牌农产品的传统生产工艺等，积极申报专利技术和非物质文化遗产；第四，农产品区域品牌不但要在我国国内注册，而且要争取在国外进行注册；第五，积极注册农产品区域品牌的网络域名。网络域名是指互联网上的网络系统的名称。随着互联网及移动互联网在全球的普及，对农产品区域品牌来说，网络域名也是一种必须占有的网络商标，是一种知识产权。特别是在互联网时代，必须认识到网络域名是一种新的战略资源，农产品区域品牌必须加强网络域名的注册和认证，防止域名被国外企业抢注。

农业产业协会要建立专门的监管管理部门，对农产品区域的品牌进行统一使用、管理、保护和监督，从法律角度防止农产品区域品牌被共享、被侵犯和不规范使用。通过建立完整的农产品区域品牌经营管理标准，如品牌申请、资格审查、授权使用、使用规则、产品质量标准、品牌推广标准、定期监督检查等，建立和完善农产品区域品牌合理的“财权事权统一、激励约束相容”的品牌治理机制，在确保农产品区域品牌的整体权益的同时，兼顾受让人和使用人的权益，从而有效规避农户短期经营所导致的“搭便车”“囚徒困境”“公地悲剧”等农产品区域品牌的负外部性，充分发挥农产品区域品牌的品牌效应。

92 为什么说发展农村电子商务需要打造品牌农业？

答：农村电商是一个环环相扣的全产业链的生态体系，在农村电商体系建设中，打造农业的品牌营销体系是非常重要的一环。品牌营销体系不仅涉及农产品的销售环节，甚至包括产品的种植、加工、包装、渠道、物流、销售、售后等各个方面，因此不可不重视。

2016年7月11日，商务部印发的《农村电子商务服务规范（试行）》指出要建立农产品电子商务营销体系，要“通过农村电子商务营销体系建设，为农村群众提供活动策划、产品包装设计与视频拍摄、代运营、分销体系建设等服务，指导创建自有品牌，积极推动‘三品一标’‘一村一品’农产品网上营销。”

目前，品牌农业已上升为国家战略。2015年，习近平主席在延边朝鲜族自治州考察调研时说：“中国有13亿人口，要靠我们自己稳住粮食生产。粮食也要打出品牌，这样价格好、效益好。”2015年“中央一号文件”指出，要大力发展名特优新农产品，培育知名品牌；2016年“中央一号文件”对“创建优质农产品和食品品牌，以及培育一批农产品精深加工领军企业和国内外知名品牌”做出了重要部署。可见，品牌农业已经提升到国家战略层面，需通过农产品的品牌建设，带动农业发展、富裕农民，让农业经营有效益，让农业成为有奔头的产业。

社会消费已进入“品牌时代”。随着人们经济收入的增加、生活水平的提高，人们对商品的要求也在提高，对产品的质量、安全、营养、绿色有机等要求越来越突出。经过市场千锤百炼而成的品牌是商品一切品质的保障。中国改革开放30多年，繁荣的市场经济下，每个品类的商品都有很多个品牌，按品牌购买已成为人们的消费习惯。

品牌农业是农业未来的发展趋势。近几年，在“互联网＋农业”的推动下，传统农业正向现代农业实现转型。互联网的快速、便捷、数据沉淀、可追溯等特性，被用于农业生产、农产品营销、流通等农业生态链的各个环节，也为农业品牌的整合塑造带来了新的机遇与动力。

以阿克苏苹果为例。2012年，西域美农联合淘宝，采用预售模式尝试销售阿克苏苹果。10月24日预售出10 000多箱，仅3天销售额达到了400万元，而当时的苹果还在树上。经此一役，“阿克苏苹果”从此名扬天下。如今，买家搜索苹果时，“阿克苏苹果”已成为首要关键词，搜索量比“陕西苹果”高一个层级。从淘宝指数可知，每天1 000个人搜索“阿克苏苹果”，只有300人搜索“陕西苹果”和“洛川苹果”。可见，已有良好口碑的农产品如果不利用互联网推广品牌，也会被新品牌抛在身后，失去既有优势，更何况那些还默默无闻的产品。

10万亿级的“互联网＋农业”蓝海市场，越来越受到资本与创业者的青睐，加上“互联网＋业态”的发展，农村电商对农业品牌化起到了巨大的推动作用，农业经济获得了长足发展，农产品品牌的数量也在不断增加。2015 年，中国国家工商总局核准注册农产品商标 36.71 万件，同比增长 51.9%。截至 2015 年年底，国家工商总局累计核准注册农产品商标 205.61 万件。

品牌强则农业强。不管从国家战略，国民需求还是市场发展趋势，实施农产品的品牌战略，已成为我国建设现代农业、优化农业产业结构、转变农业发展方式、提高农业效益的必经之路。

93 如何正确认识农村电子商务中的农业品牌建设？

答：正如社会需要明星，消费者也需要明星产品，县域电商打造农产品品牌，也就是打造农产品中的“明星”。当县域电商服务商做农产品上行、打造农产品品牌时，一定要清楚中国农业的现状、农产品本身的特点、它与工业品的本质区别、它在品牌打造过程中与一般商品的品牌打造有哪些不同，考虑清楚了这些再去规划品牌建设才能少走弯路，达到目标。

一、农业品牌的主要特征

下面先来看一下农业品牌有哪些主要特征，从中找出品牌创建之前需要思考和认清的事实。综合来看，农业品牌大致有以下六个特征：

（1）产品溢价：制造高附加值，提高了农产品的销售价格。

（2）识别性强：消费者可通过品牌、包装、LOGO、广告语等快速找到所需的品牌商品。

（3）可追溯：可通过扫描二维码，查询、了解农产品的产地、生产者、种植、加工等信息，产生信赖感。

（4）安全保证：消费者选择生态健康、绿色安全食品的标志。

（5）规模性：持续的品牌竞争力与影响力，必须靠一定的规模优势来保障。

（6）独特性：根据各地农产品地域特色创建品牌个性，形成市场差异。

二、创建农业品牌的要求

创建农业品牌是县域农村电商发展中农产品上行的重要一环，是重塑农产品供应价值链的过程，是农产品价值提升的体现，也可以说是产业的供给侧改革。顺应县域农业特点创建农业品牌有以下要求：

（1）农业品牌的打造有赖于规模化经营。品牌是大工业、大市场、大流通、大交换经济条件下的产物，中国传统的自给自足、一家一户的小农经济形态，力量分散，不能形成集聚效应，很难有力量打造品牌。农产品的品牌打造有赖于生产与经营的规模化，需要有一定的规模和组织，让土地、生产工具等要素集中到少数人手里。如今国家进行的土地确权、土地流转政策正为此提供了优越条件，建立农村专业合作社，也在组织上促进了农业品牌化的进程。

（2）农业品牌的打造需要走产业化之路。做品牌农业要摆脱农业是第一产业的局限，主动与第二、第三产业高度融合、联动，整合资源，形成完整的农业生态产业链，打造适合自身发展的“公司＋基地”“公司＋合作社＋农户”“公司＋合作社＋超市”“公司＋合作社会＋电商平台”“公司＋基地＋金融”等产业模式，为农产品上行打造完善、可靠的供应链。

（3）农业品牌的打造需要有标准支撑。农产品为自然生长，易受自然环境变化的影响，非标准化是农产品与工业品的最大差别，这严重困扰了农产品销售、品牌打造。引入现代经营管理理念和手段，设计系统的种植标准、行业标准、流通标准等，为优质、合格的农产品设立门槛与流通规范，可对品牌建设形成有力的支撑。

（4）农业品牌打造的核心是生态化。食品安全问题频发，提升了公众对食品品质的需求。农产品的安全、健康、优质始终是品牌打造的基础与核心，遵循自然、生态种植是品牌农业的灵魂。

发展农业品牌要从生产贸易型转向品牌营销型，但前提是要尊重农业的自然生态属性，种植和加工优质、健康、安全的农副产品，借鉴现代管理、营销方式，进行规范化、系统化、产业化运作，推动现代农业的转型与跨越式发展。

94 企业在农村电子商务中是如何打造农产品品牌的？

答：农产品品牌的打造不是一蹴而就的事情，而是一个系统的操作过程，需要时间的累积、市场的沉淀。品牌也不是单纯的视觉设计，不是做一个包装、起一个名字、设计一个 LOGO 那么简单，而是基于产品核心价值和整体发展战略，以市场为导向进行系统化策划。

农产品品牌的打造有一定的步骤可循，一般可分为以下五步：

一、打造好产品

产品是品牌的第一载体，好产品是好品牌的根本保障。市场上的强势品牌的背后都有好产品的支撑。因此，打造农产品品牌的第一步就是先做好一个有市场、有差异化、有地域特色的产品，并踏踏实实、集中力量把产品品质做好，把产品的市场竞争力做到位。产品的开发和品质管理是打造品牌的前提。

要做出好的农产品，就要把选种、种植、采收、选品、加工等各个流程环节管控好，实现农产品种植、加工的标准化和产业化，打造优质农产品的供应链和品牌坚实的后方基地，为将好产品变为好网货、打造好品牌做好充足准备。

二、明确品牌定位

为产品寻找差异化的市场机会点，是品牌策划中首先要考虑的问题。漫无目的地宣传、推广，乱枪打鸟的方式无法树立鲜明的产品形象。通过分析产品独特卖点、用户的特性与需求、使用环境等，寻找市场差异点，并进行精准的市场细分与产品定位，提炼单纯锐利的诉求，以便在消费者心目中占据一个独特而有价值的位置，从而聚焦、吸引最有价值的目标消费者。

定位的方法有多种，如：王老吉的“怕上火喝王老吉”的功能性定位、娃哈哈纯净水的“27 层过滤”的工艺型定位，以及赋予情感因素或价值主张、细分目标消费群的定位等。总之品牌的定位要记住一点：消费者的需求是品牌定位、品牌承诺的指挥棒，只有将产品自身的特色和卖点与消费者的需求点相结合的定位才是有效的定位。

三、基于定位的品牌策划

产品有了明确的定位，就为品牌的策划奠定了基调，指明了方向。基于产品的市场定位，我们可以进行详细的品牌策划，包括品牌命名、品牌理念、品牌广告语、品牌故事，甚至品牌商业模式、产品系列规划、定价策略、销售渠道、营销策略、传播策略、发展战略规划等，以此来搭建完整的品牌体系架构。

品牌命名、广告语、品牌故事已是目前农产品线上品牌的标配，它们是品牌的灵魂。品牌策划需要文案策划人员深入农产品产地深挖当地的历史、人文，访问当地种植户、加工户，了解其种植、加工过程当中的要闻趣事，提炼出反映产品功能特点或历史人文内涵的内容，以能打动目标消费者的品牌名、广告语、品牌故事等来呈现。

四、视觉设计

品牌视觉设计的目的是通过品牌的符号化、形象化，强化品牌与消费者的紧密关系。在这个视觉为王的读图时代，品牌的视觉设计在品牌规划、推广中显得非常重要。

品牌的视觉设计要基于品牌的市场定位，针对目标人群的品位，确定视觉设计的风格基调，然后延伸出品牌 LOGO、主视觉、包装、店铺详情页设计，以及折页、易拉宝、文化衫、APP 界面等线上线下宣传物料的设计。

五、品牌传播

在“互联网+”时代，随着消费者年龄层的年轻化，各种社交媒体、平台的出现，受众关注点的转移，品牌的传播也不是在传统媒体上打个广告那么简单。需根据目标受众的生活和消费习惯，在消费者的各个触点显现，和消费者互动，并进行深度沟通、持续传播品牌理念。

（1）销售渠道传播：分为线上电商渠道、传统线下渠道传播。把产品放在目标消费者最常光顾的销售渠道中，让消费者看到产品。创造购买的基础条件。

（2）媒体传播：一是利用外界媒体传播，传统的户外广告、地铁广告、楼宇视频，新兴的网站、微博、微信公众号、论坛等多渠道、多元化传播；二是创建自己的自媒体团队，打造自己的微博、微信公众号、头条号、豆瓣、支付宝窗口、贴吧等自有媒体矩阵，要和消费者建立密切关系，把种植、采收、加工等流程展现给消费者，并获得他们的信赖。

（3）活动传播：主动策划线上线下营销活动，出奇制胜，强化消费者认识，扩大品牌知名度；参加各种农业博览会、农特产品展销会等，推广产品与品牌。

95 农村电子商务农产品品牌营销存在的问题及对应的实际操作策略有哪些？

答：随着我国农业现代化进程的加快，人们生活水平的提高，农产品消费也在迅猛发展。在农产品电商的驱动下，农产品市场走到了线上线下共同繁荣的阶段。农产品电商的蓬勃发展为中国农业的现代化转型提供了新的驱动力，为农产品的品牌营销提供了新的营销技术与手段。

一、存在的问题

中国农业整体仍处于传统向现代化转型的起步阶段，从中国农产品市场的现状来看，在农产品电商营销中存在着一些问题，需要我们去面对和解决，大体来说主要有以下五个方面：

（一）落后的农产品结构与变化的市场需求结构不匹配

陈旧的组织、生产方式，让农产品存在品种老化、标准不统一、品质难保障，以及初级农产品、粗加工产品多而精品少等问题，不能满足人们生活水平提高后对农产品安全、优质、营养、订制化的大市场需求。

（二）营销主体组织化程度低，对市场反应迟钝

一家一户的分散小生产方式，资金与技术条件的缺失，让农民们缺乏及时准确获得市场信息的渠道与意识，无法应对互联网时代下快速变化的市场状况。多数农业主体仍处于盲目跟风阶段，今年什么好卖明年就种什么，往往一窝蜂式的，种多了就烂地里没人要。

（三）流通环节多，成本高，效率低

目前，我国农产品走电商渠道的是极少数，主要流通渠道仍是农贸批发市场、超市、大卖场等，要经过生产者→批发商→零售商→消费者等许多环节，可控性差，信息反馈慢，无形中增加了产品成本和到达消费者的时间，降低了产品的市场竞争力。

（四）流通体系不健全，物流成本高

伴随着电子商务的快速发展，近几年“四通一达”顺丰等物流公司纷纷崛起，但物流服务远远不能满足电商发展带来的业务量激增，服务规范、保险、安全等方面也存在着不足，生鲜电商的冷链物流仍是行业痛点与短板，部分偏远地区的某些农产品的物流成本甚至会占到产品价格的一半。

（五）营销观念淡薄，促销力度不够

农民分散小户经营，自给自足，不但造成品牌、营销意识的缺失，而且由于个体力量有限，不可能进行大规模的营销活动，无力通过大活动来塑造有影响力的品牌，因而无法达到扩大农产品市场、提高农产品收益的效果。

在“互联网+”的信息时代，“互联网+现代农业”已成为中国农业的发展方向，破解这些问题的关键，在于加深互联网与农业的进一步融合。政府应加快农村网络基础建设工作，引导产业龙头企业发挥带头作用，培育农产品产业化，建立农产品标准化体系，完善物流体系建设，解决农民现代信息技术应用和培训的问题，为农产品营销提供坚实保障。涉农企业、组织和个体要增强创新意识、创意思维、营销观念，采用创新营销策略打造新一代消费者喜爱的农产品品牌，提升农产品价值，增加收益。

二、实际操作策略

在以“互联网＋”引导现代农业转型升级的大环境下，在农产品营销层面，针对农产品市场的潜在需求，农产品电商营销有多种策略与方法。农业经营主体如能本着“整合资源、用户思维、借力发展、务实推进”的原则，综合运用，一定能打造出自己的品牌，开拓出一条成功的新农业之路。具体来说主要有以下几种策略：

（一）产品策略

农副产品要凭借当地的自然环境和文化背景挖掘自身的特色，走地域的差异化之路，“人无我有、人有我精、人精我异”的特色稀缺性仍是市场制胜的法宝。同时，消费者越来越重视食品的特色、营养成分、安全卫生和易加工性，也是规划农产品策略时要考虑的问题。

（1）创新产品：求新求异，吸引眼球。如方形西瓜、五谷五彩瓶，开发提前或推迟上市的错季农产品。

（2）产品细分：针对受众需求，将产品细分，以满足消费者多层次的需求。如出售糙米，送磨米机，让消费者自己磨米吃。

（3）产品深加工：如四川仁寿枇杷，被加工成枇杷汁放到网上售卖，满足了当下消费者抗霾健肺的需求，克服了鲜活农产品不宜贮藏、运输和保鲜的缺点，同时，加工后的产品可以不受季节和地域的限制，增大销售半径，提升产品价格。

（4）极致策略：将一种产品的品质、服务做到极致，打造良好口碑，形成持续大卖。如著名的网络辣酱品牌“倪老腌”。

（二）价格策略

农产品价格策略除了考虑成本、市场需求、竞争状况外，还要考虑营销目标，是要快速占领市场，还是要追求利润最大化，或者是抗衡竞争对手。

（1）分级策略：同类产品针对不同层次的消费人群可分为高、中、低三款产品和三个价格层级。

（2）折扣策略：鼓励顾客购买行动，扩大品牌知名度与市场占有率。主要有现金折扣、数量折扣、功能折扣、季节折扣等策略。

（3）促销定价：网上销售常用的爆款营销方式，以超低价售卖超值产品，吸引消费者对店铺、品牌的关注。

（三）渠道策略

目前，用户在农产品营销渠道过程中的参与程度越来越高。营销主体应根据产品定位、目标用户的购买习惯，确定线下线上的销售渠道，通盘考虑选择线下的农批市场、超市、大卖场、专卖店，线上的电商平台代销、平台自营的旗舰店、微商分销，形成线下线上融合的O2O立体渠道策略。渠道力量不可分散，应集中突破一个地域，积攒口碑，再以根据地为中心向外辐射。

（四）促销策略

可以参与电商平台的日常促销活动，或参与平台的节庆促销活动、或选出一个或一组爆款产品参与平台促销，结合店内促销吸引客流。还可以联合相关联的优质产品品牌一起搞活动，整合各方资源与用户，扩大品牌影响力，提升销售额。如开展赠送品尝、购买抽奖、限时秒杀等活动。

（五）包装策略

在现代市场营销中，包装的作用已不仅仅是保护产品和便于运输，营销手段的作用也日益凸显，通过精美的包装展现品牌价值、产品品质、企业理念逐渐被生产者所认同。消费者的需求日益个性化，精美的、风格独特的包装往往更能吸引人去购买产品。

（1）文化包装：包装上呈现产地的历史、人文特色、品牌故事、品牌精神等。

（2）个性包装：在包装上呈现与消费者相关的文化、理念。如著名的江小白酒、可口可乐瓶体上说出消费者心声的个性化语言，让受众在阅读语句时对品牌、产品产生认同感。

（3）特殊材质包装：符合产品定位与消费者认知及需求的、风格鲜明的包装。如原生态的草编包装、竹筒包装、陶罐等。

（六）品牌策略

农产品品牌化是增强产品价值、产品品质信任度、产品辨识度、企业长久发展的保证，是市场经济条件下提高竞争能力的手段。需建立农产品鲜明的品牌形象、品牌文化理念、品牌故事，让良好的品牌形象成为用户选择产品的主要依据。品牌要借势发展，目前，中国有近 2 000 个农产品地标，优秀的企业品牌却不多，农产品品牌空间大有可为。

在建设农产品品牌时，可以从名称、符号、理念、口号等方面着手。

（1）起一个好名字：如山上散养的鸡叫“跑山鸡”，让消费者一听就心领神会，记住不忘。

（2）创造一个过目不忘的记忆符号：如烟台大樱桃品牌，用樱桃外形设计的抽象的 good 符号。

（3）塑造一种生活理念：如重庆的江小白酒，受众定位是每一个当下热爱生活的文艺青年，根据这群人的思想特征，创立者提出了“我是江小白，生活很简单”的品牌理念。

（4）喊出一句有态度的口号：如当年的“农夫山泉有点甜”，一句话成就了一个品牌。

（七）营销策略

农产品的市场营销是农产品生产经营者通过各种方式，满足人们的需求和欲望，实现农产品交换的过程。农产品营销活动不同于工业品，它可以贯穿农产品生产、流通、交易、售后的全过程。创新是其灵魂。

（1）创造新的营销方式：改变传统的售卖方式，如吉林的万亩鸭田生态水稻订制农场，其售卖方式是“不卖米，只卖田，吃米只吃自家田”，面向城市高端人群，认包一块稻田，稻田里产的生态米归承包者所有。

（2）塑造新的生活方式：休闲旅游已成为都市里居民们的一种新型生活方式，农业主体可发展体验农业，农旅结合，打造创意农园，吸引城市消费者来休闲旅游，让消费者通过亲自参与体验各种农事活动，从而接受创意农业产品。

96 如何策划和运作农产品电商事件营销？

答：现在是一个全民营销的时代，平台需要营销、政府需要营销、企业需要营销、个人也需要营销。营销就像一根火柴，容易点燃。在县域农村电商建设中，政府要做一根“火柴”的工作，找个时机将农村电商建设点燃。

目前各大电商平台上农产品事件营销可分为以下几种类型：紧跟政策型；社会热点型；名人站台型；讲故事型。

一、紧跟政策型

国家政策具有强大的号召力与影响力，各大平台为借势，往往会紧跟国家政策、抓政策热点来策划活动，吸引眼球。县域政府和农业主体可结合自身情况，响应政府政策，借助平台提供的机会，整合资源，参与活动做营销。

案例1：国家号召“青年返乡创业”，各大电商平台策划与各省团委推出“聚力青年”系列主题活动，输送话题，吸引眼球。

案例2：国家推出“土地确权、土地流转”政策，某平台为了解决农村闲散土地问题，让土地流转与电子商务相结合，策划了城里人承包农村土地做“地主”的“聚土地”活动。

案例3：两会热议环保话题，泉林纸业策划了一个“拯救森林，定制环保纸”的活动。

二、社会热点型

在信息时代，信息的传播速度加快，社会热点层出不穷，能瞬间吸引很多人的眼球，做营销就要随时关注时事，留意社会热点，评估事件性质与影响力，策划有创意、有意义的活动，借助热点来吸引人的关注。

案例1：南海问题受世界瞩目，国人愤慨。一根火柴整合行销公司（以下简称一根火柴公司）借机策划了“插着国旗去捕鱼——南海第一捕活动”，首次让互联网挺进祖国最南端海域，激发了国人的爱国情怀，“做中国人吃中国鱼”，掀起了一次万人团购南海鱼的活动。同时站在国家海域主权独立、开拓南海资源等新闻热点上，引起大量新闻媒体的关注。

案例2：2015年春节前，媒体曝出在南水北调工程中，丹江口水库作为水源地，几十万口网箱需要搬迁，大批渔民面临巨大损失，各平台纷纷出手，为他们策划“爱助丹江口，齐心来众筹”“羊年有鱼鲜上鲜”等活动，帮助渔民卖鱼，让渔民过了个幸福年！

案例3：2015年6月，媒体报道了《陕西多地油桃滞销被倒河道　果农一年血本无归》的新闻，某微商平台发起“公益油桃”活动，4个小时就帮桃农卖出4吨。

三、名人站台型

借助名人的影响力，邀请名人、有社会影响力的企业家、各国大使、政府官员等“权威人士”为活动站台，可令活动在吸引人气方面起到事半功倍的效果。粉丝经济不可小觑。

案例1：广为人知的就是褚橙、柳桃、潘苹果，一个人带动了一个产业。还有李冰冰、黄晓明、任泉三大明星入股韩都衣舍，香港美食家欧阳应霁出镜助售云南松茸等。

案例2：如果没有条件请名人、明星，政府官员亲自出场也不失为一个好办法。我们能看到不少地方的市长、县长、村官出镜为本地特色农产品代言，那份推动本地农业发展的拳拳之心，体现了满满的正能量。

四、讲故事型

抓不到政策、热点，傍不到名人大款，那就讲好一个故事吧。每个辛勤创业者背后都有悲怆或激昂的感人故事，历史悠久的中国，每片土地上都有自然风景、人文故事可挖。

案例1：一根火柴公司为九三鲜榨大豆油策划的“掀翻你的年夜餐桌——名人知青农场大豆油”活动，通过拍摄视频、北京电视台《我爱我家》栏目赞助等形式，讲述九三集团传承北大荒名人知青农场的历史与精神，用榨制一瓶好油的故事，快速为九三集团的新品打响了知名度。

案例2：一根火柴与京东首个农村电商试点县四川省仁寿县达成战略合作，

策划首届线上枇杷节。一根火柴公司深入杷农地头，通过采访，将杷农辛苦种植枇杷的故事拍摄成视频，为枇杷节的成功举办提供了支持。

97 农产品电商运营的实质和核心是什么？

答： 狭义的农产品电商是指通过互联网进行农产品的营销活动。其与传统营销渠道相比具备以下四个明显优势：

（1）实现农产品种植户、生产者与消费者的信息直达与对称。

（2）通过互联网特别是物联网，以消费者为中心，并让消费者参与其中，例如，通过物联网视频让消费者直观地看到农产品的生产和加工过程。

（3）通过对大数据的提取和分析，指导农产品的生产和加工。

（4）互联网打破了区域限制、时空限制，减少了流通环节，从而降低了流通经营成本。

农产品电商运营的优势如图3－9所示。

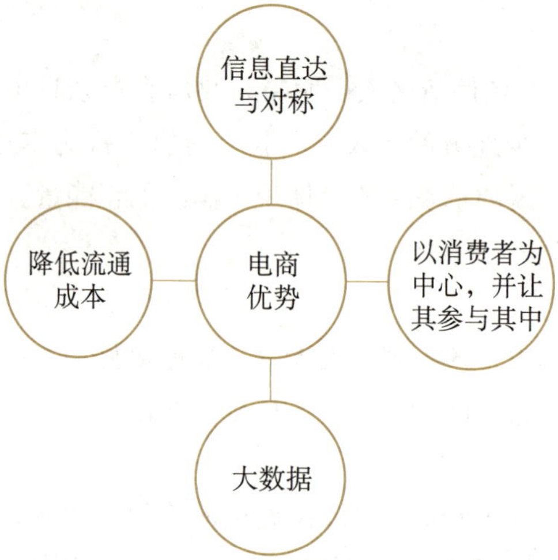

图3－9　农产品电商运营的优势

农产品电商运营是一种目前较为先进的营销模式，既然是营销模式，那就离不开商业的本质，即消费者希望以最低的价格、以最快的时间、获得高品质的商品和服务。因此，农产品电商运营的实质是如何将好的产品以最合适的价格最高效、最便利地提供给需要的用户，并为其提供优质的服务。农产品电商运营的互联网思维如图 3－10 所示。

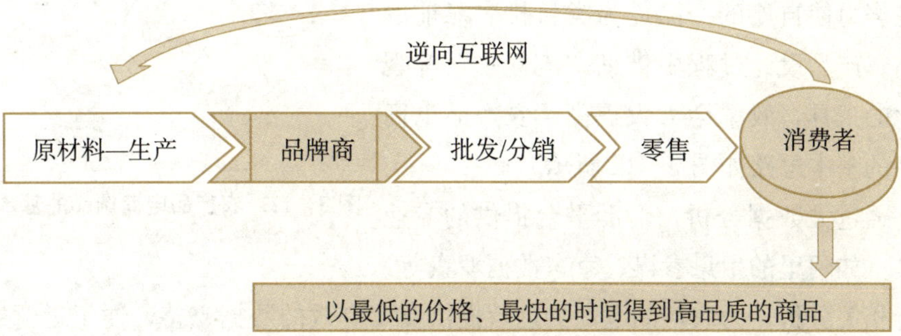

图 3－10　农产品电商运营的互联网思维

农产品电商运营的核心主要有两个：（1）符合消费者需求的高品质的品牌农产品；（2）流量，即潜在用户。没有符合消费者需求的高品质的品牌农产品就没有农产品电商运营的基础。道理很简单，消费者最终需要的是产品，而非品牌或美丽的图片。当然，有了好的产品没有流量，或者说，没有人知道产品好在哪，产品也没有价值，即无法变现。因此，还需要通过各种方式进行产品营销，使产品能被更多的消费者所了解。农产品电商运营的核心，如图 3－11 所示。

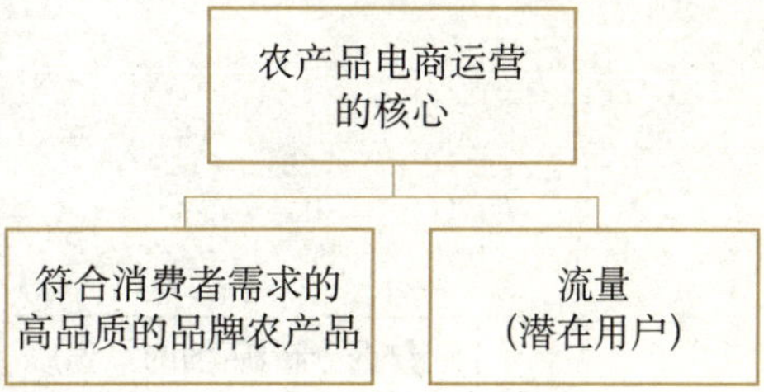

图 3－11　农产品电商运营的核心

98　如何通过大数据分析为农产品电商运营服务？

答： 通过大数据进行选品是目前最快捷、最省力的有效方法之一。现在的电商平台提供了各个类目的非常全面而庞大的数据库（如阿里巴巴、京东的商品数据库），用户可通过购买相关应用工具（如阿里的生意参谋、京东数据罗盘）来分析自己所经营的类目里，现阶段真实的宝贝排名，找到排在最前面的那款宝贝，并对这款竞品做详细分析，然后，对照自己的产品，从个性化、极致化、爆品化的思路对自己的产品进行优化，其目的是努力使自己的产品成为类目排名靠前的产品。产品设计过程中借助“淘立拍”等现代化的工具，效率会大大提高。农产品电商选品的基本思路如图3-12所示。

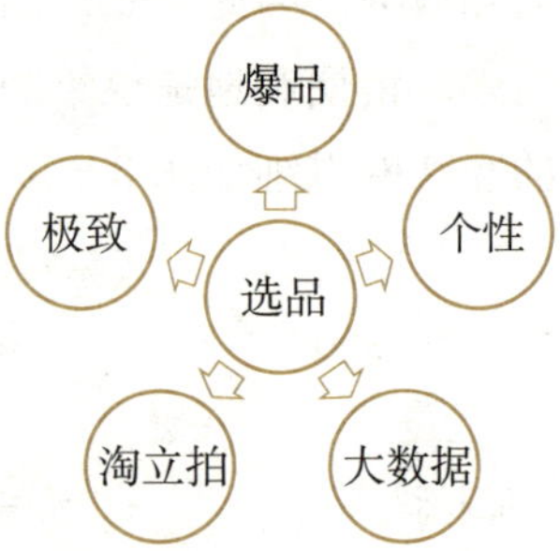

图3-12　农产品电商选品的基本思路

通过大数据分析，借助平台提供的专业工具（如阿里的生意参谋、京东数据罗盘等）进行相关分析，为农产品电商的运营提供真实有效的数据支持，便于运营主管根据数据制订农产品电商运营计划，这是农产品电商的运营之道。

数据分析是店铺的灵魂，下面以阿里的生意参谋为例，简单介绍一下相关功能。阿里的生意参谋的相关架构及内容选择指标如图3-13至图3-15所示。

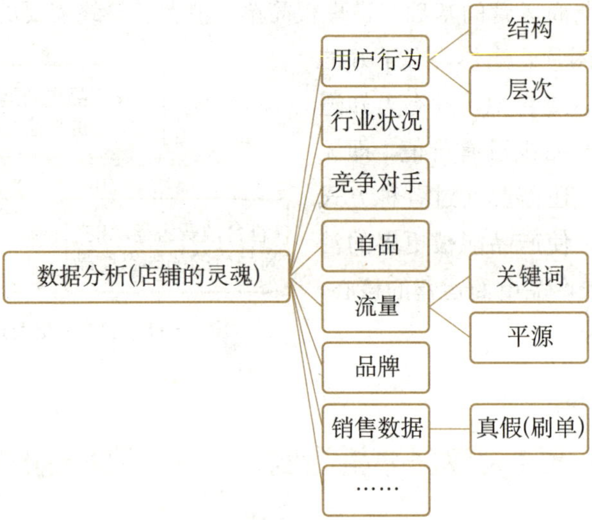

图3-13　数据分析架构示意图

生意参谋的行业大盘可让用户看清所处类目的整体情况，对于打算新开店铺的用户来讲，这是非常重要的数据。用户在开店之前，可以先通过数据分析从整个行业的角度来确定开店的可行性、行业的竞争现状等，如图3-16所示。

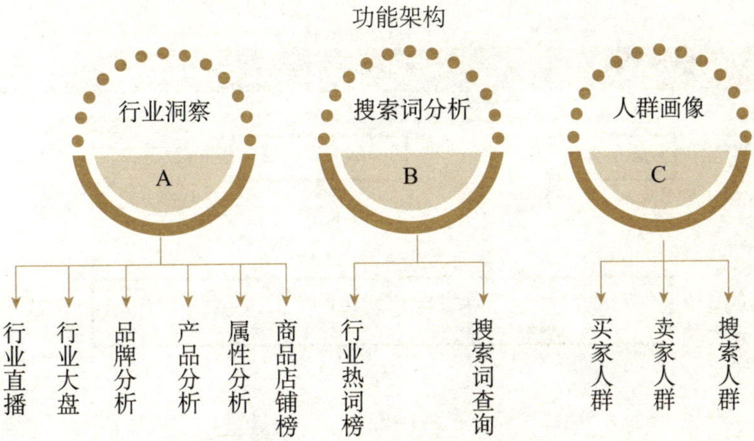

图 3-14　生意参谋功能架构图

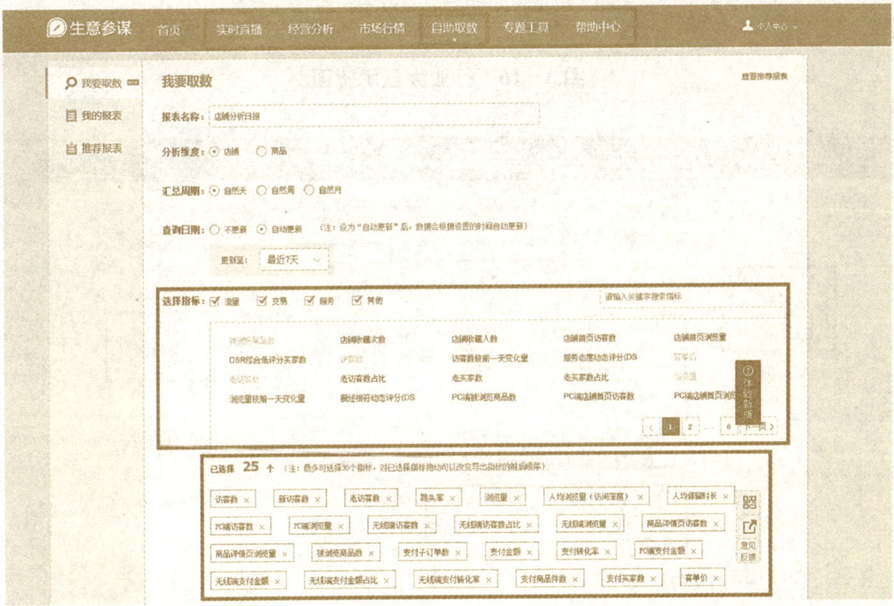

图 3-15　在使用生意参谋之前为需要抓取的数据内容选择指标示意图

生意参谋里的“品牌详情”“行业粒度”等选项可以让用户清晰地看到所选类目的相关数据，包括热销商品榜、流量商品榜、热销店铺榜、流量店铺榜等，单击“查看详情”可以深入获得相应数据。如图 3-17 至图 3-20 所示。

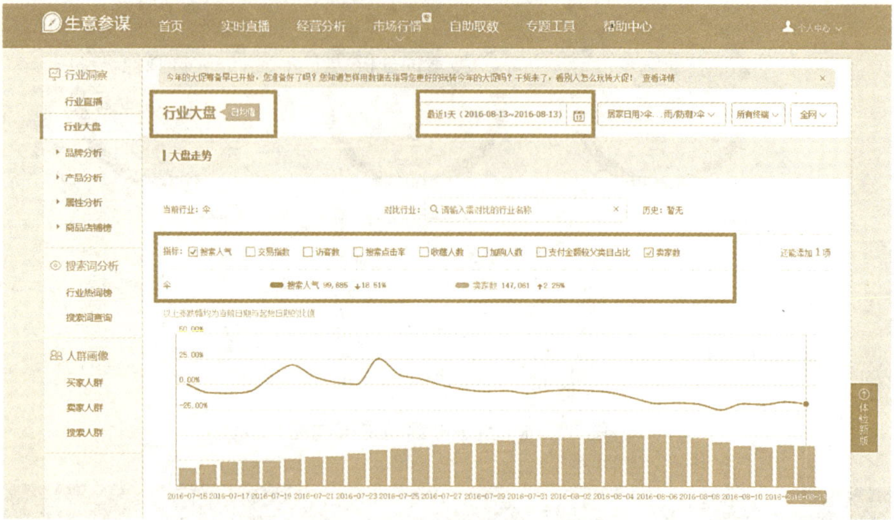

图 3－16　行业大盘示意图

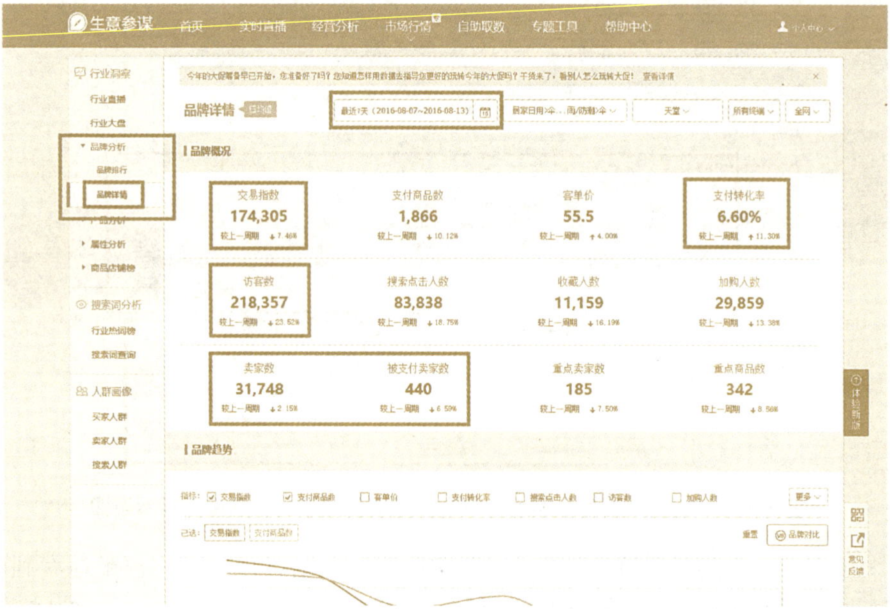

图 3－17　品牌详情示意图

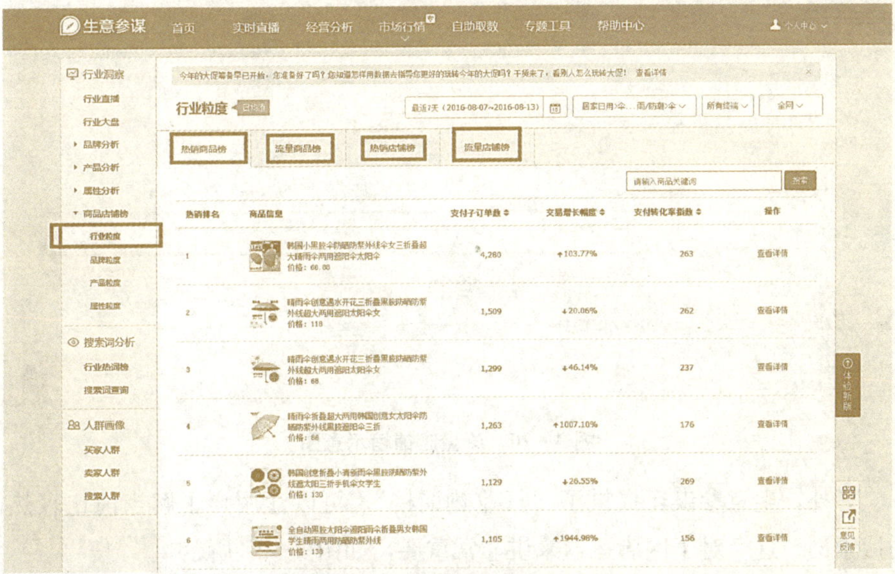

图 3-18 行业粒度示意图

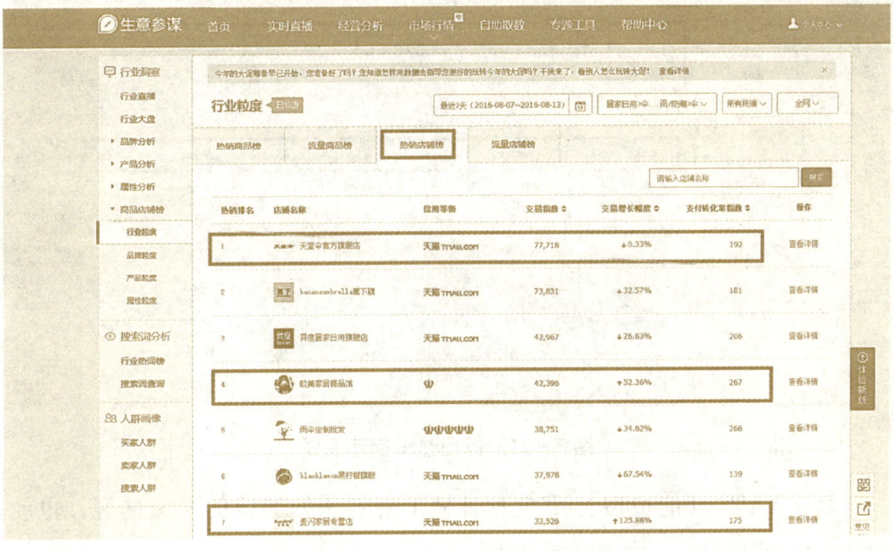

图 3-19 热销店铺榜示意图

图 3-20　流量店铺榜示意图

另外，生意参谋还提供了“行业热词榜”，可以让用户了解当前比较热门的搜索词，这个对于网店运营来讲非常重要，如图 3-21 所示。

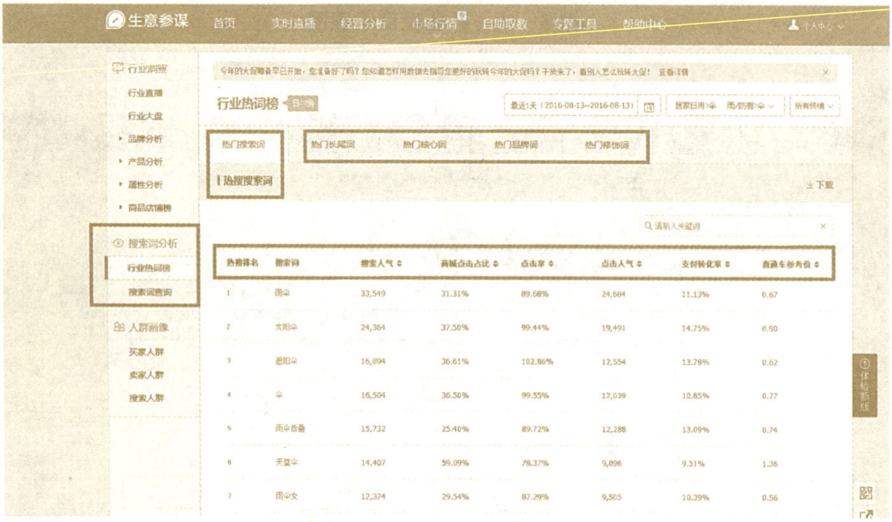

图 3-21　行业热词榜示意图

“卖家人群”功能可以让用户及时地了解其所处类目的卖家情况，也就是这个行业的竞争情况，如图 3-22 所示。

“搜索人群”功能可为用户提供了特定行业的搜索人群的相关数据，可以

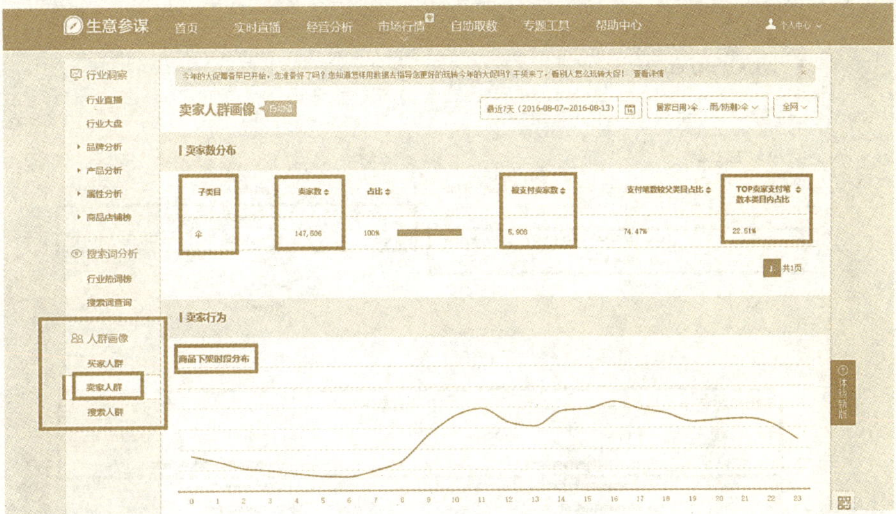

图 3－22　卖家人群功能示意图

让用户清晰地看到所处类目的客户群体的整体情况，为店铺运营提供参考依据，如图 3－23 至图 3－25 所示。

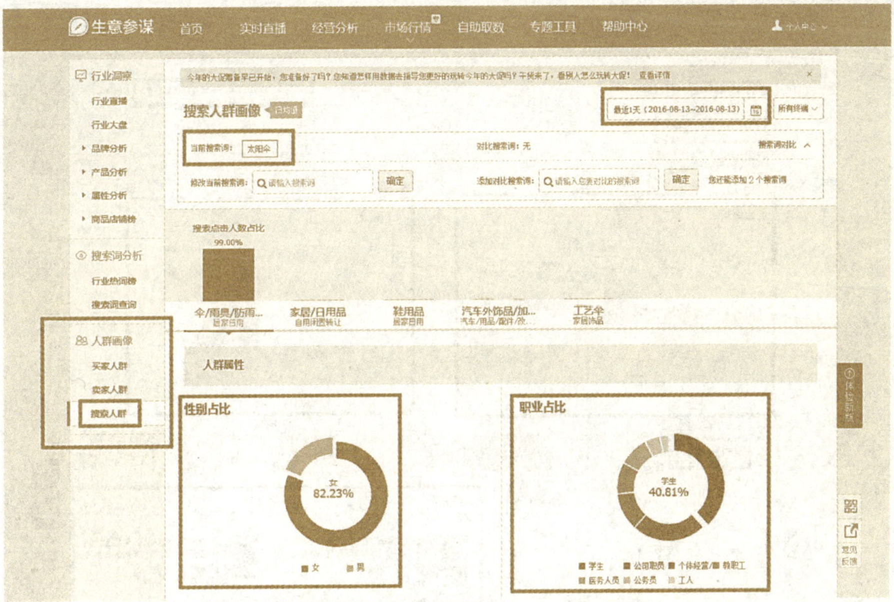

图 3－23　搜索人群功能示意——性别、职业

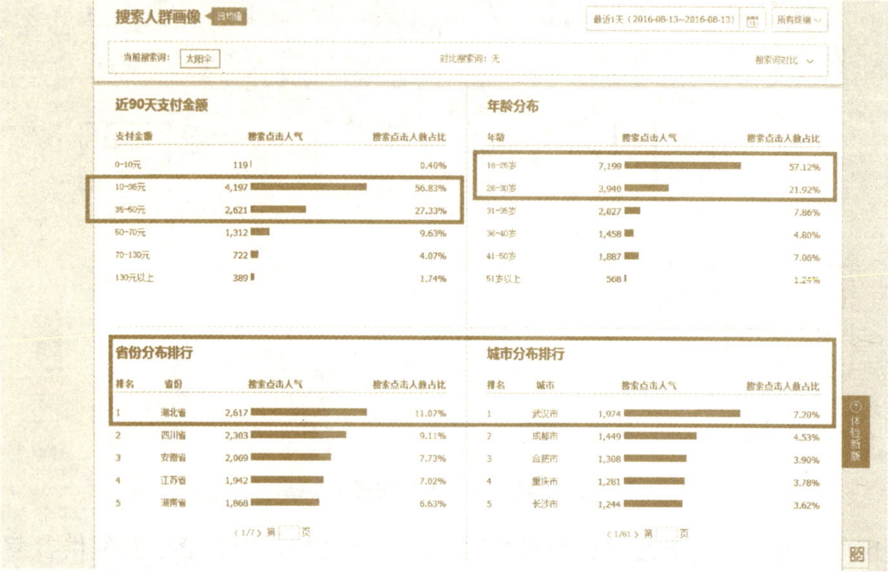

图 3-24　搜索人群功能示意——支付金额、年龄、省份和城市

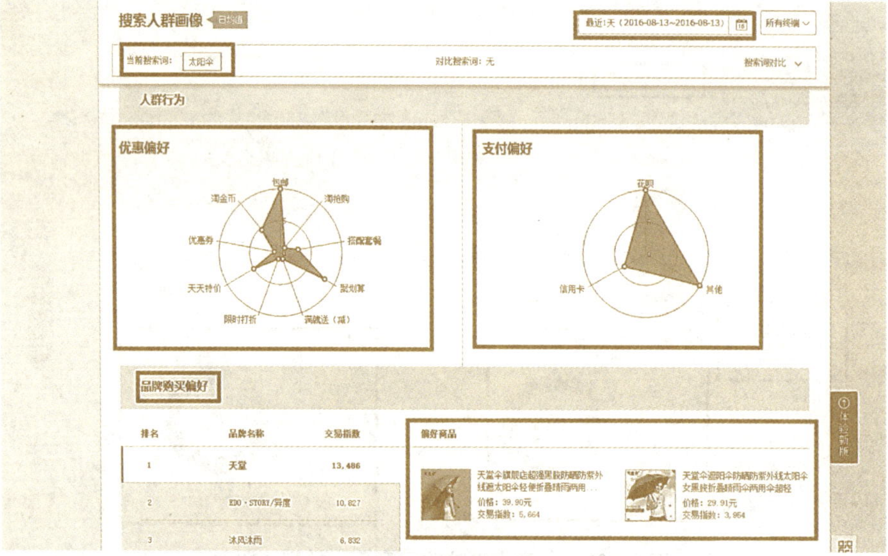

图 3-25　搜索人群功能示意——优惠偏好、支付偏好、品牌偏好

99 如何通过微营销销售农产品？

答：农产品微营销（微商）现在已经是一个很广泛的概念，准确来讲是通过移动社交工具来进行农产品的销售，包括微信、微博、微信公众平台、头条号及其他各种 APP（如手淘、手机 QQ、京东 APP 等）。从业者通过这些社交媒体，发布相关产品信息、营销软文，吸引受众注意并让其对产品产生购买兴趣。一种方式是通过社交媒体进行信息撮合，采用比较原始的方式形成购物关系；另一种方式是通过链接方式将受众导入专业的交易平台（如有赞、有量、口袋通等微分销平台），客户可在线下单，由后台生成订单并沉淀客户数据。专业的微分销平台上的产品信息可以直接在微信、微博、QQ 空间等社交媒体上进行推广。目前微信已成为国内互联网用户使用最多的 APP，微信朋友圈是目前移动社交使用量最大的应用。同时，随着近年来微信朋友圈营销的兴起，微信朋友圈成为发布最新资讯和商品信息的平台。2015 年 12 月至 2016 年 6 月典型社交应用程序使用率参见图 3－26。

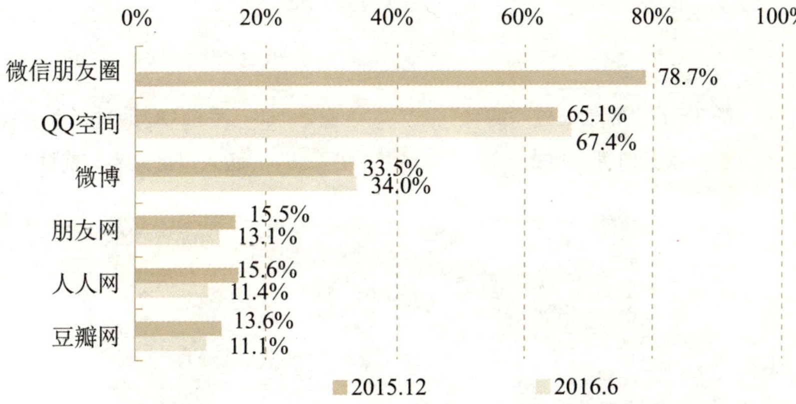

图 3－26　2015. 12—2016. 6 典型社交应用程序使用率

注：数据来源于 CNNIC。

资料链接 3—9　京东的微商策略

2016 年 8 月 19 日，京东对外公告股权变动情况，腾讯以持有京东

21.25%的股权份额成为京东第一大股东，这一个消息至少可以肯定以下两点：一是未来腾讯将会继续加大微信、手机QQ、微信公众平台等腾讯社交流量为京东引流；二是京东借助目前国内最强大的物流体系和腾讯的流量导入将会迅速膨胀，特别是京东微店，将会成为国内微商的最大正规军之一。同时，9月27日，京东与《今日头条》推出了“京条计划”，在今日头条APP当中可直接实现京东购物，无需跳转。这也将引发京东微店流量的极速膨胀。相关内容参见图3-27至图3-29。

图3-27　微信通过“购物”一级入口进入京东商城

图3-28　手机QQ通过“京东购物”一级入口进入京东商城

图3-29　京东与《今日头条》合作推出“京条计划”

资料链接 3—10　微信公众平台为京东店铺引流的方式

腾讯微信公众平台是公众号运营方发布信息，微信用户（订阅用户）获取资讯最多的平台。微信公众号截至目前已达数千万个，现在通过微信公众平台向京东店铺引流是非常有效的途径之一。微信公众号可以自己运营和推广，特别是在京东里有开设京东店铺的人更应该开设一个专属的京东微店微信公众号。例如，京东“中国特产·武义馆”就开设有专属微信公众号（微信公众号是 wuyichina，公众号名称是武义馆）。相关内容参见图 3－30。

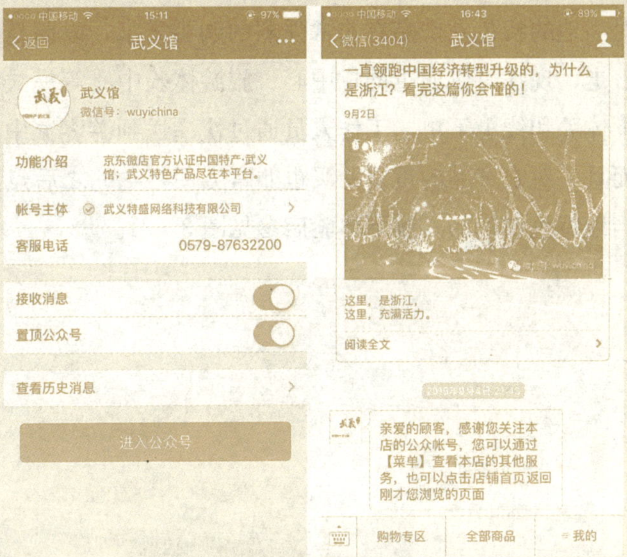

图 3－30　微信平台上开设的京东“中国特产·武义馆”

当然，在当前已经具备流量主功能的微信公众平台上，还可以通过腾讯广点通进行广告投放，例如微信公众平台“新三农”（微信公众号：xinsannong2014）“农村电商”（微信公众号：cnncec）就是带有流量主功能的微信公众平台。由于腾讯对微信公众平台的认证具有唯一性，所以，运营好一个微信公众平台成为流量主也是非常有意义的事情。

100 如何通过线上线下开展农产品电子商务活动？

答： 线上线下融合发展是未来的趋势所在，未来的零售业需要将线上线下信息打通，实现“人、货、场”的统一，价格同步，入口多元化。线下的商场、社区便利店等需要进行信息化改造，以实现线下体验线上交易、线上下单线下提货、门店扫描自助开单、线上营销线下购买、门店交易线上服务等模式。例如，在很多旅游景点人流量很大，而且很大一部分都是新游客新流量，这些游客对当地的特色农产品有非常强烈的购买需求，以前是购买了之后要大包小包背着走，现在可以通过网货中心、旅游体验中心等模式与电商结合，游客通过线下体验和线上下单，工作人员通过快递送到游客家中，免去大包小包背着走。而且，对农产品的重复购买也非常方便，吃完之后点点手机就可以买到正宗的当地特色农产品。线下体验店参见图 3－31。

图 3－31　武义农村电商的一个线下体验店

图书在版编目（CIP）数据

农村电商100问/林广毅等编著.—北京：中国人民大学出版社，2017.3
ISBN 978-7-300-23797-8

Ⅰ.①农… Ⅱ.①林… Ⅲ.①农村-电子商务-中国-问题解答 Ⅳ.①F713.36-44

中国版本图书馆CIP数据核字（2016）第312500号

农村电商100问
林广毅　王昕天　李敏　陈民利　张才明　编著
Nongcun Dianshang 100 Wen

出版发行	中国人民大学出版社		
社　　址	北京中关村大街31号	**邮政编码**	100080
电　　话	010－62511242（总编室）		010－62511770（质管部）
	010－82501766（邮购部）		010－62514148（门市部）
	010－62515195（发行公司）		010－62515275（盗版举报）
网　　址	http://www.crup.com.cn		
	http://www.ttrnet.com（人大教研网）		
经　　销	新华书店		
印　　刷	北京玺诚印务有限公司		
规　　格	170 mm×230 mm　16开本	**版　　次**	2017年3月第1版
印　　张	15	**印　　次**	2021年3月第4次印刷
字　　数	220 000	**定　　价**	39.00元